Fridtjof Nansen

Durch den Kaukasus zur Wolga

Verlag
der
Wissenschaften

Fridtjof Nansen

Durch den Kaukasus zur Wolga

ISBN/EAN: 9783957002549

Auflage: 1

Erscheinungsjahr: 2015

Erscheinungsort: Norderstedt, Deutschland

Hergestellt in Europa, USA, Kanada, Australien, Japan
Verlag der Wissenschaften in Hansebooks GmbH, Norderstedt

Cover: Foto ©Ulli Lehner / pixelio.de

Fridtjof Nansen
Durch den Kaukasus zur Wolga

✶

Mit 42 Abbildungen
und 4 Karten

F. A. Brockhaus / Leipzig
1930

Fridtjof Nansen. 1861—1930.

Vorwort.

Dies Buch schildert eine Reise, die sich im Sommer 1925 an meine Fahrt durch Armenien* anschloß.

Ich möchte an dieser Stelle den Präsidenten der Republik Dagestan, Samursky und Korkmasow, für die unbegrenzte Gastlichkeit danken, die sie mir und meinem Reisegefährten während unseres Aufenthaltes in ihrem wundersamen Land bezeigten. Auch den örtlichen Behörden der von uns besuchten Orte, vor allem von Astrachan, danke ich für ihr freundliches Entgegenkommen.

Dieser kurze Bericht über eine Reise, auf der uns so viele verschiedenartige Eindrücke in raschem Wechsel überwältigten, kann unmöglich ein lückenloses Bild des Landes und der mannigfachen Volksstämme bieten, die wir kennenlernten. Wenn der Leser Genaueres über die natürlichen Bedingungen und die vielgestaltige Bevölkerung des Kaukasus und Dagestans wissen will, empfehle ich ihm vor allem die folgenden Werke: Erckert: „Der Kaukasus und seine Völker", 1887; Merzbacher: „Aus den Hochregionen des Kaukasus", 1901; Freshfield: "The Exploration of Caucasus", 1902; C. Hahn: „Aus dem Kaukasus", 1892, und weitere Reiseschilderungen des gleichen Verfassers aus den Jahren 1896, 1900 und 1911. — Arthur Byghan: „Die kaukasischen Völker" (in Buschan: „Illustrierte Völkerkunde", Bd. III, Teil 2, 1926), stellt unser gesichertes Wissen um die Abstammung und Lebensweise der verschiedenen Kaukasusvölker geschickt zusammen.

Die wichtigsten Quellen für die Beurteilung des zähen Freiheitskampfes der Kaukasusvölker gegen die Russen sind die zahlreichen russischen Heeresberichte und Kriegsnachrichten, ferner die verschiedenen russischen Darstellungen des Verlaufes dieser Kämpfe. Auf

---
* Vgl. Nansen, „Betrogenes Volk". Leipzig 1928, Verlag Brockhaus.

diese in russischer Sprache erschienenen Quellen stützt sich in der Hauptsache auch John F. Baddeley, der in seinem Werk „The Russian conquest of Caucasus", 1908, den Freiheitskampf der Dagestanen und Tschetschenzen schildert. Die Herkunft der Quellen und der Mangel an Urkunden von der Gegenseite lassen vermuten, daß Baddeley trotz seines ehrlichen Bemühens, nicht einseitig zu urteilen, in seinem wertvollen Werk doch die Kämpfe und die Verhältnisse in Dagestan im wesentlichen vom russischen Standpunkt aus betrachtet. Bodenstedts Darstellung: „Die Völker des Kaukasus und ihre Freiheitskämpfe gegen die Russen", 1855, scheint weniger russenfreundlich zu sein, aber dem Verfasser standen die seither erschienenen reichen russischen Quellensammlungen nicht zu Gebote. Olaf Lange: „Kaukasus", Kopenhagen 1891, bietet einen anregenden Überblick über die Muridenbewegung und die Freiheitskämpfe in Dagestan. Er stützt sich wohl hauptsächlich auf Bodenstedts Darstellung. Der Pole Lapinski (Tefik Bey): „Die Bergvölker des Kaukasus und ihr Freiheitskampf gegen die Russen", 1863, schildert in fesselnder Form die Kämpfe der Tscherkessen und Abchasier und seinen eigenen Anteil an den Unruhen.

Diese einleitenden Zeilen dürfen nicht ohne ein Wort herzlichen Dankes an Kapitän Vidkum Quisling geschlossen werden. Er war mein immer gleichmäßig liebenswerter Reisegenosse und hat mir durch seine Kenntnis des Russischen und sein vielseitiges Wissen wertvollste Hilfe geleistet.

Lysaker, November 1929.

Fridtjof Nansen.

Inhalt

	Seite
Vorwort	5
I. Tiflis	11
II. Durch den Kaukasus	22
Die Bergkette des Kaukasus	23
Der erste Teil der Reise	30
III. Die Bergvölker an der Heerstraße	35
Die Chewsuren	35
Die Osseten	40
IV. Über den Rücken des Kaukasus	48
V. Nach Dagestan	60
Dagestan, eine Übersicht	61
Machatsch-Kalá	73
VI. Der Freiheitskampf der Muridenbewegung	80
VII. Schamyl	92
VIII. Ausflüge in Dagestan	121
IX. Über das Kaspische Meer nach Astrachan	142
Astrachan	145
X. Die Wolga	152
Die Wolgafischerei	152
Die Wolga hinauf	158
Register	178

* *
*

Abbildungen

		Seite
1.	Fridtjof Nansen	Titelbild
2.	In der Nähe von Guda-ur	16
3.	Jungens von Guda-ur	17
4.	Bei Mleti	17
5.	Das Tal oberhalb Kobi	32
6.	Das Sperrfort in der Darjalschlucht	32
7.	Kaukasische Männer aus der Gegend von Kobi	33
8.	Auf der Wasserscheide	48
9.	In der Darjalschlucht	49
10.	Bei der Station Kasbek	49
11.	Volkstypen auf der Station Beslan	64
12.	Die Präsidenten von Dagestan:	
	links Samursky, rechts Korkmasow	64
13.	Ein Aul in Dagestan	65
14.	Gebirgslandschaft in Dagestan	80
15.	See- und Felsschlucht in Dagestan	80
16.	Schamyl	81
17.	Gunib, der letzte Zufluchtsort Schamyls	81
18.	Temir-Chan-Schura	112
19.	Die Ruinen von Gunib	113
20.	Burg und Mauer von Derbent	113
21.	Eine luftige Schlafstätte	128
22.	„Die Büffel lagen in den Wasserpfützen, wo sie am tiefsten waren" . .	128
23.	Die letzten Häuser von Tarki	129
24.	Hier trafen sich die hübchen jungen Mädchen	129
25.	Hochzeitstanz auf dem Marktplatz in Tarki	132
26.	Tarki	132
27.	Tarki und die Festung Burnaja	
	Von links nach rechts: Korkmasow, Samursky, Ali Beg, der Verfasser	133
28.	Unser Frühstücksplatz oberhalb Tarki	144
29.	Heringstonnen auf der Landungsbrücke von Machatsch-Kalá	145
30.	Astrachan	145

                                                                Seite
31. Ein aufgeschnittener Osetrinastör 152
32. In der Heimat des Kaviars: Osetrina- und Sevriugastöre 152
33. Der Kanal Kulum in Astrachan 153
34. Fischerboote an den Landungsbrücken vor den Gefrierhallen 153
35. Machatsch-Kalá 160
36. Schleppzug im Wolgadelta 160
37. Ein Dorf an dem rechten, hohen Wolgaufer 160
38. Das flache Land am linken Wolgaufer 160
39. Fischgefrierhallen in Astrachan 161
40. Landungsbrücke bei einem Dorf auf dem rechten, hohen Ufer der Wolga 161
41. Landungsbrücke an dem niedrigen linken Ufer der Wolga 161
42. Das hohe und steile rechte Ufer der Wolga 161

    Karten . . . . 174—177

*   *
*

I.
Tiflis.

Wir waren eine Kommission von fünf Köpfen, die im Auftrag des Völkerbundes Armenien bereist hatte. Dort sollten wir die Möglichkeiten für eine Ansiedlung der armenischen Flüchtlinge prüfen, die sich damals in Türkisch-Armenien aufhielten, sich aber seither über Europa und andere Erdteile verstreut haben. Unsere Sendung war erledigt. In der Nacht zum Freitag, dem 3. Juli 1925, waren wir auf dem Heimweg. Wir saßen in dem Zug, der uns aus Eriwan entführt hatte.

Gegen Morgen, es war noch dunkel, hielt der Zug mit jähem Ruck. Ich hörte, wie man lärmend in das Nebenabteil eindrang und meine Reisegenossen weckte. Sie sollten sich schnell fertigmachen, die Autos nach Batum stünden schon bereit und der Zug fahre gleich wieder ab.

Was war denn los? Wo waren wir überhaupt? Der Zug stand im Bahnhof Leninakan, und hier waren Autos für die Fahrt nach Batum bereit. Der emsige Franzose Carle war im Umsehen aus den Federn und angekleidet. Er hatte die Autos telegraphisch bestellt. Der Engländer Dupuis stand noch ganz schlaftrunken in Unterhosen da und beschwerte sich nachdrücklich über diese Vergewaltigung. Kein Mensch habe ihm etwas von einer Autofahrt gesagt, und er denke gar nicht daran, mitzumachen. Auch der Italiener Lo Savio lehnte entschieden ab, drehte das Gesicht zur Wand und schlief weiter. Der Norweger Quisling verfolgte die aufgeregte Szene kalten Blutes — er wollte ja gar nicht nach Batum.

Es galt, in Batum das Schiff nach Konstantinopel zu erreichen. Einige Tage vor unserer Abreise aus Eriwan war die Nachricht gekommen, das Schiff gehe am 6. Juli ab, und wir richteten uns darauf ein. Dann aber kam ein Telegramm, der Dampfer gehe schon am 4. Juli. Wir hofften trotzdem, ihn gerade noch zu erreichen, da meldete ein neues Telegramm am Tage unserer Abreise aus Eriwan, dem 2. Juli, der Dampfer laufe schon am 3. Juli aus. Mit dem Zug war er nicht mehr zu erreichen. Ich telegraphierte an die Schiffsgesellschaft zurück, wir hätten uns auf ihre früheren Nachrichten über den Zeitpunkt der Ausreise verlassen und machten sie für den Schaden verantwortlich, falls meine Reisegenossen nicht rechtzeitig an Bord kämen und dann einige Wochen lang auf das nächste Schiff warten müßten. Der weltkundige Carle hatte gleichzeitig telegraphisch in Leninakan angefragt, ob nicht Autos zu haben seien, die ihn und seine Reisegenossen über das Gebirge nach Batum brächten, so daß sie doch noch am 3. Juli an Bord kommen könnten. Er hoffte, seine beiden Reisegenossen in Leninakan aus dem Zug zu bringen. Aber seine Abenteuerlust unterlag im Kampf mit dem Schlafbedürfnis der beiden andern. Der Zug rollte weiter.

Am Vormittag fanden wir bei der Ankunft in Tiflis die Drahtnachricht vor, das Schiff gehe doch erst am nächsten Tag. Kapitän Quisling und ich wollten die Heimreise über Rußland machen. Unsere drei Reisegefährten nahmen den Nachmittagszug nach Batum. Wir trennten uns schweren Herzens von ihnen, mit denen wir so erlebnisreiche Wochen verbracht und unserer Überzeugung nach fruchtbare Arbeit geleistet hatten. Quisling und ich nahmen dankbar das Anerbieten der Near East Relief an, während unseres Aufenthaltes in Tiflis unter ihrem gastlichen Dach zu wohnen.

Die Welt ist klein: in der fremden Stadt begegnete ich zufällig einer Frau Petroff, der Tochter meines Freundes Wurzel, des früheren Direktors des kaiserlich-russischen Eisenbahnbauamtes. Mit ihm zusammen hatte ich im Jahre 1913 Sibirien und das Amurland durchquert. Frau Petroff wohnte schon seit Jahren in Tiflis. Ihr Mann ist dort im Versicherungsgeschäft tätig, sein Hauptzweig ist Landwirtschaftsversicherung. Ich verbrachte mit den Petroffs und ihrem hübschen Töchterchen einen gemütlichen Abend in ihrem stillen Heim. Es ging ihnen trotz der schlechten Zeiten verhältnismäßig gut, sie litten weniger Not als viele andere. Man hatte ihnen die eigenen Möbel und ihre vier Zimmer gelassen, und sie wohnten also nicht gar zu eng. Die Wohnungsnot war in Tiflis im allgemeinen so schlimm wie in den meisten Großstädten der Sowjetunion. Viele Familien hatten nur je einen einzigen Raum.

Herr Petroff war geschäftlich viel in Armenien und Georgien herumgereist und kannte die Verhältnisse in den verschiedenen Gegenden genau. Auch der Ackerbau hatte unter dem Krieg mit der Türkei und während der folgenden Jahre schwer zu leiden gehabt. Besonders in Armenien hatte die türkische Soldateska die Bauern niedergemetzelt, ihre Ländereien verwüstet, die Dörfer geplündert und Ernte um Ernte vernichtet. Auch die Scharen armenischer Flüchtlinge, die ständig von Türkisch=Armenien her über die Grenze gejagt wurden, hatten viel Schaden angerichtet. Im Winter 1920/21 waren die Menschen zu Tausenden Hungers gestorben, die Leichen lagen in Leninakan, Eriwan und andern Städten auf den Straßen herum. Der Sommer hatte zwar hier keine Dürre gebracht, aber im Winter herrschten trotzdem ganz ähnliche Zustände wie in den Hungerbezirken an der Wolga. Verständige Maßnahmen hatten dann den Ackerbau wieder leidlich hochgebracht, doch blieb noch viel zu tun übrig.

Der junge Petroff sollte Ingenieur werden wie so viele Russen von heute. Man glaubt an die Entwicklung der russischen Industrie und betrachtet die Auswertung der reichen Naturschätze des unermeßlichen Landes als die große nationale Zukunftsaufgabe. Der Sohn des Hauses war zur Zeit als Arbeiter beim Bau des großen Staudammes für das Kraftwerk am Kura, nördlich von Tiflis, beschäftigt.

Ich hatte mit der transkaukasischen Regierung über die Vorschläge unserer Armenienkommission und über die Aufbringung einer Anleihe von 20 Millionen Mark für Bewässerung und Urbarmachung des armenischen Ödlandes sowie über die Ansiedlung der armenischen Flüchtlinge in diesen Landstrichen Verhandlungen zu führen. Armenien, Georgien und Aserbeidschan sind drei unabhängige Sowjetrepubliken mit je einer eigenen Regierung. Zusammen bilden sie die kaukasische Föderation, deren Regierung aus je einem Vizepräsidenten jeder Republik besteht und ihren Sitz in Tiflis hat. Die Föderation wiederum ist unter der obersten Moskauer Regierung mit den andern sowjet=sozialistischen Republiken vereinigt.

Die armenische Reigerung in Eriwan hatte unsern Vorschlägen durchaus zugestimmt. Jetzt verhandelte ich darüber mit dem armenischen Vizepräsidenten in der transkaukasischen Regierung, Lukaschin.

Der wohlbeschlagene armenische Ackerbaukommissar Ersinkian nahm an unsern Besprechungen teil. Lukaschin teilte uns die einstimmige Gutheißung unserer Vorschläge durch die transkaukasische Regierung mit und sah zu meiner freudigen Überraschung keine Schwierigkeit darin, daß die Anleihe unter Umständen vom Völkerbund ausgeschrieben werden sollte. Gerade in diesem Punkt hatte ich Hindernisse befürchtet, denn die Sowjetregierungen wollten ja den Völkerbund nicht anerkennen. Lukaschin stellte auch eine gemeinsame Bürgschaft der transkaukasischen und armenischen Regierung für die Tilgung der Anleihe in Aussicht. Seiner Meinung nach würden wohl auch die Moskauer Regierung und die russische Staatsbank auf Wunsch für die Anleiheverpflichtungen gutsagen. Angesichts dieser starken Sicherheiten konnte es nach Lukaschins Ansicht nicht schwerfallen, die Anleihe zu annehmbaren Bedingungen unterzubringen. Ich konnte seine Hoffnungsfreudigkeit in diesem Punkt nicht teilen, sondern fürchtete, die europäischen Banken würden handgreifliche Sicherheiten verlangen und sich nicht mit allgemeinen Zusagen begnügen, deren Wert vom Bestand der Regierung abhing. Lukaschin wies zwar mit Recht auf die Unwahrscheinlichkeit eines Staatsumsturzes hin, aber Banken rechnen bekanntlich auch mit den fernsten Möglichkeiten. Ich erwähnte, welche Schwierigkeiten bei Unterbringung einer ähnlichen Anleihe für die Ansiedlung griechischer Flüchtlinge überwunden werden mußten, obwohl damals der griechische Staat bestimmte Pfänder und Sicherheiten anbot, deren Wert den Anleihebetrag weit überstieg. Banken sind nun einmal keine herzbegabten Lebewesen, Erwägungen menschlicher Nächstenliebe sind ihnen fremd. Sie sind Rechenmaschinen — mögen auch ihre Rechenkunststücke oft noch so mangelhaft sein. Meiner Meinung nach wären unsere Bemühungen sehr erleichtert worden, wenn die Regierung für alle Fälle bestimmte Werte oder Einkünfte zur Deckung der Anleihe bereitgestellt und den Anleihegebern eine Kontrolle darüber eingeräumt hätte. Am einfachsten wäre es gewesen, das neu in Anbau genommene Land selbst als Pfand zu bezeichnen. Daran war aber nicht zu denken, weil alles Land dem Staat gehörte und daher unveräußerlich war. Lukaschin hielt die Hingabe von Pfändern für schwer erreichbar, er sah auch die Notwendigkeit gar nicht ein und hielt meine Bedenken für übertrieben. Wenn die Anleihegeber mit der mehrfachen Bürgschaft der armenischen, der transkaukasischen und der obersten Sowjetregierung in Moskau nicht zufrieden seien, so könne das nur als Mangel an Vertrauen gedeutet werden. Ich versicherte ihm, wir wollten es gewiß nicht an gutem Willen fehlen lassen, und ich wünschte nichts sehnlicher, als daß seine Hoffnungen sich rechtfertigen möchten, konnte ihm aber nicht verhehlen, daß ich große Schwierigkeiten voraussah*. Wir schieden in bestem Einvernehmen.

Am Abend gab unser Freund Narriman Ter Kasarian im ersten Hotel der Stadt ein Essen. Er hatte uns in Vertretung unserer Gastgeberin, der transkaukasischen Föderationsregierung, durch Armenien und Georgien begleitet. Wegen seiner Ähnlichkeit mit dem letzten französischen Kaiser nannten wir ihn Napoleon. Als wir uns mit der üblichen Verspätung von zwei Stunden zur Tafel setzten, fanden wir sie in der gewohnten üppigen Weise gedeckt. Es gab auserlesene Speisen und kaukasischen Wein. Außer vielen andern waren der Vizepräsident von Georgien und ein hochstehender Armenier anwesend, der letzte entpuppte sich als eifriger Jäger. Die Wogen der festlichen Stimmung gingen hoch, die tönenden Reden folgten einander auf dem Fuß. Man pries die Arbeit unserer Kommission, pries Armenien und Transkaukasien, toastete auf unsern lieben Gastgeber Napoleon und auf das schöne Georgien. Das Sowjetsystem verachtet zwar alles, was an Fürsten erinnert — und doch wurden die stolze Geschichte Georgiens und seine Glanzzeit unter der schönen Königin Tamâra vor unserm geistigen Auge heraufbeschworen. Die Georgier waren allezeit Bewunderer weiblicher Anmut und ritterlicher Kühnheit. Das Hohelied dieser Tugenden, Schota Rustawelis Dichtung „Der Mann im Tigerfell", klingt noch heute, nach 700 Jahren, von den Lippen des Volkes.

Nach dem Essen fuhren wir bei herrlichem Mondschein mit Autos in die Berge und saßen da bei Nüssen und Wein auf der

---

* Leider erwiesen sich meine Befürchtungen als begründet. Es gelang nicht, auf Grund der angebotenen Bürgschaften ohne feste Pfänder und Sicherheiten eine Anleihe für Armenien aufzulegen. Die Bankiers meinten, mein Vertrauen auf den guten Zahlungswillen der gegenwärtigen armenischen und Moskauer Sowjetregierung sei gewiß berechtigt. Aber ich wollte doch eine Anleihe mit 15jähriger Tilgungsfrist und wer könnte wissen, wie in fünfzehn Jahren Rußland und Armenien aussehen würden?

Terrasse eines Restaurants. Neue Reden folgten, und dank den Erzählungen des Armeniers von seinen denkwürdigen Jagderlebnissen wurden wir immer lustiger. Ein unglaublich falsch klingender Leierkasten wimmerte beharrlich von der Straße herauf und lieferte die musikalische Begleitung zu unsern Gesprächen. Wir hatten Napoleon in Verdacht, den Leierkastenmann bestellt zu haben. An den schmalzigsten Stellen in den rührenden Liedern waren jeweils einige Töne abhanden gekommen. Die Wirkung war unwiderstehlich. Mit den übriggebliebenen Tönen war es wie mit den Zähnen in einem lückenhaften Gebiß: die Schönheit derer, die noch erhalten sind, wird durch die Lücken nicht gehoben...

Die Stadt lag tief unter uns im Kuratal und blinkte mit tausend Lichtern, die Kirchenkuppeln glitzerten silbrig über dem Gewimmel der Dächer, rings wuchteten die Berge vom Mond bestrahlt. Fern im Norden ahnten wir hinter dem Dunst die gewaltigen Kämme des Kaukasus.

Tiflis ist der Mittelpunkt dieses Teiles der Welt, dessen mannigfache Völkerschaften sich hier ein Stelldichein geben: Georgier, Armenier, Perser, Tataren, Kurden, Juden, Abchasier, Tscherkessen, Tschetschenzen, Swaner, Osseten, Awaren und Angehörige aller kaukasischen Bergvölker kann man in Tiflis finden. So bietet die Bevölkerung der Stadt ein buntes Bild: hochgewachsen und oft blond sind die Kurden, manchmal auch die Tscherkessen, dunkel die Tataren, braun und kurzschädlig die Awaren und Lesghier. Am buntesten ist das Leben in den engen Gassen und Winkeln der südlichen Altstadt, wo in Basaren und auf dem Markt geschachert und gehandelt wird. Der emsige, unternehmungslustige Armenier sucht dir dort seine Waren aufzudrängen. Der Preis, den er fordert, steht im umgekehrten Verhältnis zu der Zahl der Schritte, die du dich von ihm entfernst. Kann er dich nicht mehr zurückrufen, so läuft er dir nach. Der würdige Perser aber sitzt mit übergeschlagenen Beinen, ein Bild der Vornehmheit, hinter seinem Stapel, er überläßt es dir, ob du seinen Preis bezahlen willst, der gewiß auch nicht zu niedrig ist. Wenn der Volksmund recht hat, müssen vier Juden ihre Kräfte vereinigen, um mit einem Griechen fertig zu werden; vier Griechen könnten es vielleicht mit einem Armenier aufnehmen, aber vier Armenier müßten sich vor einem Perser noch in acht nehmen. Ich weiß nicht,

In der Nähe von Gudaur. (S. 49.)

Jungens von Guda-ur. (S. 49.)

Bei Mleti. „Tiefer und tiefer versank das Tal..." (S. 49.)

ob die Zahlenverhältnisse genau stimmen, aber daß die Perser die gerissensten Kaufleute des Orients sind, weiß ich aus eigener Erfahrung. Hier gibt es persische und kaukasische Teppiche zu kaufen, die jedes Sterblichen Herz in Versuchung führen. Wenn nur der Weg nach Hause nicht so weit und die Fracht nicht so teuer wäre! — Dann kommt man in die Gassen der Gold-, Silber- und Waffenschmiede, die den Kaukasus berühmt gemacht haben. Die kaukasischen Waffenschmiede suchen dich von der unerreichten Güte ihrer Ware zu überzeugen, indem sie mit einem Kindschal (kaukasischen Dolch) gegen einen Stein schlagen und dir dann die schartenlose Klinge unter die Nase halten. Staunend sieht man da Ringpanzer und Schwerter, eisenbeschlagene Schilde und Helme aufgestapelt — keine Altertümer aus der Zeit der Kreuzzüge, sondern regelrechte Gebrauchsware. Einzelne Gebirgsstämme in abgelegenen Hochtälern des Kaukasus, vor allem die Chewsuren, sind noch heute mit solcher Wehr ausgerüstet.

Die kaukasischen Gold- und Silbergeschmeide sind seit alters hochgeschätzt, namentlich die ornamentalen Einlegearbeiten aus Gold und Silber auf einem Untergrund aus Bein oder Stahl. Waffen haben im Leben der kaukasischen Bergbevölkerung immer eine große Rolle gespielt, und so wurde dieses Kunsthandwerk bei Ausschmückung von Waffen aller Art fleißig geübt. Kindschale und kleine Dolche, Gewehre und Pistolen, Pulverhorn und Kugelbeutel, alles wird in eingelegter Arbeit zierlich hergestellt. Einzelne Dörfer und Täler waren ob ihrer schönen und guten Waffen besonders berühmt. Das alte Waffenkunsthandwerk ist zwar zurückgegangen, wird aber doch noch immer betrieben.

Wasserverkäufer ziehen durch die Straßen und preisen ihr köstliches Naß an. Sie lassen die großen, ledernen Wassersäcke von Eseln oder Pferden tragen oder schleppen sich auch wohl selbst damit ab. Das Wasser ist in Tiflis eine wichtige Handelsware, namentlich im Sommer, wenn Hitze und Trockenheit herrschen, ist es knapp und wird hoch bezahlt. Junge Burschen ziehen durch die Gassen, ihre Esel sind mit Körben voll Früchten und Gemüse beladen, und die köstliche Ware wird schreiend feilgeboten.

Der Fremde staunt über die ernste Gemessenheit, mit der sich diese Menschen auch bei Handel und Schacher bewegen, selten flackert die Lebensfreude auf, kaum daß ein befreiendes Lachen erklingt.

Selbst die Frauen gehen ernsthaft ihres Wegs, im neuen russischen Stadtteil ebenso wie im alten orientalischen. Dort sieht man überhaupt wenig Frauen auf der Straße. Bei uns zu Hause pflegen die Frauen mit ihrer Stimme nicht so sparsam umzugehen, hier aber klingt alles gedämpft. Sollten wirklich wir europäischen Emporkömmlinge weniger Sinn für Anstand und Vornehmheit haben? Ich erinnere mich, daß ein chinesischer Diplomat einem europäischen Zeitungsmann auf die Frage, was er von unserer westlichen Zivilisation halte, die sehr undiplomatische Antwort gab: „Sie könnte sehr gut sein, wenn sie nur nicht mit soviel Geräusch verbunden wäre!"

Die Häuser in der Altstadt sind niedrig, meist haben sie nur zwei Geschosse, im oberen Stockwerk sind Balkone oder offene Galerien vorgebaut. Dort verbringt die Familie, vor allem die Weiblichkeit, den Tag und während der heißen Jahreszeit oft auch die Nacht. Gewöhnlich liegen zwei Galerien nach verschiedenen Himmelsrichtungen, damit die eine stets Schatten hat.

Südlich der Altstadt und ihrer Basare liegen die heißen Schwefelbäder, die seit alters bekannt und berühmt sind. Von ihnen hat vermutlich die Stadt ihren georgischen Namen Tbilis-Kalaki, das heißt: die warme Stadt.

Der Botanische Garten von Tiflis ist ein schöner und friedlicher Flecken Erde. Er liegt in einer engen Schlucht an dem steilen Berghang südlich der Stadt. Es tat uns wohl, aus der glühenden Hitze des Tages in die Kühle des langen Tunnels zu tauchen, der durch den steilen Felsen und unter der sogenannten persischen Festung hindurch von der Stadt zum Botanischen Garten führt. Der Fluß Sawkissi hat die enge, tiefe Schlucht in den Felshang eingeschnitten. An diesem Tage war der Fluß nur ein rieselndes Bächlein, doch sah man, daß er zu Zeiten nach starken Regengüssen zu einem reißenden, schäumenden Strom anwachsen und in wildem Wassersturz talabwärts brausen kann. Auf dem märchenhaft abwechslungsreichen Gelände des Botanischen Gartens wachsen an steilen Hängen in unvergleichlicher Üppigkeit die mannigfaltigsten Bäume und Sträucher des Südens. Dazwischen schlängeln sich unter dem Gehänge der Zweige schattige Wege am Bergeshang hin. Emsige Menschenhand hat fast alles Erdreich, aus dem die Pflanzen sprießen, mühsam in diese Felsenschlucht geschleppt. In schmalen Kanälen und Rinnsalen wurde das Wasser herbeigeleitet. Auf der andern Seite der Schlucht sahen wir unbewässerten Grund, auf dessen baumlosen Flächen nur braunes, dürren Gras stand. Weiter oben lag ein alter verfallener mohammedanischer Begräbnisplatz, ein Rest aus jener Zeit, da die mächtige Hand des Islam auch auf diesen uralten christlichen Ländern lastete, die fern von der Welt und in tiefster Verlassenheit ihren einsamen Kampf für Glauben und Freiheit führten. Mohammeds Arm ist erschlafft, die Zeit des Propheten ist vorbei. — Zuhöchst auf dem nördlichen Berggrat trotzen die Mauern der alten Perserfestung gen Himmel. Am Rand des Abgrundes hockt sie drohend über den Basaren der Stadt und den warmen Bädern. Weit schweift von dort der Blick über das Kuratal, der Fluß schlängelt sich, ein goldglänzendes Band, durch das Häusergewimmel der Stadt talwärts, die Kirchenkuppeln blinken, und im Norden dämmert blau die Felsenwand des Kaukasus, vom schimmernden Schneegipfel des himmelragenden Kasbek überhöht.

Auch heute waren wir von Napoleon zum Essen eingeladen. Noch ist der Orient nicht vom westlichen Zeitgeiz angesteckt — wir konnten lange warten, bis die Autos uns abholten. Uns ungeduldigen Europäern fällt das Warten so schwer wie dem Orientalen die Pünktlichkeit. Einer meiner Begleiter hatte sich einmal für Donnerstag mittag 1 Uhr verabredet. Der Partner erschien am Freitag mittag um 12 Uhr und sprach sein Bedauern aus, daß er sich „etwas" verspätet habe. Quisling und ich hielten es nicht so lange aus. Nach eineinhalb Stunden vergeblichen Wartens zogen wir allein auf Abenteuer aus. Wir nahmen unser Mittagessen in einem großen Garten ein, wo an kleinen Tischen gedeckt wurde. Das Essen war adrett und recht gut, auch nicht übermäßig teuer. Nur wenige Gäste speisten hier.

Der Mond ging auf und leuchtete freundlich durch die belaubten Bäume zu uns herab. Dunkle, lauschige Pfade luden ein, lustwandelnd von der glanzvollen Vergangenheit dieses Landes zu träumen. Einzelne Pärchen schwärmten durch die nächtliche Stille, deren erfrischender Hauch die Hitze des Tages abgelöst hatte. Hier sind wir in der Heimat der schönen Georgierinnen. Vor 250 Jahren schrieb der französische Juwelenhändler Chardin von ihnen: „Sie sehen und sich nicht verlieben, ist unmöglich." Ob wir es wagen? —

"Schlag die Tschadra zurück! Was verhüllst du dich?"

Aber nein, laß sie sich hinter der Tschadra verbergen, noch immer war die Erwartung das Schönste im Leben.

Unter uns wälzte sich der Kura durch das Land großer geschichtlicher Erinnerungen dem Meere zu. Raunen seine Wellen nicht das Trauerlied der Georgier?

> Aus alter Wunde sickert neues Blut...
> Einst war, mein Land, dein Ruhm in aller Munde!
> Vergessen liegt er auf des Flusses Grunde,
> Und seufzend raunt dein Totenlied die Flut*.

In dem Park war auch ein Varieté, doch konnten wir wegen des großen Andranges keinen Sitzplatz mehr bekommen. Es trat gerade eine Truppe reisender Moskauer Schauspieler auf. Sie machten ihre Sache vortrefflich und ernteten großen Beifall. Das russische Volk hat ja eine ausgesprochene Gabe für szenische Kunst aller Art, für Schauspiel, Drama und Tragödie, für Lustspiel und Posse, auch für die Oper, ganz zu schweigen von Tanz, Ballett und Umzug. Die Kaukasier scheinen mir in gleicher Richtung begabt. Das Volk liebt Aufführungen aller Art. Es ist bezeichnend, daß damals, als die Moskauer Sowjetregierung die Streichung des berühmten Balletts und der Oper wegen der hohen Unterhaltungskosten erwog, die ganze Arbeiterbevölkerung eine Bittschrift einreichte, man möchte doch von dieser Maßnahme absehen. Meines Wissens war dies der einzige Fall, in dem die Arbeiter sich zu einer gemeinsamen Eingabe an die Regierung entschlossen. Sie wollten ihr Ballett behalten, und die Regierung gab diesem Wunsche nach. Bei so ausgeprägtem Sinn für szenische Darstellung und prächtigen Aufzug fällt es auf, daß die Bevölkerung in ihrer eigenen Kleidertracht so gar nicht zu buntem Prunk neigt. Die Männer, die der Zahl nach bei weitem überwiegen, sehen in ihren grauen oder weißen Blusen mit der weichen, grauen Lenin-Mütze recht eintönig aus, und auch die Tracht der Frauen entbehrt der Farbenfreunde. Nur da und dort ein bunter Schal oder eine farbige Bluse. Aber nirgends festliches Leuchten — ein farblos-grauer unkünstlerischer Alltag. Vielleicht verlangt es die neue Gesellschaftsgesinnung so. Die alten Zeiten mit ihrem Luxus,

---

* Von dem georgischen Dichter Elias Tschawtschawadse.

mit strahlender Pracht und prunkenden Festen, mit Gold und knisternder Seide — und mit hohen Steuerlasten auf den Schultern des arbeitenden Volkes, das alles ist vorbei. Künstlerischer Sinn und Aufmerksamkeit für die Vorgänge auf der Bühne sind aber bei den „proletarischen" Zuschauern, die jetzt Parkett und Logen füllen, wohl mindestens so rege wie bei der Mehrzahl der in Gold und Seide einherstolzierenden Damen und Herren von einst.

Während wir so in die Betrachtung des Volkslebens versunken waren, stand plötzlich unser Freund Napoleon vor uns. Er hatte uns mit der Schar seiner Genossen in den verschiedensten Vergnügungsstätten von Tiflis gesucht und endlich hier gefunden. An seiner Verspätung war die Mühe schuld, die er mit der Vorbereitung unserer Abreise für den nächsten Tag hatte. Jetzt aber wollte er uns durch kachetischen Wein und Musik entschädigen. Ein kleines Streichorchester spielte uns zum Abschied von der Hauptstadt Georgiens wehmütige georgische Lieder auf.

II.

Durch den Kaukasus.

Während meiner Bemühungen, die grauenhaften Folgen der schweren Hungersnöte von 1921 und 1922 in Rußland zu mildern, traf ich in Moskau den Präsidenten der Republik Dagestan, Samursky. Auch in Dagestan war die Not groß, und Samursky bat mich inständig, die Zustände mit eigenen Augen kennenzulernen und nach Möglichkeit zu helfen. Ich konnte seinem Ruf damals nicht folgen und schickte nur einen Vorrat notwendiger Heilmittel, doch versprach ich, ihn später einmal bei Gelegenheit zu besuchen. So hatte ich denn jetzt von ihm und seiner Regierung eine herzliche telegraphische Einladung bekommen, über Dagestan nach Hause zu reisen. Ich konnte nicht widerstehen und telegraphierte zurück, daß Quisling und ich über Wladikawkas nach Dagestan kommen würden.

Wir wollten die lange Eisenbahnfahrt in weitem Bogen östlich um den Kaukasus herum über Baku, dann an der Küste des Kaspischen Meeres entlang und über Derbent nach Dagestan vermeiden und statt dessen mit dem Automobil auf der sogenannten georgischen Militärstraße quer über den Kaukasus fahren. Man erzählte uns allerlei wilde Gerüchte von den Abenteuern, die einem auf diesem Wege zustoßen können. Im vergangenen Jahr war ein Postkutscher von der Seite seines Fahrgastes abgeschossen worden, der Fahrgast selbst wurde bis auf die Haut ausgeplündert und nackt seinem Schicksal überlassen. In diesem Frühjahr war ein Reisender im Postauto von einer Kugel getroffen worden. Beide Kniegelenke waren durchschlagen, und der Arme ist nun auf beiden Beinen lahm. Die unbändigen Gebirgler in ihren abgelegenen Hochtälern, wo jeder Mann bis an die Zähne bewaffnet einhergeht, können ihre alten Gewohnheiten nicht lassen. Seit kurzem, so hieß es, sei aber der Weg sicher.

Die Bergkette des Kaukasus.

Die Kaukasuskette erstreckt sich als scharf abgesetzter, verhältnismäßig schmaler Rücken ohne Unterbrechung quer über die Landbrücke zwischen dem Kaspischen und dem Schwarzen Meer. Sie beginnt bei Baku im Südosten und endet am Asowschen Meer im Nordwesten. Bei einer Länge von 1100 und einer Breite von 70 bis 170 Kilometern bedeckt sie eine Fläche von mehr als 120 000 Quadratkilometern. Auf einer Strecke von 700 Kilometern sind die Berge über 3000 Meter hoch. Diese Felsenmauer mit ihren engen, steilen und schwer gangbaren Pässen, die 2300 bis 3000 Meter über dem Meere liegen, hat in der Geschichte eine wichtige Rolle gespielt. Sie war ein Hindernis für die von Norden und Süden her brandenden Völkerwanderungen und zwang die Völkermassen, die sich heranwälzten, ihren Weg entweder östlich am Kaspischen Meer oder westlich am Schwarzen Meer entlang zu nehmen.

Der Kaukasus verdankt seine Entstehung einer mächtigen Wölbung oder Faltung der Erdkruste. Im Norden verlaufen einige kleinere Falten in gleicher Richtung. Die Hauptfalte ist in der Mitte zwischen den Quellen des Kuban und Terek am höchsten aufgebaucht. Dort ist sie nach Süden übergefallen und bildet schwindelnde Abstürze. Der Rücken besteht in diesem mittleren Teil aus kristallinischem, granitartigem Gestein. Vielleicht liegt hier das eigentliche Urgestein zu Tage, das in andern Teilen des Gebirges unter dicken Ablagerungsschichten verborgen liegt.

Nördlich von diesem Urgesteinsrücken sind in verhältnismäßig später Zeit zwei gewaltige Vulkanmassen aufgebrochen, die jetzt über dem Urgestein ruhen: im Nordwesten der Vulkan Elbrus oder Dschin-Padischan („der Geisterkönig", 5629 m), der höchste Gipfel des Kaukasus, und im Südosten der Vulkan Kasbek (5043 m). Diese Vulkane bilden die höchsten Gipfel der Bergkette, mehr als 20 unter ihnen sind höher als der Montblanc, häufig sind sie vom Hauptrücken und der Wasserscheide durch Längstäler getrennt. Sie bestehen großenteils aus Trachyten, aber auch Basaltlava ergoß sich in gewaltigen Strömen über ihre Felslenden herab.

Der südöstliche Teil der Gebirgskette vom Quellgebiet des Terek, nahe dem Kasbek, bis zum Kaspischen Meer und der Gegend von Baku, besteht zum großen Teil aus Sedimentärschichten, die in lückenloser Folge Lias-, Jura-, Kreideformationen und die Anfänge des Tertiärs aufweisen. Der nördliche Rücken, die sogenannte Andikette in Dagestan, verläuft zwischen Tschetschenien und der Ebene westlich von Petrowsk und scheint eine Art Fortsetzung des Gebirges von Meschien und des Surnamrückens mit der niedrigen Wasserscheide zwischen den Tälern des Rion und Kura zu sein. Sie erstreckt sich von Südwesten nach Nordosten und wendet sich dort, wo die Hauptkette nach Südosten abbiegt, ostnordöstlich und östlich. Auf diese Weise ist der Gebirgsgürtel im Bergland von Dagestan breiter als im mittleren und westlichen Teil des Kaukasus. Dafür sind in diesem östlichen und südöstlichen Teil die Berge nicht so hoch, doch gibt es auch hier Gipfel von mehr als 4000 Metern.

Die Südwand des Kaukasus stürzt gegen die seichten Talmulden des Kura und Rion ab, der Nordhang senkt sich gegen die flachen Steppen Südostrußlands.

Die Flüsse folgen droben im Gebirge meist den Längstälern, fließen also in der Richtung der Bergkette, dann aber durchbrechen sie irgendwo in tiefen engen Schluchten den Felsrücken. Die Schneegrenze liegt auf der Südseite des Kaukasus bei 2900 bis 3500 Meter, auf der Nordseite bei 3300 bis 3900 Meter. Der Kaukasus hatte wie die Alpen seine Eiszeiten. Er war von ausgedehnten Schnee- und Eisgletschern bedeckt, die weit bis ins Tiefland hinableckten. Sonderbarerweise sind aber die Täler kaum U-förmig ausgehöhlt, wie das sonst der Fall zu sein pflegt, wo Gletscher am Werk waren. Auch die tiefen Binnenseebecken fehlen hier. Sie sind sonst ein besonderes Kennzeichen der vom Eis ausgearbeiteten Landstriche, wie etwa Norwegens oder der Schweiz. Die Kaukasustäler sind tief und eng zwischen V-förmig stehende Wände eingeschnitten, der Talgrund ist also schmal, und oft kann man sich nur mühselig zwischen den steilen Felswänden hindurchzwängen. Die Flüsse haben sich manchmal ihren Weg durch tiefe, schmale Cañons gebohrt. Seen gibt es nicht, die Flüsse tosen durch ihre engen Klammen der Ebene zu, ihr Wasser ist meist trüb, weil es nirgends zum Stillstand kommt und sich unterwegs in keinem See klärt. Dadurch ist das

Wasser zur Berieselung von Ackergrund besonders geeignet, auch hinterläßt es am Fuß des Gebirges Ablagerungen. Die ungewohnte Form der Täler ist wohl darauf zurückzuführen, daß die Eisgletscher an den steilen Wänden nur wenig Widerstand fanden, Wasser und Frost haben hier das Gestein stärker ausgewaschen, als das Gletschergeschiebe es abschleifen konnte. Die Gesteinsarten sind größtenteils weich, konnten also dem Frost und dem Wasser nur wenig Widerstand leisten.

Da die Höhenrücken des Kaukasus allmählich durch Faltung und Zusammenpressung der Erdkruste entstanden, müssen sie ursprünglich viel niedriger gewesen sein als heute. Die Erosion hat dann tiefe Täler in die Rücken eingeschnitten und manche Bodenerhebung überhaupt abgetragen. Dadurch wurde die Erdkruste leichter und hob sich entsprechend höher. Die von der Erosion nur wenig angegriffenen Gipfel und Rücken zwischen den Tälern wurden auf diese Weise bis zu ihrer heutigen Höhe emporgehoben.

Noch jetzt arbeitet dieser Teil der Erdrinde und wird oft von gewaltsamen Erdbeben heimgesucht. Erst vor wenigen Jahren fiel Leninakan in Nordarmenien einem Erdbeben zum Opfer. Auf solche vulkanische Ereignisse geht wahrscheinlich die Sage vom Vogel Simurg zurück, der auf dem Gipfel des Dschin-Padischan (Geisterkönig, Elbrus) horstet. Der Simurg sieht mit dem einen Auge in die Vergangenheit, mit dem andern in die Zukunft. Wenn er sich aufschwingt, zittert die Erde unter seinem Flügelschlag, die Stürme heulen, das Meer gerät in Aufruhr, und alle Mächte der Tiefe erwachen aus ihrem Schlaf.

Die Hebungen und Senkungen der Erdoberfläche im Kaukasus und in den angrenzenden Landstrichen ließen wohl auch so viele warme Quellen an der Süd- und Nordseite des Gebirgszuges entstehen. Außerdem gibt es eine Menge kalter Mineralquellen. Diese warmen und kalten schwefel-, eisen-, alkali-, jod- und bromhaltigen Quellen sind von alters her wegen ihrer Heilkraft berühmt, viele Kurorte und Bäder sind zur Heilung von allerlei Krankheiten und Leiden entstanden. Der Sage nach sollen schon die Soldaten Alexanders des Großen an solchen Quellen Heilung gefunden haben.

In den Ausläufern des eigenartigen Gebirges wurde an vielen Stellen, namentlich in den jüngsten geologischen Schichten, Naphtha gefunden. Am bekanntesten ist das Naphthagebiet bei Baku am Kaspischen Meer und weiter südlich, jenseits der Kuramündung. Ein anderes reiches Feld, das heute wohl ebensoviel Öl liefert wie die Naphthafelder von Baku, ist die Gegend von Grosnyj am Südufer des Terek und an seinem Nebenfluß Sunsha. Auch in der Ebene südlich von Petrowsk, an der Küste des Kaspischen Meeres, hat man Ölquellen gefunden und ebenso am entgegengesetzten nordwestlichen Ende des Gebirges, und zwar auf der Nordseite, nahe der Halbinsel Taman am Asowschen Meer. Endlich wird auch in Georgien am Südabhang des Gebirges zwischen dem Kura und seinem Nebenfluß Alasán Öl gewonnen. An mehreren Stellen entströmt dem Erdboden brennbares Gas, dessen Flammen schon vor urdenklichen Zeiten den Anlaß zur Feueranbetung gegeben haben mögen.

Große Metallschätze hat man bis jetzt im Kaukasus noch nicht gefunden. Zwar führen einige Flüsse etwas Gold, doch lohnt die Ausbeutung nicht, wenn auch der alte Strabo vom Hörensagen berichtete, die Flüsse seien „reich an Gold, das die Barbaren mit Hilfe durchlöcherter Häute und vermoderter Tierfelle auswaschen, woraus die Sage vom Goldenen Vlies entstand".

Im Lande der Osseten, westlich von Wladikawkas, sind recht beträchtliche Vorkommen von Silber, Zink und Blei festgestellt. Auch etwas Eisen und Kupfer gibt es dort. Am wichtigsten sind und bleiben aber die Manganbrüche in Georgien, am Südhang des Kaukasus, westlich von Kutais. Im Jahre 1925 erwarb eine amerikanische Gesellschaft unter Harrimans Leitung die Konzession für die Ausbeutung dieser Gruben, wohl der für den Weltmarkt wichtigsten Mangangruben. Der Betrieb warf jährlich reichen Gewinn ab. Jetzt ist er infolge von Streitigkeiten lahmgelegt. Die Sowjetregierung hat die Arbeit nicht wieder aufgenommen. Westlich von Kutais gibt es Kohlenbergwerke und in Dagestan Vorkommen von schierem Schwefel.

Vier große Flüsse hat der Kaukasus, zwei auf der Nordseite und zwei im Süden. Vielleicht sind das die vier Flüsse des paradiesischen Gebirges, von denen das Mittelalter erzählte, wenn auch damals die Sage das Paradies und seine Flüsse nach dem Nordpol verlegte. Der Kuban entspringt am Elbrus, fließt dann nach Norden in die Ebene und wendet sich hierauf westlich dem Asowschen Meere zu.

Der Terek entspringt südlich vom Kasbek, fließt zuerst in östlicher Richtung und dann in schäumendem Lauf durch enge Schluchten nach Norden an der Stadt Wladikawkas vorüber der Ebene zu, wo er sich nach Osten wendet und in weitverzweigtem Delta ins Kaspische Meer mündet. Am südwestlichen Hang des Gebirges fließt der Rion, der Phasis der Griechen, an Kutais vorüber durch sein flaches Tal, das alte Kolchis, das Land der Morgenröte, dem Schwarzen Meere zu. Dort raubte Jason das Goldene Vlies und die schöne Tochter des Sonnenkönigs. Der vierte und größte Fluß ist der Kura. Er wälzt sich durch sein flaches Tal im Süden des Gebirges nach Aserbeidschan und mündet ins Kaspische Meer. Seine Quellen liegen nicht im Kaukasus, sondern im Hochland südlich davon, nahe bei Kars. Aber viele Nebenflüsse eilen ihm von Norden aus den Bergen zu; die größten sind der Aragwa, der Jora und der Alasán.

Die Sommer sind nördlich vom Kaukasus oft regenarm und heiß, die Winter kalt und streng. Überhaupt ist die Regenmenge im großen und ganzen gering, sie beträgt am Asowschen Meer ungefähr 500 Millimeter im Jahre; im Herzen des Gebirges ist sie etwa doppelt so groß. Reichlicher fällt der Regen südlich von den Bergen, namentlich am Schwarzen Meer, wo die Jahresregenmenge bis zu 2 Meter beträgt. Die südwestlichen Abhänge sind daher auch von reichbelaubten subtropischen Wäldern bedeckt. Die Nordostabhänge im Bergland Dagestan sind wegen der Regenarmut ganz baumlos. Der Nordabhang im Herzen und im nordwestlichen Teil des Kaukasus ist wieder dicht bewaldet.

Die Wälder in den tiefer liegenden Tälern des Kaukasus bestehen zum großen Teil aus Eichen, Ulmen, Buchen, Platanen, Walnußbäumen, Edelkastanien, Linden, Pappeln und andern Laubbäumen. An den Stämmen ranken Wein, Clematis, Sarsaparille und andere Schlingpflanzen. In den Höhenlagen herrschen Steineiche, Kastanie, Linde, Buche, Ulme, Esche, Espe vor, an den Flußläufen wachsen Erlen. Noch höher oben kommen Birke und Kiefer, bis endlich die Birke allein das Feld beherrscht. Die Baumgrenze liegt bei ungefähr 2200 Meter über dem Meer, die Grashalden reichen bis zu 3000 Meter hinauf.

Das Tierleben ist ziemlich reich. Bären, Wölfe und Schakale

stören die nächtliche Ruhe mit ihrem Geheul. Hyänen, Luchse, Wildkatzen, Leoparden und sogar vereinzelte Tiger streichen umher. In den Wäldern hausen viele Wildschweine und Hirsche, im felsigen Gebiet Steinböcke, Gemsen und Wildziegen. In den Wäldern des hochgelegenen westlichen Teiles kommt noch der Wisent (Bison europaeus) in Herden vor. Das ist eines der wenigen Gebiete, in denen man noch die letzten Abkömmlinge dieses wilden Ochsen findet, der einst gleich seinem Verwandten, dem Auerochsen, über ganz Europa verbreitet war. Unter dem Vogelwild verdient namentlich der Fasan Erwähnung. Er kommt sehr häufig vor, seine Heimat ist ja auch die Gegend am Rion, hat er doch seinen Namen von der griechischen Bezeichnung dieses Flusses: „Phasis."

Als Haustiere werden Rinder, Schafe, Ziegen, Pferde, Esel und Büffel gehalten. Der Ackerbau steht auf niederer Stufe. Der alte, mit Büffeln oder Ochsen bespannte Holzpflug ist heute noch im Gebrauch. So bebaut man den Boden aber nur in den tiefer gelegenen Landstrichen, wo die Ackerkrume reichlicher ist. Auf den kleinen Landstücken, die oben im Gebirge an den Hängen übriggeblieben sind, wird nur die Hacke gebraucht. Man baut Mais, Weizen, Hirse, ein wenig Hafer und Roggen. Buchweizen wird stellenweise noch in 2500 Meter Höhe angebaut, Kartoffeln und Tabak bis zu 1800 Meter.

Der Kaukasus war der Wall, gegen den die Völkerwanderungen brandeten. Die Völkerwogen schlugen von Süden und Norden gegen die steilen Hänge und brachen sich an dem Felsenbollwerk. In den unzugänglichen engen Tälern mit ihren günstigen Verteidigungsbedingungen setzten sich Splittertrupps der Wandervölker oder der von Norden oder Süden vertriebenen Stämme fest. Dort sitzen sie heute noch in ihrer engen, abgeschlossenen Welt. Seitdem beherbergt das Gebirge Bestandteile der verschiedensten Völkerstämme auf so engem Raum wie keine andere Gegend der Erde. Jedes dieser Völker spricht seine eigene Sprache. Die meisten dieser Sprachen sind noch ganz unzulänglich erforscht, und viele von ihnen scheinen den uns bekannten Sprachen kaum verwandt zu sein.

Man gliedert diese vielen Gebirgsstämme nach ihren Sprachen in drei Hauptgruppen: die eigentlichen Kaukasier, die türkisch-tatarischen und die indoeuropäischen Stämme. Dazu kommen noch vereinzelte andere von ganz rätselhaftem Ursprung. Die Mundarten der eigentlich kaukasischen Völker nehmen eine eigenartige Sonderstellung ein, bis jetzt vermochte noch kein Sprachforscher mit Sicherheit den Zusammenhang dieser Idiome mit andern bekannten Sprachen nachzuweisen. Vielleicht bestehen Verwandtschaften mit einigen kleinasiatischen Sprachen des Altertums. Man hat wohl auch gelegentlich auf Gemeinsamkeiten mit dem Baskischen und Etruskischen hingewiesen. Wir unterscheiden südkaukasische und nordkaukasische Sprachen. Zu den ersten gehören die verschiedenen georgischen oder kartelischen Sprachen. Zu den nordkaukasischen rechnet man das Abchasische, Tscherkessische, Tschetschenische und die zahlreichen lesghischen Idiome.

Die georgischen Völker wohnen in den Tälern des Kura und Rion und am Südhang des Kaukasus bis nahe zur Wasserscheide, in den Tälern des Hochgebirges, in Swanetien südlich vom Elbrus. Die Abchasier besiedeln den westlichen Teil des Südhanges, an der Küste des Schwarzen Meeres. Die Tscherkessen — sie nennen sich selber Adighenen — und die Kabardiner wohnen am Nordhang des Gebirges und weiter nördlich an den Ufern des Terek, bis zum Kuban im Westen. Nach ihrem heldenmütigen Kampf gegen die Russen, in dem sie 1864 unterlagen, wanderte ein großer Teil der Tscherkessen nach Türkisch-Kleinasien aus und entartete dort zu ruhelosen Räuberbanden. Die Tschetschenzen gliedern sich in mehrere Stämme: die eigentlichen Tschetschenzen, die Itschkereier, Ingutscher, die wieder in mehrere Teilstämme zerfallen, die Kister, Karabulaken und Mitschiko. Sie wohnen zum größten Teil in Tschetschenien und Itschkerien, nordwestlich vom Bergland Dagestan, in den Tälern des Argun und seiner vielen Nebenflüsse, nördlich bis in die Gegend von Grosnyj und am Terek, westlich bis gegen Wladikawkas. Die zahlreichen lesghischen Stämme, von denen die Awaren am bekanntesten sind, hausen in Dagestan.

Von den indoeuropäischen Völkern sind vorweg die Osser oder Osseten zu nennen. Sie besiedeln die Westufer der oberen Läufe des Aragwa und Terek und verteilen sich nach Norden bis in die Gegend westlich von Wladikawkas. Auch die Tataren an der Küste des Kaspischen Meeres, nördlich von Baku, sind indoeuropäischer Abstammung.

Von den türkisch sprechenden Stämmen erwähne ich die Kumücken im Küstenland von Dagestan am Kaspischen Meer bis südlich von Derbent. Nördlich von ihnen, im Deltaland des Terek, wohnen die Nogaier, vereinzelte türkische Stämme, wie die Tauluer und Karatschaier, leben hoch oben im Gebirge, westlich vom Elbrus und nördlich von Swanetien.

Der erste Teil der Reise.

Am Montag, dem 6. Juli, morgens 4 Uhr, verließen wir Tiflis. Napoleon hatte alle Anordnungen für uns getroffen und begleitete uns im Automobil. Unsere Erwartungen waren hoch gespannt, hatten wir doch von dem eigenartigen Weg durch den Kaukasus soviel erzählen gehört. Die Russen hatten schon in den Jahren 1783 und 1784, gleichzeitig mit der Begründung der Stadt Wladikawkas (das heißt „Herrscherin des Kaukasus"), den Straßenbau in Angriff genommen. Anfang des vorigen Jahrhunderts war die Straße fertig, wurde aber dann unter großem Kostenaufwand vom Fürsten Barjatinski, dem Bezwinger Schamyls, umgebaut und war in ihrem jetzigen Zustand erst 1861 vollendet. Das erste Stück der Straße folgte dem Lauf des Kura nach Norden. Dann kamen wir in eine Taleinschnürung, wo der neue Staudamm für das Kraftwerk quer über den Fluß gebaut wird. Zunächst sollen hier 18 000 Pferdestärken gewonnen werden, für später ist eine Steigerung der Ergiebigkeit auf 30 000 Pferdestärken geplant. Hoch oben auf dem Gipfel des steilen Berges, jenseits des Kura, steht, einem Adlerhorst vergleichbar, die Kreuzkirche. Wie eigenartig ist der Brauch der Georgier, ihre Kirchen auf unzugängliche Bergesgipfel zu bauen! Der Franzose Chardin wollte diesen Brauch 1672 damit erklären, daß die guten Leute sich auf diese Weise die Mühe ersparten, ihre Kirchen auszuschmücken und instand zu halten. So hoch oben besuche sie ja doch niemand. Mit dieser Erklärung ist es wohl nicht getan. Viel eher haben wir es hier mit dem Rest einer alten persischen Überlieferung zu tun, wonach der Mensch auf den erhabenen Gipfeln heiliger Berge dem Himmel und seinem Gott näher ist. Wahrscheinlich liegt auch eine Sicherheitsmaßnahme zugrunde. Auf entrückten Gipfeln war es leicht, sich und die Heiligtümer der Kirche gegen die Angriffe der ungläubigen Banden zu verteidigen, die immer wieder das Land beunruhigten. Auch die Kreuzkirche war, wie viele andere, in früherer Zeit von einer hohen Burgmauer mit Wachtürmen umgeben und so zu einem richtigen Verteidigungsbollwerk ausgebaut.

Der Weg führte weiter am Kura entlang. Der Fluß macht hier eine scharfe Biegung und fließt durch eine enge Schlucht nach Süden, während er bisher von Westnordwest kam. Nach einiger Zeit überquerten wir den Fluß auf einer Brücke, dann machte die Straße eine Wendung nach rückwärts, wir fuhren am linken Ufer in östlicher Richtung an der alten georgischen Hauptstadt Mzchet (Mzchetha) vorüber. Die Stadt liegt auf dem Landzipfel zwischen dem Kura und dem Aragwa, der hier von Norden kommend in den Kura mündet. In dem ehrwürdigen Dom von Mzchet sind die georgischen Könige zur ewigen Ruhe bestattet. Unser Weg wendet sich wieder nach Norden, wir fahren durch das Tal des Aragwa, an einem alten Nonnenkloster und den Resten einer Festung vorüber. Hier bewegen wir uns auf geschichtlich geheiligtem Boden, Erinnerungen aus der ältesten Geschichte des Volkes umweben uns, die Totenklage, die aus Dichtung und Musik des Volkes tönt, hat hier in den Ruinen der georgischen Vorzeit körperliche Gestalt angenommen. Georgien, wenigstens seine Kernländer Kartelien und Kachetien, ist ja eines der ältesten Königreiche der Erde. Die Reihe seiner Herrscher bildete durch 2000 Jahre hindurch bis zum Beginn des vorigen Jahrhunderts, als Georgien sich an Rußland anschloß, eine einzige, fast ununterbrochene Kette. In der Nähe des Nonnenklosters wurden viele Gräber mit Steinsärgen aus der Bronzezeit gefunden. Sie sind die Überreste der Kultur eines älteren, langschädligen Volkes, das von den später eingewanderten, überwiegend kurzschädligen Georgiern oder Karteliern ganz verschieden ist.

Die Straße folgt weiterhin dem Fluß, der in seinem Lauf, seinen Becken und Stromschnellen reichlich Wasser führt. Der norwegische Volksglaube ließe in einem solchen Fluß Nöcke oder Stromschnellengeister ihr wildes Spiel treiben. Hier bewohnen ihn Nymphen, sogenannte Russalken, mit langem Rothaar und grünen Augen; sie locken die Männer an sich und kitzeln sie zu Tode. — Die Straße steigt allmählich an, sie zweigt nach links aus dem Aragwatal ab, die Landschaft wird reich und üppig, grüne Almwiesen breiten sich aus, die Talwandungen sind bewaldet, im Osten stehen die nackten, abgeschliffenen Bergwände. Wir waren erstaunt, an einem kleinen Salzsee, Basalétskoje genannt, vorüberzukommen. Er zeigte uns, daß auch hier, so nahe an den südlichen Ausläufern des Gebirges, Trockenheit herrschen kann. Sogar hier ist der Niederschlag im Verhältnis zur Wasserverdampfung gering. — Wir durchquerten den Ort Duschet, den früheren Sitz des Eristaw (Vizekönigs) der Provinz Aragwa. Seine Macht war so groß, daß er es wagen konnte, sogar gegen die Könige von Georgien zu kämpfen. Noch zeugen die Ruinen einer Festung von jener Zeit. — Nicht weit von hier steht auf dem Gipfel eines 1000 Meter hohen Berges, von den ehrwürdigen Bäumen eines heiligen Hains beschattet, eine Kirche, die dem heiligen Kwirik und der heiligen Awlita geweiht ist. Solche heiligen Bäume und Haine gibt es im Kaukasus viele. Offenbar waren sie einst in heidnischer Zeit Opferstätten.

Zwischen fruchtbaren Gefilden eilte unser Wagen weiter. Der Waldbestand des Gebirges nahm zu. Nun ging es ins Tal des Weißen Aragwa hinab und durch die Ortschaft Ananur. Oberhalb der Stadt stehen auf steilem Berg die Überreste einer alten Burg. Der Burgbereich ist von einer Mauer umgeben, in deren Kreis auch mehrere Kirchen stehen. Im Mittelalter muß dieses Bollwerk das ganze Tal beherrscht haben. Hierher floh König Heraklius II., der weidwunde Löwe Georgiens, während des Endkampfes gegen die Perser im Jahre 1795, als Tiflis vom Feind eingenommen und zerstört war. Hier hat der fast 90jährige Held ein neues kleines Heer um sich versammelt, mit dem es ihm gelang, seine Feinde noch einmal aufs Haupt zu schlagen und Tiflis zurückzuerobern.

Höher türmten sich um uns die Berge, enger wurde das Tal, dichter Waldbestand bekleidete die Hänge, tief unten im Talgrund schäumte der Fluß. Dann aber bogen wir plötzlich von der Straße nach rechts ab und hielten vor einem Hotel in einem üppigen Blumen- und Baumgarten. Hier in Passanaur, 1016 Meter über dem Meere, wollten wir frühstücken.

Ter Kasarians Frau und seine beiden Kinder sowie der armenische Jagdheld, den wir in Tiflis kennengelernt hatten, und seine Frau erwarteten uns hier. Sie waren kurz vor uns mit dem Auto

Das Tal oberhalb Kobi. (S. 51.)

Das Sperrfort in der Darjalschlucht. (S. 56.)

Kaukasische Männer aus der Gegend von Kobi. (S. 51.)

angekommen. Obgleich Quisling und ich die Damen nie vorher gesehen hatten, wurden wir ihnen doch nicht vorgestellt. Erst etwas später merkten wir zufällig, mit wem wir es zu tun hatten, und konnten sie begrüßen. Diese kleine Episode ist bezeichnend für den Landesbrauch, der von unsern Höflichkeitsanschauungen so sehr abweicht. Wir waren nun solange Zeit mit Ter Kasarian zusammen gewesen, er vertrat uns gegenüber die Regierung und bewirtete uns in ihrem Namen während der ganzen Reise durch Georgien und Armenien, aber wir hatten weder seine Frau kennengelernt, noch waren wir der Gattin irgendeines der leitenden Männer vorgestellt worden, mit denen wir unterwegs zusammentrafen. Nach östlicher Auffassung hat eben die Frau ihre enge häusliche Welt und zählt in der Öffentlichkeit nicht mit. Es ist dort mit den Ehefrauen genau so wie bei uns mit weiblichen Dienstboten, sie werden mit Gästen nicht in gesellschaftlichen Formen bekannt gemacht. Es schien mir, als ob die Frauen auch keinen Wert darauf legten. Wurde man gelegentlich einmal einer Dame vorgestellt, so wechselte man kaum einige Worte, selbst wenn sprachliche Verständigung möglich war, und die Frau des Hauses zog sich alsbald zurück. Ich hatte den Eindruck, als seien die Frauen nicht gewohnt, öffentlich hervorzutreten, und als hegten sie auch nicht den Wunsch danach. Und dennoch hat die Weiblichkeit in der Geschichte dieser Völker eine so ungeheure Rolle gespielt. Man denke nur an die heilige Hripsime und ihre Nonnen in Armenien, an Nino, die den Georgiern das Christentum brachte, vor allem aber an die gewaltige Königin Tamâra. In den altadligen und fürstlichen Familien Georgiens scheint die Frau eine ganz andere Stellung zu haben. In diesen Kreisen konnte ich feststellen, daß in Fällen, wo die Familie sparen mußte, der Mann auf gemeinsamen Eisenbahnfahrten die dritte Klasse benutzte, seine Damen aber die erste.

Auf dem Platz vor dem Hotel trottete ein halberwachsener Bär an einer langen Kette hin und her. Er sah recht gemütlich aus, doch war es nicht ratsam, sich ihm zu nähern. Ging ein Fremder auf ihn zu, so stürzte er ihm plötzlich in rasender Wut entgegen, so weit die Kette reichte. In gewissem Sinn war er ein Beispiel für die wirkliche Einstellung der kaukasischen Völker gegenüber uns Europäern. Die Leute haben im Grunde auch keinen Anlaß, uns zu lieben. Europäer haben sie unterjocht und ihnen die Freiheit geraubt.

Passanaur schien eine recht betriebsame kleine Stadt zu sein. Die Häuser waren von üppigen Gärten und Laubbäumen umgeben. Die Poststation war groß und geräumig. Dahinter lag ein weiter, freier Platz und rundherum lange Gebäude mit Galerien und Schutzdächern, unter denen allerlei Fahrzeuge bereitstanden. So lagen Ortschaft und Poststation zwischen den steil und trotzig zu beiden Seiten des Tales aufragenden, bewaldeten Bergen.

III.

Die Bergvölker an der Heerstraße.

Georgische Bergvölker.

Die Chewsuren.

Die Gegend, die wir nun durcheilten, ist völkerkundlich besonders interessant. Westlich vom Tal des Weißen Aragwa erstreckt sich das Land der Osseten. Es reicht nördlich bis zum oberen Terektal über Wladikawkas hinaus. Östlich vom Weißen Aragwa wohnen georgische Stämme, die Pschawer, und in den nordöstlichen Hochtälern die Chewsuren. Sie sprechen noch immer ihre altgeorgischen Dialekte, besonders die etwa 8000 Chewsuren führen offenbar seit langer Zeit in ihren Gebirgsschlupfwinkeln ein von aller Welt abgeschlossenes Dasein. Ihr Name stammt von dem georgischen Wort Chewi, das heißt Schlucht, Kluft. Noch heute bewegt sich ihr Denken im Dunstkreis mittelalterlicher Sitten und Gebräuche und uralten Aberglaubens. Sie tragen noch Helm, Ringpanzer, stählerne Arm- und Beinschienen, Schild und Schwert, kurz, sie sind wie Kreuzritter gerüstet. Die Helme sind runde Kuppeln aus Stahl, Stahlnetze hängen über Nacken, Wangen und Stirn herab, so daß nur die Augen und der untere Teil des Gesichts frei bleiben. Bei Festen, Kampfspielen und Turnieren tragen sie ihre volle Rüstung, desgleichen, wenn sie Blutrache fürchten oder wenn eine Blutfehde zwischen zwei Sippen oder Dörfern durch Vergleich beigelegt werden soll. Wahrscheinlich haben sich die alten Rüstungen und Waffen gerade deshalb solange erhalten, weil diese Stämme ununterbrochen in Geschlechterfehden, in Kämpfen zwischen einzelnen Siedlungen und mit benachbarten Stämmen lebten. Streitbare Mannen sind das, allezeit gehen sie in Waffen, auch zur Feldarbeit nehmen sie Schild, Schwert, Dolch und Gewehr mit.

Unter ihnen herrscht die wunderliche Sitte, daß die Männer am Daumen der rechten Hand einen dicken, mit starkem Dorn versehenen Eisenring tragen. Er dient als Schlagring bei Prügeleien. Wohl jeder erwachsene Mann trägt Narben, die von diesen Schlagringen stammen, die Gesichter sind oft schlimmer zerhauen als die Wangen eines übel zugerichteten deutschen Studenten. Ähnliche Ringe sollen früher auch im Schwarzwald und in Oberbayern gebraucht worden sein. Raufereien sind häufig, und der Dolch sitzt locker in der Scheide. Aber Verwundungen und Verstümmelungen müssen durch genau festgesetzte Bußen gesühnt werden. Ein ausgelaufenes Auge kostet 30 Kühe, ein Loch im Kopf 3—16 Kühe, Lähmung eines Beines 25 Kühe usw. Eine Kuh gilt 10 Rubel, etwa 23 Mark. Die Länge einer Wunde wird mit einem Faden gemessen, auf diesen Faden werden dann Buchweizen- oder Weizenkörner abwechselnd längs und quer in einer Reihe gelegt, die Körner werden gezählt, und der Täter muß so viele Kühe bezahlen, als zwei Drittel der Körner ausmachen.

Die Blutrache ist bei den Chewsuren und Pschawern wie bei den meisten kaukasischen Stämmen geheiligter Brauch. Die Sippe des Erschlagenen muß durch Tötung des Täters oder eines Mitgliedes seiner Sippe oder seines Dorfes Rache üben. So können zwei ganze Dorfsiedlungen in Blutrache verstrickt werden. Doch kann der Totschlag auch durch Vergleich und Zahlung einer Buße gesühnt werden. Für einen Mann sind 80, für eine Frau 60 Kühe zu zahlen. Tötung der eigenen Frau fordert keine Blutrache, sondern der Gatte bezahlt an die Sippe der Erschlagenen 5 Kühe. Die Beendigung einer Fehde wird durch ein großes Versöhnungsfest gefeiert, man schlachtet Opfertiere und trinkt Bier und Schnaps in großen Mengen.

Die Berichte von den Kämpfen und Schlägereien dieser Volksstämme erinnern uns in vieler Hinsicht an die Vergangenheit der nordischen Völker und an die Schilderungen der isländischen Geschlechtersagas. Auch bei den norwegischen Gebirgsbewohnern steckte ja noch bis in die jüngste Zeit hinein das feststehende Messer locker in der Scheide.

Die georgischen Gebirgsstämme sind dem Namen nach schon etwa seit dem 12. Jahrhundert christlich, leben aber bis auf den heutigen Tag in den Anschauungen uralten Aberglaubens. Neben den christ=

lichen Gottheiten, Gottvater im siebenten Himmel, dem Herrn der himmlischen Heerscharen und der irdischen Menschen, Christus, dem Beherrscher der Toten, der heiligen Maria, den Heiligen Petrus und Paulus werden noch immer zahlreiche Naturgottheiten verehrt. Da sind ein oberster Herr der Erde und des Festlandes und neben ihm Wald=, Wasser= und Luftgeister in der Gestalt von Schweinen, Bestien oder Kindern. Über die Jagd wachen zwei Gottheiten oder Engel, ein männlicher und weiblicher. Der weibliche gilt als der stärkere, ihm werden Herz, Lunge und Leber des erlegten Tieres geopfert. Die Jagdgöttin soll sich von Zeit zu Zeit als schöne nackte Frau mit langem Haar in den Wäldern zeigen. Dem Jäger, den sie auf ihr Lager einlädt, verleiht sie Jagdglück, wenn er zu schweigen weiß. Plaudert er, so trifft ihn ihre Strafe. Groß ist die Zahl der Schutzgeister. Die Chewsuren glauben an einen beschwingten Engel, der den Räubern hilft, wenn er einen Teil der Beute abbekommt. Die Hölle stellt man sich als einen Strom von Teer vor, in den die armen, sündigen Seelen von einer Brücke, schmal wie ein Haar, herabstürzen. Über diese Brücke muß die Seele wandern, um den Himmel zu erreichen. Der Sünder schwimmt in alle Ewigkeit in der Teerflut umher. Die Menschen sind erfinderisch darin, Hölle und ewige Pein auszumalen, vom Paradies wissen sie nicht soviel zu erzählen. Die Brücke und der Teerstrom haben eine auffallende Ähnlichkeit mit der Gjallarbrücke und den Gespenstersümpfen, über die nach der altnordischen Sage die Seele auf ihrem Weg zum Himmel wandern mußte. Der schmale Steg als Weg zur ewigen Herrlichkeit ist eine bei vielen Völkern verbreitete Vorstellung. Die Araber schildern ihn „schmaler als ein Haar, schärfer als ein Schwert, finsterer als die Nacht".

In einem Punkt treiben die Chewsuren die Frömmigkeit recht weit. Sie halten drei Feiertage in jeder Woche, den Freitag der Mohammedaner, den Sabbat der Juden und den christlichen Sonntag. So sind sie sicher, weder Allah noch Jahve noch Gottvater zu erzürnen.

Die Dörfer der Bergstämme sind gleich den Aulen Dagestans stufenförmig an den steilen Felshängen aufwärts gebaut, ein Haus so dicht über dem andern, daß oft das Dach des unteren die Terrasse oder den Hofraum des oberen bildet. Der Anblick eines solchen Dorfes erinnert von weitem an eine Bienenwabe. Die Häuser sind rechteckig und haben flache Dächer, meist sind sie aus Stein gebaut und zwei Geschosse hoch. Das Untergeschoß ist für Vieh und Weiber, das Obergeschoß für die Männer. Die verräucherten Wohnräume starren von Schmutz. Auf den dürftigen Halden zwischen den steilen Felshängen ist es um den Ackerbau nicht gut bestellt, mühselig werden die verstreut liegenden Feldstücke mit der Hacke aufgelockert und für den Anbau von Roggen, Buchweizen, Hirse und Kartoffeln vorbereitet. Auch der Gartenbau ist schwach entwickelt, und nur wenige Kühe, Schafe und Ziegen stehen in den Ställen. Die Menschen führen ein hartes Leben in bitterer Armut. Früher, als sie noch vom Raub lebten, hatten sie es besser.

Sie backen aus grobgeschrotenem Buchweizen oder Roggen Flachbrote, ähnlich unsern norwegischen. Der Teig wird zwischen zwei dünnen Schieferplatten über dem offenen Feuer, häufig draußen im Freien, geröstet. Flachbrot mit saurer Milch und Käse ist ein Alltagsessen. Auch darin sind die Einheimischen den alten Norwegern ähnlich, daß sie keine Hühner und Eier, auch keine Hasen essen. Die altnorwegischen Bauern verschmähten alle Tiere, die Federn oder Klauen tragen. Die Chewsuren enthalten sich auch des Schweinefleisches, das haben sie vermutlich von den Mohammedanern oder Juden übernommen.

Die Frauen nehmen bei diesen Gebirgsstämmen eine sehr untergeordnete Stellung ein. Sie werden beinahe wie Sachen, jedenfalls wie Arbeitssklaven behandelt. Der Mann soll seine Braut möglichst aus einem andern Dorf holen und sie nach altem Brauch rauben. Die Frau war bei diesen Völkern wie bei vielen andern eine Kriegsbeute, die man aus dem Feldzug gegen andere Stämme oder Völker heimbrachte, während man sich bei uns möglichst mit einem Mädchen aus der eigenen Sippe, jedenfalls aus dem eigenen Dorf verheiratete. Der chewsurische Bräutigam erscheint mit seinem Gefolge in voller Rüstung nachts vor dem Frauenhaus außerhalb des Dorfes. Dort hält sich das Mädchen verabredetermaßen auf. Die Auserwählte muß durch kräftige Gegenwehr* ihre gute Erziehung bekunden. Nach Überwindung des Widerstandes entführt sie der

---

* Auch bei primitiven Völkern wie z. B. bei den Eskimos finden wir diesen Brauch in Verbindung mit einer gleichen Auffassung von weiblicher Wohlerzogenheit.

Bräutigam in das Haus seines Vaters. Eine Reihe von Zeremonien läuft darauf hinaus, daß die beiden nicht zeigen dürfen, wie sehr sie eine Verbindung wünschen. Darüber vergehen etwa fünf bis sechs Tage, bis endlich die Trauung stattfindet. Hierauf sind die beiden drei Nächte zusammen, dann aber kehrt die junge Frau für einige Zeit in ihr Elternhaus zurück, ehe das regelmäßige eheliche Leben beginnt. Wenn der Mann seine Frau nicht mehr liebt, kann er sie wieder nach Hause schicken, und sie darf sich zum zweitenmal verheiraten. Die Frau dagegen darf ihren Mann nur verlassen, wenn sie sich freikauft. Der Preis dafür ist so hoch, daß nur die wenigsten ihn erschwingen können. Untreuen Frauen schlitzte man früher die Wangen auf, oder man schnitt ihnen Nase und Ohren ab, von einer Strafe für untreue Männer wird nichts berichtet. Vielweiberei war früher an der Tagesordnung, soll aber jetzt selten geworden sein.

Die schwangere Frau ist unrein. Die Gebärende muß sich allein in eine Hütte außerhalb des Dorfes zurückziehen, unter allen Umständen muß sie sich außer dem Hause aufhalten. Bei einer schweren Geburt kann die Frau von ihrem besorgten Gatten als einzige liebevolle Hilfe erwarten, daß er sich nachts in die Nähe des Gebärhauses schleicht und durch Büchsenschüsse die bösen Geister verjagt. Nach der Geburt wird der jungen Mutter von kleinen Mädchen ein einfaches Mahl gebracht. Gleich der Wöchnerin selbst sind auch die Gefäße, von denen sie ißt, unrein und dürfen nicht von andern benutzt werden.

30 bis 40 Tage lang bleibt die junge Mutter im Frauenhaus oder „Haus der Reinigung" außerhalb des Dorfes. Dann erst darf sie wieder unter Menschen gehen. Das Haus der Reinigung ist auch der Aufenthalt der Frauen während der Menstruation.

Wegen der kargen Lebensbedingungen ist Kinderreichtum nicht erstrebenswert, die Geburtenbeschränkung soll daher ziemlich allgemein sein. Das erste Kind kommt vielfach nicht vor dem vierten Jahr der Ehe, das zweite drei Jahre später, und drei Kinder sind genug. Mädchen sind wenig willkommen, werden aber nicht mehr, wie früher bei einigen Stämmen, getötet.

Die Kleider werden aus Schafwolle gewebt. Man rupft den Schafen die Wolle aus, statt sie zu scheren. Die Unterkleidung der

Frauen pflegt viel gröber und schwerer als die der Männer zu sein.
Die Männer beanspruchen für sich das feinste und weichste Gewebe.

Die Osseten.

Das Volk der Osser oder Osseten zählt ungefähr 225000 Menschen, die ihre Wohnsitze in Ossetien westlich des von uns zurückgelegten Weges haben. Über dieses Volk haben die Gelehrten viel gestritten und geschrieben. Man hält die Osser allgemein für Nachkommen der indoeuropäischen Alanen, teils auch der schon von Herodot genannten Massageten; auch mit den Sarmaten Herodots hat man sie in Verbindung zu bringen gesucht. Ptolemaios nannte sie im 2. Jahrhundert n. Chr. Ossilier; die arabischen und abendländischen Schriftsteller des Mittelalters nennen sie Asser oder Alanen. In den russischen Chroniken aus dem Anfang des 12. Jahrhunderts heißen sie Jaser oder Jossi. Sie selbst nennen sich Ironen. In diesem Namen glaubt man die Bezeichnung „Aryon" wiederzufinden, und das soll der gleiche Name sein wie „Alan". Andere wieder sind der Meinung, Ironen sei dasselbe Wort wie Iranier. Die Sprache gehört zum indoeuropäischen Stamm, und zwar zur iranischen Gruppe. Sie ist von den nord- und südkaukasischen Sprachen ganz verschieden.

Die Osseten müssen von Norden her in den Kaukasus eingewandert sein. In den ersten Jahrhunderten nach Christus waren sie in Südrußland am Unterlauf des Don weit verbreitet. „Don" ist heute noch das ossetische Wort für Wasser. Wir finden es in vielen Flußnamen im Bereich des nördlichen Kaukasus wieder, so z. B. in der Bezeichnung Ar-don, das heißt „rasendes Wasser". Das Asowsche Meer, an dessen Ostküste die Osseten einst wohnten, verdankt wohl ihnen seinen Namen.

Zu Beginn der Völkerwanderungen zog ein großer Teil der Alanen oder Osseten mit den Goten und Hunnen nach Westen und ließ sich an der Donau nieder, deren Name vielleicht von ihnen stammt. Möglich, daß sie auch schon die Stadt Jassy (sprich „jasch") im Moldaugebiet gegründet haben. Vom 7. bis zum 13. Jahrhundert wurden die Osseten zuerst von den Chasaren und dann von den Mongolen aus dem Dongebiet südwärts gegen die Flüsse Kuban und Terek abgedrängt. Sie waren ursprünglich ein mächtiges Reitervolk. Im 14. Jahrhundert aber wurden sie von den aus der Krim vordringenden Kabardinern in ihre heutigen Wohnplätze im Hochgebirge abgedrängt. Anscheinend kannten sie aber das Gebirge schon lange und haben wohl in seiner nächsten Nähe ihre Wohnsitze gehabt. Darauf scheint hinzudeuten, daß ihr Wort für Gebirge „choch", der ersten Silbe in dem griechischen Namen Kaukasus (καύχασος) entsprechen dürfte. Die Osseten sind im Verhältnis zu den andern kaukasischen Völkern, insbesondere den Ostkaukasiern, ziemlich langschädlig, ihr Schädelindex bewegt sich um 81. Die Augenfarbe ist meist blau oder grau, Haupt= und Barthaare blond, hellbraun oder rötlich, das Gesicht pflegt breit zu sein, die große Nase ist gerade, die Lippen schmal. Die Hautfarbe ist hell, oft rosig. Männer und Frauen sind durchweg von mittlerer Größe und kräftigem Körperbau. Die Osseten scheinen zum Teil ursprünglich von nordischer Rasse zu sein, jedenfalls muß eine starke Einwanderung von Norden her stattgefunden haben. Dagegen deutet ihre Sprache darauf hin, daß der größte Teil des Stammes mit den iranischen Völkern des Ostens in Verbindung stand. Abweichungen in der Schädelform und das gelegentliche Auftreten schwarzer Haare und brauner Augen kann auf starke Mischung mit benachbarten Stämmen in späterer Zeit zurückzuführen sein. Die Osseten interessieren uns Nordländer deshalb besonders, weil ihr Name mit dem altnordischen Wort „Åss" für „Götter" in Verbindung gebracht worden ist.

Snorre Sturlasson erzählt in der Ynglinga=Saga, „das Land östlich vom Fluß Tanakvisl (Tanais = Don) in Asien heißt Åsaland oder Åsaheim, und die Hauptburg in diesem Lande ist Åsgard"; ihr Häuptling war Odin. Snorre bringt die Bezeichnung Åss vor allem in Verbindung mit dem Namen Asien. Vielleicht darf man ihn aber eher auf die Osseten beziehen, die ja gerade am Ostufer des Tanakvisl oder Don gelebt haben. Dann wäre Åsaland das Land der Osseten. Bezeichnenderweise berichtet Snorre auch, daß Odin südlich von „dem großen Felsgebiet, das heißt dem Kaukasus (also gerade dort, wo heute ein Teil der Osseten wohnt), reich begütert gewesen sei", und er erzählt weiter, daß „zu jener Zeit römische

Häuptlinge weit in der Welt umherzogen und sich alle Völker unterjochten. Der weitschauende Odin zog sich daher zurück und alle Götter mit ihm und viele andere Leute". Sie schlugen sich zuerst westwärts nach Gardarike (Rußland), von dort südlich nach Saksland (Deutschland) und endlich nach Norden.

Die Sprachforscher leiten das Wort Åss oder Âss, das alte germanische Ans-Ansu von der Wurzel „ans" ab. Ans bedeutet Geist oder Hauch, Åss würde dann einen Windgott oder Geist bedeuten. Es ist trotzdem nicht ausgeschlossen, daß der Name in späterer Zeit auf irgendeine Weise für die Osseten gebraucht wurde. Der Name Osseten kann früher auch einen a=Laut gehabt haben, wie z. B. die Bezeichnung des Asowschen Meeres zeigt.

Die Mehrzahl der Osseten ist dem Namen nach christlich, genauer gesprochen griechisch=orthodox, ein Viertel etwa ist mohammedanisch. Gleich den Chewsuren leben sie aber alle in mehr oder weniger heidnischen Vorstellungen und ehren noch immer ihre alten Gottheiten und Geister. Es konnte dem Heidentum keinen Abtrag tun, daß manche dieser Götter den Namen christlicher Heiliger bekamen. Der Blitz= und Donnergott ist der heilige Elias, der aber unserm Donnergott Thor näher verwandt scheint als dem biblischen Propheten. Wenn jemand vom Blitz erschlagen wird, so heißt es, Elias habe ihn getroffen, weil er beleidigt worden ist. Der Getötete wird entweder an der Stelle begraben, wo er zusammenbrach, oder man überläßt die Begräbnisstätte dem Zufall. Das geschieht auf folgende Weise: Die Leiche wird auf einen mit zwei Böcken bespannten zweirädrigen Karren gelegt. Wo es den Böcken einfällt, den Karren hin zu ziehen und stehenzubleiben, dort begräbt man den vom Blitz Erschlagenen. Am Grab wird ein schwarzer Bock geschlachtet, und sein Fell wird auf eine Stange gehängt. Die beiden Ziegenböcke, die also den Begräbnisplatz aussuchen, stellen vermutlich die Böcke des Donnergottes Elias dar. Und wer weiß, ob nicht der zweirädrige Karren der Wagen des Thor ist. Der heilige Elias befreit die irdischen Menschen von dem blinden Drachen Ruimon, der in der Unterwelt wohnt und den Menschen durch sein Gebrüll in Krankheit und Tod hetzt. Elias fesselt ihn mit einer Kette, zerrt ihn an die Oberfläche, die himmlischen Geister hauen Fleischstücke von dem Drachen ab, die Seelen der Verstorbenen kochen und essen das Fleisch und werden dadurch verjüngt. Das erinnert an die Sage von Thor und dem Midgardswurm, der rund um die Erde geschlungen lag und den Thor in Jotunheim aufstöberte und ans Licht zerrte.

Die Osseten verehren viele Götter, deren jeder für irgend etwas anderes im Leben zu sorgen hat: Da ist der höchste Gott über Gut und Böse, der in allen Nöten angerufen werden muß; der göttliche Totenrichter wacht über den Weg zum Paradies und zur Hölle; dann ist da der Sohn der Sonne und des Mondes; es folgen die Götter für den Acker, die Ernte, das Vieh, das Wild, die Gewässer, die Fische, für die Gesundheit des Leibes. Ein eigener Gott beschützt die Räuber. Für den Gott des Bösen schlachtet der Hausvater am Abend des Mittwochs zwischen Weihnachten und Neujahr ein Lamm vor der Schwelle des Hauses. Der Gott bekommt zu essen und zu trinken und wird gebeten, Haus und Vieh kein Leid anzutun. Dem Opfer folgt eine nächtliche Festmahlzeit. Dabei darf der Name des höchsten Gottes nicht genannt werden. Das ist genau wie bei uns: wer mit dem Teufel einen Bund schließen will, darf Gottes Namen nicht nennen, denn der Böse erträgt nicht, ihn zu hören.

Die Geister der Verstorbenen (safa), die als Hausgeister den Herd beschützen, haben besondere Bedeutung und werden mit ausgesuchter Rücksicht behandelt. Zu gewissen Zeiten schlachtet man einen Bock für sie und vergräbt das Blut. Zeitweise stellt man auch ein Speiseopfer für den Hausgeist oder die Verstorbenen an bestimmten Plätzen im Wald auf. Hier liegen Vorstellungen zugrunde, die aus den ältesten Zeiten, lange vor allen heidnischen Religionen, stammen und sich bei vielen Völkern finden. Ich erinnere an die Gestalt unseres Gartenmännleins oder Kobolds. Das Gartenmännlein ist eigentlich der Stammvater des Geschlechts, der Inbegriff der heimgegangenen Väter. An einem ihm geheiligten Baum stellt man zur Weihnachtszeit ein gutes Essen und Weihnachtsbier auf. Man kann ihm auch ein Trankopfer darbringen, indem man das Getränk über den Herd ausgießt.

Die Osseten haben, wie die georgischen Bergstämme, die Chewsuren, Pschawer, Tuscher, Swaner und andere, ihre heiligen Haine, in denen sich die Bevölkerung zu Gottesdienst und religiösen Feiern versammelt. Die heiligen Haine sind Laubhölzer verschiedener Art und stehen gewöhnlich dort, wo sonst kein Wald ist. Offenbar sind es meist alte heidnische Opferstätten, in deren Mitte Altäre oder Tempel errichtet sind. An den Feiertagen werden Tieropfer dargebracht, der Altar und die Gläubigen werden mit Blut besprengt. Für den Festtag braut man Bier. Das Fleisch der Opfertiere wird verzehrt und mit ungeheuren Mengen Bier und Schnaps begossen. Die Frauen dürfen nicht einmal zum Fest die geweihten Haine betreten oder gar die heiligen Bäume berühren. Doch gibt es an einigen Orten Gruppen heiliger Bäume, an denen die Hochzeiten gefeiert werden. Nur die Priester dürfen aus dem heiligen Hain Holz zum Biersieden holen. Wagt der gewöhnliche Sterbliche, dort einen Baum zu fällen oder nur einen Zweig zu brechen, so schlägt der Gott des Haines ihn mit schwerer Krankheit oder Tod. Im Hain von Abanokan, in der Trussoschlucht, schlägt der heilige Ilja (Elias) den Übeltäter mit Blindheit. Nur durch Opferung eines Ochsen kann der Unglückliche das Augenlicht wieder erlangen*.

Heilige Haine und Bäume finden wir bei vielen Völkern, auch wir im Norden hatten dergleichen. Bei Börte, im Bezirk Mo in Telemarken, ist ein Hain, so heilig, daß dort nicht einmal das Gras gemäht oder abgeweidet werden durfte, über den Frevler wäre schweres Unglück hereingebrochen**.

Unter manchen Bäumen in den heiligen Hainen der Osser sieht man hohe Haufen von Zweigen. Jeder Vorübergehende hat nämlich die Pflicht, einen Zweig oder ein Stück Holz als Opfer für die Gottheit des Haines niederzulegen. Wir haben in Norwegen an vielen Orten einen ähnlichen Brauch. Daher sieht man oft an Waldwegen hohe Reisighaufen. Die Vorübergehenden legen dort nach altem Brauch einen Zweig nieder, obwohl kein Mensch mehr die alte Bedeutung versteht. An andern Orten werden Steine statt der Zweige niedergelegt. In alter Zeit errichteten die Osseten auf ihren Gräbern oft etwa drei Meter hohe, unbehauene Steine. Vielleicht haben sie eine ähnliche Bedeutung wie unsere Bautasteine.

---

* E. Hahn: „Kaukasische Reisen und Studien", Leipzig 1896, Seite 124 f. und E. Hahn: „Aus dem Kaukasus", Leipzig 1892, Seite 63.
** Vergleiche Moltke-Moe in Ammund Heland: „Norwegen, Land und Volk", VIII, Bratsberg Amt, Band I, Seite 415 ff. Kristiania 1900.

Die Osseten holen sich auf beneidenswert einfache Weise ihr Recht. Wenn ein Mann von einem andern nicht bekommt, was er ihm schuldet, oder wenn ihm die Buße für eine Rechtsverletzung vorenthalten wird, so droht er einfach, er werde auf dem Grabe eines Ahnen seines Widersachers einen Hund oder eine Katze erschlagen. Die Seelen der Verstorbenen werden dann von dem getöteten Tier gequält. Den bloßen Gedanken daran erträgt der Ossete nicht, lieber tut er, was von ihm verlangt wird.

Beim Schwur faßt der Ossete einen Hund am Schwanz oder einen Esel am Ohr. Wenn er falsch schwört, müssen die Seelen seiner Ahnen oder Verwandten im Jenseits Hunde- oder Eselsfleisch essen. Ähnliche Vorstellungen, die mit altem Ahnenkultus in Verbindung stehen, finden wir auch bei den Chewsuren.

Die Hochgebirgsdörfer der Osseten sind nur klein. 20 bis 30 Anwesen, oft sogar nur fünf oder sechs, kleben terrassenförmig übereinander an steilen Felshängen. Noch weiter oben liegen die Anwesen einzeln verstreut und sind wie Festungen bewehrt. In den tiefer liegenden Gebirgstälern sind die Häuser wie bei den Chewsuren aus Stein gebaut, in noch tieferer Lage sind sie aus Balken und Fachwerk, wie unsere norwegischen Holzhäuser. Jedes Dorf hat einen hohen Verteidigungsturm, oft hat sogar jeder einzelne Hof seinen eigenen Turm. Diese streitbaren Völker mußten ja früher allezeit auf Verteidigung eingerichtet sein. Diebstahl oder Raub am Stammesfremden gilt bei ihnen nicht als Verbrechen, leben sie doch mit den Nachbarn in dauerndem Kriegszustand.

Jedes Dorf bildet eine Gemeinde und wird von einem Ältesten geleitet. Innerhalb der Dorfgemeinde hat jede Familie ihren Hausvater. Es scheint aber, als sei die Großfamilie im Zerfall und das Gemeineigentum in Auflösung begriffen. Beim Tod eines Familienvaters wird das Erbe gleichmäßig unter die Söhne verteilt, der Älteste bekommt das Haus und etwas Vieh als Zugabe, der Jüngste etwas Vieh und Waffen. Die Töchter erhalten nichts. Wenn sie heiraten, muß der Bräutigam obendrein noch einen Kaufpreis an den Vater oder die Brüder bezahlen. Die Mädchen sind also fahrende Habe, die man verkauft. Standes- oder Klassenunterschiede kennen die meisten Stämme der Osseten nicht.

Sie leben vom Ackerbau, noch mehr vielleicht von der Viehzucht, namentlich oben in den Bergen. In früherer Zeit war auch der Raub ein wichtiges Gewerbe. In den tiefer liegenden Tälern ist der Fruchtwechsel nicht mehr ganz unbekannt. Im ersten Jahr wird auf dem frisch gedüngten Boden Weizen oder Mais angebaut, im zweiten Jahr Buchweizen, im dritten Jahr liegt der Acker brach. Die Bevölkerung baut auch Hafer, Hirse, Erbsen, Bohnen, Kartoffeln, Gurken und anderes. In den Hochtälern herrscht der Anbau von Roggen und Buchweizen vor. Die Ackerstückchen an den Hängen sind aber doch nur klein, und so bleibt die Viehzucht im Hochgebirge der Hauptnahrungszweig. Der Ossete züchtet vor allem Schafe, daneben einige Ziegen, Kühe und Pferde. Im Sommer nächtigt das Vieh in der Nähe des Hauses auf einem Stück Land, das ähnlich unsern Pferchen mit einer Steinmauer oder einem geflochtenen Zaun umgeben ist. Im Winter steht das Vieh im Stall, der sich bei den Chewsuren gewöhnlich im Erdgeschoß des Wohnhauses befindet. Der Dünger wird gesammelt und wie bei uns auf Acker und Weide verwendet. Das ist bei den kaukasischen Völkern sonst nicht der Brauch. Man benutzt dort wie in Rußland den gedörrten Kuhmist als Hausbrand. Hoch oben im Gebirge, wo an den nackten Wänden kein Wald wächst, gibt es ja keinen andern Heizstoff. Der Mist wird in Kuchen gepreßt und an den Wänden des Hauses ausgelegt, damit die Sonne ihn trocknet.

In Waldtälern findet man auch Ansätze zur Forstwirtschaft. Die gefällten Stämme werden ähnlich wie in Norwegen abgeflößt. Die Flüsse sind reißend und voll von Klippen, die Baumstämme bleiben also unterwegs oft hängen und müssen wieder flottgemacht werden.

Die Männer besorgen die schwere Außenarbeit. Sie pflügen, dreschen, fällen Holz, flößen, zimmern und mauern. Die Frauen übernehmen die Hausarbeit, das Melken, die Pflege der Kühe und des Kleinviehs, das Spinnen und Weben. Auf dem Feld helfen sie nur beim Mähen des Korns mit der Sichel, auch holen sie Reisig aus dem Wald.

Der Tod eines männlichen Mitgliedes ist in diesen kleinen Gemeinwesen eine einschneidende Angelegenheit. Er wird bei den Osseten und Chewsuren mit großen Feiern begangen. Das ganze Dorf nimmt mit Totenklage, Jammerweibern, Pferderennen, Totenbier,

Schnapsgelage und reichlichem Festessen an der traurigen Begebenheit Anteil. Begräbnis und Abfahrt ins Totenreich sind mit alten heidnischen Bräuchen verbunden. Im Jahre nach dem Tode werden zwölf Erinnerungsfeste begangen, zu denen auch Stammesgenossen aus den Nachbardörfern eingeladen werden. Das ist notwendig, damit der Verstorbene im Jenseits seine Ambrosia, sein Bier und seinen Schnaps bekommt und nicht Gras fressen muß. Die Witwe muß ein ganzes Jahr lang fasten und sich in Rock und Kittel aus grobem schwarzen Zeug kleiden. Jeden Freitag besucht sie das Grab und trinkt dort auf das Wohl des Toten.

Geschirr, Küchengerät und Hausrat erinnern in vielen Dingen an die häusliche Einrichtung der alten Germanen, so auch der Brauch, Bier zu brauen. Osseten und Chewsuren machen das Bier aus Buchweizen, die andern kaukasischen Stämme brauen es aus Hirse.

Die vielen verwandten Züge in der Lebensweise, den Bräuchen und der Hauseinrichtung der Osseten und der Nordgermanen können wohl durch die gemeinsame indoeuropäische Herkunft erklärt werden, können aber auch ihren Grund in der Ähnlichkeit der Lebensbedingungen haben. Jedenfalls müssen wir bei Schlußfolgerungen beachten, daß ganz ähnliche Züge nicht nur bei den Nachbarn der Osseten, den Chewsuren und Pschawern, auftreten, sondern auch bei andern kaukasischen Stämmen mit ganz anderer rassischer Herkunft und völlig verschiedener Sprache.

IV.
Über den Rücken des Kaukasus.

Bei Passanaur vereinigt sich der von nordnordwestlich kommende Weiße Aragwa mit dem Schwarzen Aragwa, der aus den nordöstlichen Bergen herabfließt. Die Flüsse verdanken ihre verschiedene Farbbezeichnung dem Schlamm, den sie führen, und dieser wiederum ist je nach dem Gestein des Flußgebietes verschieden gefärbt. Wo das Gestein hart ist, bleibt das Wasser klar, der Fluß sieht dunkel aus, weil der Grund durchschimmert, und wird also „schwarz" genannt. Rinnt der Fluß über mürbes Gestein, so führt er Schlamm mit sich, dessen Farbe von der Gesteinsart abhängt.

Wir fuhren in nördlicher und nordwestlicher Richtung am linken Ufer des Weißen Aragwa entlang. Der Fluß strömte uns schäumend durch sein waldiges, üppig-grünes Tal entgegen. Die Ortschaften sind zum größten Teil noch georgisch. Vereinzelte ossetische Dörfer liegen auf dem Westufer, sie sind sofort an ihrer Armseligkeit zu erkennen. Wir eilten in schneller Fahrt talaufwärts. Die Steigung der Straße nahm zu. An der Westseite des Tales klebten an den steilen Abhängen ossetische Dörfer mit ihren alten Verteidigungstürmen. Die Halden sind dort so steil, daß Heu und Erntegut auf dem Rücken heruntergetragen oder mit Rutschen zu Tal gefahren werden müssen. Die Dörfer wurden wohl hauptsächlich aus Gründen der Sicherheit an so unzugänglichen Stellen erbaut. Da sie noch dazu durch ihre Türme geschützt waren, mag es schwer genug gewesen sein, sie einzunehmen. Karge Lebensbedingungen, ewiger Kampf, Verteidigung, Angriff, Raub und harte Mühe ums tägliche Brot — das war das Leben dieser Bergvölker. Auf der Ostseite des Tals, wo das Land der Chewsuren beginnt, sind keine Dörfer zu sehen. Die Chewsuren halten sich fern von der Verbindung mit der Welt und verkriechen sich in ihre Felsschluchten.

Auf der Wasserscheide. Im Hintergrund das Kackarmassiv. (S. 31.)

In der Darjalschlucht. „Die Straße schlängelte sich durch die wilde Schlucht an der Felswand entlang abwärts." (S. 54.)

Bei der Station Kasbek. „... aus den brodelnden Wolkenmassen drohte ein mächtiger weißer Gletscher zu uns herab." (S. 52.)

Hinter dem Dorf Mleti, das 1513 Meter über dem Meere auf hohem Felsabsturz überm Aragwa liegt, führt eine Brücke über den schäumenden Fluß. Hier beginnt das richtige Hochgebirge. Bis dorthin folgt die Straße dem sanft ansteigenden Talgrund am Fluß entlang. Hier stellt sich der Reisende unwillkürlich die Frage: Sollen wir an dieser senkrechten Felswand emporklimmen? Und wirklich, die Straße schlängelt sich in ungezählten Windungen an der Wand aufwärts, bis sie an der obersten Kante unsichtbar wird.

Unser Auto kroch in Haarnadelkurven hinauf. Tiefer und tiefer versank das Tal mit jeder Windung der Straße unter uns. Wir konnten den Absturz neben uns nicht sehen und mußten doch, daß am Straßenrand der Felsen Hunderte von Metern senkrecht abfiel. Einige Kurven waren so eng, daß wir mit dem Wagen bis an die äußerste Kante ausbiegen mußten, um die Kurve zu nehmen.

Je höher wir kamen, desto weiter wurde unser Ausblick über das Tal zu beiden Seiten. Der Aragwa glitzerte, ein schäumendes, weißes Band, tief unten im Abgrund, die Dörfer klebten wie Schwalbennester an den Felswänden jenseits des Tales, dazwischen lagen kümmerliche kleine Äcker und grüne Almweiden. In Richtung aufs Gebirge sahen wir bald die Schneegipfel einen hinter dem andern aufsteigen. Zuerst die „Roten Berge" und dann die „Sieben Brüder", die aus rötlichen Vulkanmassen aufgetürmt sind. Schneeferner und Gletscher überall, durch tiefe Schluchten und Klammen getrennt, zwischen deren senkrechten Wänden in tiefem Grund der weiße Gischt der Flüsse brauste. Endlich war die obere Kante des Absturzes erreicht. Links vor uns blickten wir in den Gud-Chewi, die Teufelsschlucht, hinab, durch die der Aragwa vom Gebirge herabbraust, ein enger, schwindelnd tiefer Abgrund zwischen fast lotrechten Wänden. Hier schien ein Volk wild kämpfender Titanen in ewiger Versteinerung erstarrt zu sein.

Bald danach erreichten wir Guda-ur, die höchste Poststation auf der ganzen Strecke (2160 m überm Meer). Hier ist auch eine Wetterwarte eingerichtet. Noch weiter aufwärts führt der Weg an der Ostwand der Aragwaschlucht über schwindelnden Abgründen hin. Immer wilder wird die Landschaft. An mehreren Stellen waren Dächer zum Schutze gegen Lawinen und Steinschlag über den Weg gebaut. Wir begegneten mehrmals Kindern, offenbar waren es Hütejungen, die das weidende Vieh an den begrasten Halden beaufsichtigten. Sie tanzten vor unserm Wagen hart am Rand des Abgrundes hin und her und warfen uns nach der Landessitte kleine Blumensträuße als Willkommgruß zu, bettelten aber nicht. Endlich hatten wir den Höhepunkt der Straße, den Krestowipaß, erreicht. Diese Stelle (2345 m überm Meer) ist durch ein steinernes Mal gekennzeichnet. Darüber steht auf der rechten Seite der Straße ein altes Kreuz, das dem Paß wohl seinen Namen gegeben hat. Es soll von der Königin Tamâra errichtet worden sein. Bis hier herauf in die abgelegene Wildnis des Gebirges ist ihr Name groß. — An vielen Stellen fanden wir alte steinerne Kirchen oder Überreste von solchen, und sie alle sollen von Tamâra erbaut worden sein. Sie selber drang der Sage nach an der Spitze ihrer Krieger in die Hochgebirgstäler vor, unterwarf sich die wilden Bergstämme und brachte ihnen die Segnungen des Christentums. Bis auf den heutigen Tag klingt in ganz Swanetien ihr Lob von den Lippen des Volkes:

> Und die Berge beugten das Haupt vor ihr,
> Tamâr kam ins Swanerland,
> trug die Krone im Haar.
> ———————————————
> Tamârs Auge war gleich dem Edelstein.
> Über seidenem Gewand die Brünne trug sie.
> Tâmars Gürtel glänzte von Gold.
> Tamâr trug um die Lende ihr Königsschwert.

Wohl möglich, daß die mächtige, gütige und starke Frau auf ihren Kriegszügen auch in diese entlegenen Bergtäler gekommen ist.

Hier endlich stehen wir auf der Wasserscheide zwischen den Quellen des Kura und denen des Terek, die nördlich entspringen. Hier nehmen wir Abschied von den schönen Tälern Georgiens, durch die der Hauch großer Erinnerungen zieht, Abschied vom georgischen Volk, das 2000 Jahre lang um seine Freiheit und Kultur gekämpft und das mit dem Blut seiner edelsten Söhne die heimatliche Erde getränkt hat. Bis auf den heutigen Tag singen die Kinder Georgiens:

> Noch lebst du, Heimat, und dein teurer Boden
> schläft nun entgegen neuen Tages Licht,
> da man den Helden Siegerkränze flicht,
> die einst um dich hinsanken zu den Toten*.

———————
* Von dem georgischen Dichter Akaki Sereteli.

Herrliche Reiche trug die Erde! Wieviel Schönheit und blühende Kraft haben wir Menschen vernichtet, in Kampf und Krieg vertan — wozu?

*

Immer wilder und öder wurde das Gebirge, grau und nackt steilten sich die abgeschliffenen Felswände empor. Dann führte die Straße leise abwärts, und die Wasserläufe nahmen ihren Weg nach Norden. Wir fuhren in eine enge Schlucht ein und folgten einem Flüßchen, das in schäumendem Lauf dem Strom Terek zueilte. Diese Strecke ist im Winter und Frühjahr schwer von Lawinen bedroht, daher sind überall Schutzdächer errichtet. An einer kohlensauren Quelle, die aus dem Gestein hervorsprudelt, machten wir halt, wir wollten uns an dem frischen Wasser gesund und munter trinken. Einige Knaben und Männer versammelten sich um das Auto und boten Bergkristall und andere Mineralien an.

Der eigentliche Kamm des Gebirges lag hinter uns. Wir hatten die Wasserscheide überschritten, und unser Weg führte uns weiter zu Tal. Vor uns lagen aber noch die mächtigen Vulkanmassive, die über dem Urgestein am Nordhang der Erdfalte aufgebrochen sind und ihre mächtigen Krater, überragt von dem Riesen Kasbek, auftürmen. Von Zeit zu Zeit erschien der wild drohende Schneegipfel dieses gewaltigen Kolosses, M'kinwari heißt er in der Landessprache, durch eine Öffnung des wallenden Wolkenvorhangs in unserm Blickfeld.

Von hier aus nördlich ist die Gegend in der Hauptsache von Osseten bewohnt. In der Nähe der Station Kobi kamen wir an den Terek selbst, der von Westnordwest her zwischen den senkrecht abstürzenden Wänden der tückischen Trussowkluft hervorschäumt und das Tal südlich vom Bergmassiv des Kasbek durcheilt. Wir blieben am rechten Flußufer. Bei Kobi erhebt sich drohend eine hohe dunkle Basaltwand in sechskantigen Prismen. Das Tal weitete sich, doch blieben seine Flanken steil und nackt. Auf den Almflächen an den Hängen lagen kleine, meist ossetische Dörfer. Viereckige Wehrtürme erzählten von den unablässigen Kämpfen der Bewohner mitten in dieser armseligen Natur. Auch hier Geschlechterfehden, Blutrache und Räuberei.

Auf einem Felsblock, der das Tal beherrscht, liegt die alte Festung

Sion (Ssioni). Ein Birkenhain in diesem Tal ist von den ossetischen Bauern seit alter Zeit sorgsam erhalten worden, denn er gilt für heilig. Er liegt ungefähr 1800 Meter über dem Meere. Endlich erreichten wir die bekannte Poststation Kasbek, an der ein großes Hotel errichtet ist. Wir waren inzwischen schon bis auf 1715 Meter über dem Meere herabgestiegen und befanden uns mindestens 600 Meter unterhalb der Wasserscheide. Auf der Westseite des Tales sahen wir auf einem hohen Gipfel Gebäude, vermutlich eine Kirche mit ihren Nebenbauten. Hinter ihr war die Sicht durch brauende Nebel verhängt, und wir ahnten hinter diesem Vorhang die Umrisse einer abenteuerlichen Welt.

Während wir nach oben starrten, öffnete sich der Schleier wie jäh zerrissen, und aus den brodelnden Wolkenmassen drohte ein mächtiger weißer Gletscher zu uns herab. Der Anblick raubte uns den Atem. Nur eine Sekunde lang war der schwindelnd hohe Gipfel deutlich sichtbar, dann versank das Traumbild wieder hinter Wolken.

Das war der Kasbek oder M'kinwari, 5043 Meter hoch, sein Gipfel lag 3300 Meter über unserm Standort. — Dort oben hatte einst Zeus den Prometheus in Fesseln gelegt, weil er das Feuer vom Himmel stahl und es den Menschen brachte und weil er den unbeugsamen göttlichen Gesetzen zum Trotz im offenen Kampf dem erhabenen Herrn des Himmels Macht und Glück rauben und den Menschen schenken wollte. Dort oben also, hoch über schwindelndem Abgrund, zerrt der verwegene Träumer an seinen Ketten, während der grimme Geier der Mißgunst seine Leber zerhackt. — Das ist die alte Sage vom ungestümen Menschengeschlecht, das den Himmel stürmen und das Glück erlisten will. Wehe, zwischen Himmel und Abgrund bleibt es gebannt. Das ist der Geist Kains, des Aufrührers, dessen Begehrlichkeit keine Grenzen kennt.

Die Bergbewohner erzählen, der alte Kämpfer trage nun weißes Haar, sein Bart walle bis zu den Füßen herab, der ganze Körper sei mit weißem Flaum bedeckt. Um Hüften, Hände und Füße sind Eisenketten geschlungen und an den Felsen festgeschlossen. Nur wenige Menschen haben ihn gesehen, denn es ist gefährlich, über die steilen Felswände und Gletscher emporzuklettern. Wer ihn aber einmal sah, wird ihn nicht wieder erblicken, denn keiner von denen, die es ein zweites Mal versuchten, kam je zurück. Nur einige alte Männer, die mit ihm gesprochen haben, hausen im Gebirge. Sie dürfen nicht alles erzählen, was sie gehört und gesehen haben. Aber der Alte dort oben freut sich, wenn er Menschen sieht. Nach drei Dingen fragt er sie: Ob noch immer Fremde das Land durchziehen und ob Städte und Dörfer gebaut werden; ob die Jugend im ganzen Lande in Schulen unterrichtet werde; und ob die wilden Obstbäume reiche Ernte tragen. Wenn er dann wahrheitsgemäß eine verneinende Antwort erhält, senkt er tief betrübt das Haupt. — Als erster gewöhnlicher Sterblicher hat der bekannte Hochtourist Freshfield den Kasbek erstiegen. Er führte sein Unternehmen im Jahre 1868 gemeinsam mit Moore, Tucker und dem Bergführer François Devouassoud aus Chamonix aus. Der Kasbek ist der höchste Berg in diesem Teil des Kaukasus. Weit von ihm in westnordwestlicher Richtung erhebt sich das andere mächtige Vulkanmassiv, das gleich ihm über dem Nordabhang des Gebirges aufgetürmt ist und dessen Krater noch höher sind. Der gewaltigste unter ihnen ist der Elbrus mit 5629 Meter über dem Meere.

Der überwältigende Eindruck dieser Vulkangruppen wird dadurch verstärkt, daß sie beide etwas abseits vom höchsten Rücken des Gebirges liegen und so von allen Seiten her auf weite Entfernung sichtbar sind.

In dem Dorf Kasbek und der größeren Ortschaft Gergeti, die gegenüber auf der andern Seite des Flusses liegt, wohnen Gebirgsgeorgier, dagegen hausen in dem Aul Gweleti, sieben Kilometer weiter nördlich, größtenteils Tschetschenzen, die als Steinbockjäger berühmt waren. Das Gebiet der Tschetschenzen dehnt sich auf der Ostseite des Terektals nördlich vom Chewsurenland aus. Das übrige Terektal ist von hier nach Norden bis hinaus in die Ebene von Ossetien bewohnt.

In der Nähe des Dorfes Kasbek wurde ein alter Begräbnisplatz, vermutlich aus der Bronzezeit, entdeckt. Schon damals war also das obere Terektal bewohnt, und es muß über den engen Hochpaß schon ein Verkehrsstrom gegangen sein. Hier wie in vielen Gegenden des Kaukasus wurden zahlreiche Gegenstände aus der Zeit der Bronzekultur gefunden, die auf einen Phalluskult hinweisen. Sogar hier, im Bereich dieser erdrückend strengen Natur, haben die Menschen Lebenskraft und Fruchtbarkeit angebetet. .

Die Straße lief am schäumenden Terek entlang talab. Der Fluß führt hier einen weißlichen, zum größten Teil wohl kalk- oder lehmhaltigen Schlamm mit sich. Noch immer hatten wir durch das Dewdoraktal aufwärts den Fernblick auf den Eisstrom, den die Gletschermassen des Kasbek entsenden.

Dieser Gletscher hat im vorigen Jahrhundert großes Unheil angerichtet. Er rückte weit vor und staute einen Fluß ab. Die abgesperrten Wassermassen brachen sich dann einen Weg durch den Eiswall und wälzten sich verheerend durch das Terektal.

Über eine Brücke fuhren wir auf die linke Seite des Tales. Die Wände rückten näher aneinander und stiegen zu beiden Seiten fast senkrecht etwa 1000 bis 1500 Meter empor, tief unter uns wirbelte der schäumende Fluß zu Tal. Die Wassermassen des Terek zwängen sich in der engen Klamm durch einen hohen Bergrücken vor uns in nördlicher Richtung durch. Kaum daß für die Straße Raum genug war, an vielen Stellen war die Fahrbahn in die senkrechten oder überhängenden Wände gesprengt, 100 Meter und tiefer unter uns sahen wir den reißenden Strom. Hoch türmten sich die Berge im Umkreis, teilweise waren sie zu steil, als daß Wald und Baumwuchs dort hätten Wurzel schlagen können. Nur wenige grasbewachsene Fleckchen waren über die steinigen Halden verstreut. Der Fels schien brüchig zu sein, Steinschlag und Bergrutsch hatten erst jüngst ihre Spuren hinterlassen.

Die Straße schlängelte sich durch die wilde Schlucht an der Felswand entlang abwärts. Die Telegraphen- und Telephondrähte waren von Pfahl zu Pfahl gezogen, oder sie hingen an den Felswänden und spannten sich über Abgründe. Unablässig tragen die dünnen Drähte lautlose Botschaft durch die zerrissene Bergwelt von Gemeinde zu Gemeinde. Vielleicht erzählen sie den neuesten Klatsch, vielleicht auch sind sie die Boten entscheidenden Völkerschicksals.

Wir fuhren nun durch die eigentliche Darjalschlucht (persisch Dar-i-Alan, das heißt Pforte der Alanen). Sie heißt wohl auch Pforte der Iberer (oder Sarmaten). Wie mögen hier, ehe diese Straße gebaut war, Menschen, Vieh und Karawanen vorwärts gekommen sein, von großen Heeren und Völkerwanderungen mit ihrem Troß gar nicht zu reden. Und doch wissen wir, daß schon im Bronzezeitalter, vor 4000 Jahren und vermutlich noch viel früher, hier Menschen ihres Wegs gezogen sind. Im 8. Jahrhundert v. Chr. kamen die Scharen der Kimmerier hier durch, fielen in Georgien und im Reich der Chaldäer, dem heutigen Armenien, ein und bedrohten Assyrien. Aus der Schilderung, die Strabo (XI, 3, 5) von seiner siebentägigen Reise übers Gebirge gibt, können wir folgern, daß auch zu seiner Zeit, etwa um Christi Geburt, dieser Weg vielfach benutzt wurde. Der Araber Jakut el Hamawi erwähnt um das Jahr 1230 n. Chr. den Paß als den Zugang zum Land der Alanen und spricht auch von einer Brücke über den Fluß (vgl. unten). Im Jahre 1769 marschierte der russische General Todleben mit 400 Mann und vier Kanonen durch diesen Paß auf Tiflis, und im Jahre 1783 schleppten die Russen wiederum vier Kanonen hier durch. Im Jahre danach nahmen sie den Bau einer Militärstraße von Norden bis hierher in Angriff. Die Straße wurde in ihrer heutigen Breite erst 1861 vollendet.

Schon in alter Zeit muß es einen Weg durch die enge Schlucht gegeben haben, der zum Teil von Menschenhand angelegt war, jedenfalls muß irgend etwas getan worden sein, um das Vorwärtskommen an den schwierigsten Stellen zu erleichtern, wo die Bergwände senkrecht zu den Stromschnellen abstürzen. Möglicherweise war zu bestimmten Jahreszeiten bei Niedrigwasser am Flußbett entlang ein gangbarer Weg. Führt aber der Fluß mehr Wasser, so füllt die reißende Strömung den ganzen Grund der Schlucht aus, und für Mensch oder Tier scheint es an den senkrechten Wänden kein Vorwärtskommen zu geben, es sei denn auf Flügeln. Um so leichter muß es zu allen Zeiten gewesen sein, den engen Durchlaß auch gegen das stärkste Heer abzuriegeln.

Wir kamen wieder zum Flußbett hinab und über eine Brücke auf das rechte Ufer. Die Schlucht wurde womöglich noch enger, wir hatten das beklemmende Gefühl, als sollten wir im Grunde dieser Klamm zwischen mächtigen, hochgetürmten Felsmassen begraben werden. So mag der Weg zur Hölle aussehen. Weiter vor uns scheint die Schlucht als Sackgasse zu enden. Hier kann es doch nicht weitergehen! Kommen wir ans Höllentor? — Dann aber öffnet sich doch auch hier wieder ein schmaler Schlitz, durch den der Fluß weiter hinabbraust.

Dies schien die eigentliche „Pforte" zu sein, ihr war auf dem linken Flußufer ein kleines russisches Fort mit starken, runden Ecktürmen vorgelagert. Die Türme waren oben flach, hatten eine Brustwehr für Schützen und Kanonen und Schießscharten in den Mauern.

Nach dem Bericht der alten georgischen Chronisten soll König Mirwan von Mzchetha im 3. Jahrhundert v. Chr. die Schlucht durch eine Mauer und starke Eisentore versperrt haben. Die Reste der Mauer sollen heute noch zu sehen sein. Strabo erzählt (um Christi Geburt), daß „eine schwere, uneinnehmbare Mauerbefestigung den Endpunkt der Straße verteidigt". Plinius berichtet im 1. Jahrhundert n. Chr. vom „kaukasischen Paß, den manche fehlerhaft als Kaspischen Paß bezeichnen. Unter ihm fließt ein übelriechender Strom hindurch, und oben auf dem Felsen liegt diesseits des Passes eine starke Festung, Cumania genannt. Sie hat unzähligen Völkern den Durchgang verwehrt. So ist an dieser Stelle oberhalb der iberischen Stadt Harmastes die Welt mit Brettern vernagelt". Möglicherweise liegt hier eine Verwechslung mit den Befestigungen bei Derbent, östlich vom Kaukasus, am Kaspischen Meere vor. Die Erzählung von dem stinkenden Strom kann mit den Naphthaquellen bei Derbent und den aus der Erde entweichenden Dämpfen zusammenhängen. Der arabische Geograph Jakut el Hamawi berichtet um 1230 n. Chr.: „Im kaukasischen Paß, durch den man zu den Alanen kommt, liegt die Burg Bab-Allan (Pforte der Alanen). Das ist ein merkwürdiger Ort, hier kann eine Handvoll Menschen den Übergang über das Gebirge sperren. Die Burg liegt uneinnehmbar auf einem steilen Berg und hat ihre eigene Quelle. Vor der Burg dehnt sich ein tiefes Tal, darüber führt eine Brücke bis dicht unter die Burgmauer, die Brücke wird ganz von der Burg beherrscht." Wie dem auch immer gewesen sein mag, jedenfalls war es auch für ein großes Heer ohne neuzeitliche Geschütze unmöglich, hier durchzukommen, wenn nur eine Handvoll mutiger und geschulter Krieger, wie die Bergvölker sie hervorbringen, ihnen den Durchgang verwehrte.

Auf dem Berge, im Rücken des russischen Forts, standen die Ruinen einer alten Ossetenburg. Sie riefen uns gleichsam noch einmal zum Abschied aus dieser Märchenwelt, als letzten Gruß, den Zaubernamen Tamâra zu. Die Königin selbst hat die Burg wohl kaum erbaut, aber sicherlich reichte ihr starker Arm über den Felsenwall bis hierher, ihre kleine, wohlgeformte Hand hielt den Schlüssel der wilden Darjalschlucht fest, deren Engpaß die Pforte ihres Reiches war.

Ehe wir die Station mit dem anheimelnd nordisch klingenden Namen Lars erreichten, schwang sich eine Brücke über den Fluß zum linken Ufer. In dem engen Tal standen auf einigen vorspringenden Felsblöcken Wachttürme. Dann weitete sich das Tal, die Berge wurden niedriger, die Hänge waren bewaldet. Rechts oben lag ein Fort. Mehr und mehr traten die Berge zurück, die Straße wand sich zwischen grünbewaldeten Höhenrücken hin.

Endlich öffnete sich die Aussicht über die Ebene, die Stadt Wladikawkas („Beherrscherin des Kaukasus") breitete sich vor uns aus, und wir sausten durch die weite grüne Ebene, über der die Sonne lächelte, hinter uns die tiefe finstere Schlucht, die uns aus dem Schoß des gewaltigen Gebirgsblockes ausgespien hatte. Gegen Mittag erreichten wir die Stadt nach achtstündiger Fahrt — der eigenartigsten, die man erleben kann. Stunden, in denen neue Eindrücke in überwältigender Steigerung ununterbrochen auf uns einstürmten, so mannigfaltig, daß wir kaum imstande waren, sie zu fassen. Strabo schreibt, daß diese Fahrt zu seiner Zeit sieben Tage erforderte. In den 30er Jahren des vorigen Jahrhunderts brauchte der Reisende einen vollen Monat dazu*, uns aber hatte die Unrast der europäischen Zivilisation vorwärts gepeitscht, wir konnten nicht langsam reisen, nicht Ruhepausen einlegen und in Muße die mannigfaltigen Wunder genießen, an denen der Weg uns vorüberführte. Viel sehen und viel erleben wir, aber wir bleiben an der Oberfläche, niemals haben wir Zeit zu Vertiefung und Gründlichkeit. Als wir über die Terekbrücke in die breite, von Linden gesäumte Hauptstraße von Wladikawkas einfuhren, bedauerten wir im Herzen die Unrast unserer Zeit.

In der Stadt schien ein Festtag zu sein, denn durch die Straßen schoben sich Demonstrationszüge, große Menschenmengen waren im Freien um Redner versammelt. — Zwei Abgesandte aus Dagestan erwarteten uns. Sie waren in die hübsche kaukasische Tracht, die enganliegende Tscherkeßka, gekleidet, der eine in schwarz, der andere in grau. Schlanke, schmalhüftige Gestalten mit prächtig gearbeitetem Dolch im Gürtel, mit dem breiten Patronengurt über der Brust und

---

* So C. F. Lehmann-Haupt: „Armenien einst und jetzt", Band I, Seite 53. 1910.

der kleidsamen Persianermütze auf dem Kopfe. Die beiden stattlichen Männer sollten uns mit dem Nachmittagszug nach Dagestan geleiten. Bis dahin nahm uns ein liebenswürdiger Privatmann als Gäste auf.

Wladikawkas liegt 700 Meter über dem Meere zu beiden Ufern des Terek in der weiten Ebene, die sich nördlich zu Füßen des Kaukasus hindehnt. Die Stadt wurde 1784 gegründet, als die Russen die Militärstraße über den Kaukasus zu bauen begannen. Das zaristische Rußland hat überall an den Grenzen des Reiches gute Straßen gebaut, um mit seinen Armeen vordringen und andere Völker unterwerfen zu können. Heute ziehen auf den guten Straßen Männer des Friedens ihres Wegs.

Die Stadt wurde zum befestigten Hauptfort der Provinz Terek und zum wichtigsten Stützpunkt für die ununterbrochenen Angriffe, die von Norden her gegen die Kaukasusvölker unternommen wurden. Als ehemalige Garnisonstadt ohne Tradition hat sie kaum Sehenswürdigkeiten zu bieten. Wir durchwanderten die Straßen. Sie sind überwältigend breit wie überall in dem weiträumigen Rußland. Der ehemalige Palast des Gouverneurs sah verlassen aus. Auf dem Platz davor wucherte zwischen den Pflastersteinen das Gras, und statt der strammen Soldaten und Offiziere im Paradeschritt, statt Generalen mit wehenden Federhüten waren als einzige Lebewesen nur ein großes Schwein zu sehen, das schnuppernd und grunzend über den Wandel der Zeiten philosophierte, und etwas abseits einige grasende Ziegen. Sic transit — aber vielleicht sind diese neuen Palastbewohner so nützlich wie die alten.

Der Verwalter des Museums empfing uns freundlich und führte uns durch die Säle. Die völkerkundlichen Sammlungen mit ihren mannigfaltigen Erzeugnissen der kaukasischen Völker interessierten uns sehr. Da waren unter anderm viele ossetische Geräte und Gebrauchsgegenstände. Vom Dach des Museums, das die Bäume des Gartens überragt, hatten wir freien Blick auf die mächtige Bergkette im Süden. Wie eine gezackte Mauer hebt sie sich aus der weiten Ebene, über die der Blick nach allen andern Richtungen unbegrenzt hinschweift.

Die Russen rückten mit ihren Heeren und Kosakenscharen in immer größerer Zahl von Norden über diese Ebene heran, aber am

Fuß des Gebirges kam ihr Anprall zum Stehen. Bis heute sind sie im Grunde noch nicht viel weiter gekommen. An den steilen Waldhängen führten sie fast 100 Jahre lang blutige Kämpfe, um die tapferen, freiheitliebenden Bergvölker zu unterjochen. Die aber verteidigten sich mit ungebrochenem Heldenmut und verkauften jeden Zoll Erde in ihren Bergen mit Strömen von Blut. Niederlage um Niederlage fügten sie den russischen Heeren zu, bis endlich die immer neu anstürmenden Scharen zu übermächtig an Zahl wurden und die kleinen Häuflein schlecht gerüsteter Bergbewohner sich endlich verloren geben mußten. Viele wanderten lieber aus, als daß sie russische Untertanen wurden. Heute noch ist der Kaukasus weit davon entfernt, russisch im eigentlichen Sinne zu sein, die russische Kultur ist nur gerade in die vordersten Ausläufer des Gebirges vorgedrungen.

Fern im blauen Dunst lag die Felsenmauer, die Scheidewand zwischen zwei Welten. Eine graue Vorzeit, die heute noch mächtig ist, begegnet hier unserm ruhelosen Zeitalter.

Die Stunde des Abschieds schlug, wir mußten uns von unserm Freund „Napoleon", eigentlich Narriman Ter Kasarian, trennen. Seit unserer Ankunft in Batum hatte er uns treulich auf der ganzen erlebnisreichen Reise begleitet. Drei Wochen waren seitdem vergangen, uns aber schien die Zeit viel länger zu sein. Er wollte auf dem gleichen Wege mit seinem armenischen Freund und den Damen zurückkehren und im Kasbek-Hotel übernachten. Uns war weh ums Herz. Wie gerne wären wir mit ihm noch einmal zurückgefahren, hätten noch einmal die große Märchenwelt gesehen, die sich dort oben aufbaut. Die gewaltigsten Mächte der Tiefe und der Erdoberfläche waren hier am Werk: der Überdruck der Erdkruste, die Vulkane mit ihren Feuer- und Lavaströmen, die leckenden Gletscher, die Sprengkraft des Frostes, donnernder Bergrutsch, reißende Wasserströme. Wochen hindurch, Tage und Nächte in dieser unbändigen Natur mit ihren großen Linien hoch über aller irdischen Kleinlichkeit und Mühsal, das wäre ein Leben nach unserm Herzen gewesen.

V.

Nach Dagestan.

Gegen vier Uhr nachmittags verließen wir Wladikawkas mit dem Zug und erreichten nach nur halbstündiger Fahrt auf der kurzen Zweigbahn Beslan an der Hauptstrecke Moskau—Petrowsk—Baku. Dort hatten wir eineinhalb Stunden Aufenthalt, denn der Anschlußzug ging erst um 6.09 Uhr abends.

Ich verbrachte die Zeit mit einem Besuch des Marktes dicht neben dem Bahnhof. Die Bauernfrauen verkauften Früchte, gebratene Hühner, Koteletten, Brot nach Gewicht und andere Lebensmittel. Lebhaftes Treiben herrschte um die Verkaufsstände. Die Leute machten wohl gerade ihre Einkäufe für den Abendtisch. Eine hübsche junge Frau fiel mir besonders auf. Sie bot gebratene Koteletten an, und ihr kleiner Junge stand vor einem Gefäß mit Brathühnern. Vermutlich hatte sie bessere Tage gesehen, aber sie fand sich geduldig darein, daß die Männer an ihren Stand traten, die Koteletten aus dem Kessel nahmen, sie um und um wendeten, nach dem Preis fragten und sie dann wieder zurückgaben, ohne etwas zu kaufen. Der eine oder andere entschloß sich doch zum Einkauf. Mit den Hühnern ging es ähnlich. Man befühlte und betastete sie und legte sie dann wieder zurück. Ein unschöner Anblick. Endlich aber fand auch ein Huhn seinen Käufer.

Weiter ab war eine Tombola auf der Straße eingerichtet, eine Frau stand an dem runden Spieltisch. Er war mit Taschentüchern und andern kleinen Gegenständen umsäumt. Man bezahlte einige Kopeken, setzte einen Zeiger in der Mitte des Tisches in Schwung und bekam den Gegenstand als Gewinn ausgehändigt, bei dem der Zeiger zum Stehen kam. An diesem Spieltisch drängten sich die Menschen.

Bezeichnenderweise befaßten sich hier die Frauen mit dem Handel. Das war in den Gegenden, aus denen wir soeben kamen, sehr selten; sogar auf dem Marktplatz in Tiflis. Dort trieben nur die Männer auf Märkten und in Basaren Handel. Hier aber befanden wir uns schon wieder in Rußland.

Der Expreßzug fuhr ein und entführte uns über die Ebene nach Osten. Als wir den internationalen Schlafwagen bestiegen, war es uns, als seien wir nach Europa zurückgekehrt.

Am Dienstag, dem 7. Juli, morgens 2 Uhr, erreichten wir Petrowsk oder Machatsch-Kalá, wie es jetzt nach einem Blutzeugen der Revolution genannt ist. Die Stadt liegt am Kaspischen Meer und ist die Hauptstadt der autonomen Republik Dagestan. Am Bahnhof empfingen uns der Präsident von Dagestan Samursky und der Präsident der kommissarischen Regierung Korkmasow. Samursky brachte uns in seine Wohnung; seine Frau bot uns Tee und Erfrischungen an. Man empfing uns mit all der Gastfreundlichkeit, die den Bergvölkern eigen ist. Der Präsident und seine Frau hatten außer dem großen Arbeits- und Empfangszimmer nur drei Wohnräume. Der eine davon war mit zwei ausgezeichneten Betten eingerichtet und wurde nun Quisling und mir überlassen. Nach dem langen, an Eindrücken so reichen Tage schliefen wir in unserer neuen Umgebung einen tiefen Schlaf.

Dagestan, eine Übersicht.

Die autonome sowjet-sozialistische Republik Dagestan entstand als solche während der Revolution und des Bürgerkriegs gegen Ende des Jahres 1921. Alle inneren Angelegenheiten werden durch Selbstverwaltung erledigt, im übrigen ist das Land ein Teil der sowjet-sozialistischen Staatengruppe, die zusammen mit der Ukraine, den transkaukasischen Republiken, Weißrußland, der turkmenischen Republik und Usbekistan die große Union der sowjet-sozialistischen Republiken bildet.

Die Republik Dagestan erstreckt sich in einer Länge von 360 Kilometern an der Westküste des Kaspischen Meeres vom Fluß Samur, südlich von Derbent bis zum Fluß Koma im nördlichen Steppengebiet. Die Republik bedeckt eine Fläche von 50000 Quadratkilometern. Präsident Samursky gab mir für die einzelnen Bodenarten folgende Zahlen an:

Gesamtfläche der Republik	49 660 qkm
Davon entfallen auf:	
Nacktes Felsland	17 100 „
Moore und Sümpfe	3 200 „
Sandboden	3 510 „
Waldland	1 980 „
Grasland (Weide)	10 490 „
Wiesen	7 700 „
Äcker	4 955 „
Gärten	265 „

Die südliche Hälfte der Republik ist das eigentliche Bergland Dagestan (das heißt „Felsland") und erstreckt sich von der Küste über den Rücken des Kaukasus gegen Südwesten bis zur Talmulde des Alasán. Es grenzt im Süden an Aserbeidschan, im Südwesten an Georgien, der nördliche Teil der Westgrenze stößt an Tschetschenien. Das wilde Gebirgsland ist von hohen Bergzügen und tiefen engen Tälern zerrissen. Die Täler verlaufen namentlich im südlichen Teil meistens von Nordwesten nach Südosten, also in gleicher Richtung mit dem Hauptzug des Gebirges. Im nördlichen Teil des Berglandes ziehen sich die Kämme und Täler großenteils in nordöstlicher Richtung.

Drei große Flußsysteme hat Dagestan. Der Sulak entsteht durch die Vereinigung des Andischen Koisu, des Awarischen Koisu, des Kara-Koisu und des Kasikumuchischen Koisu. Dieses Flußgebiet umfaßt mit seinen nordöstlich und nördlich verlaufenden Tälern den ganzen nördlichen Teil des Landes. Der größte Fluß im Süden ist der Samur, sein Talzug hat im Oberlauf südöstliche Richtung und biegt dann nach Nordosten ab. Der Unterlauf bildet die Grenze gegen Aserbeidschan. Durch die Ebene im Norden der Republik strömt der Terek, dessen weites, vielarmiges Delta eine große Fläche bedeckt.

In Tschetschenien und seinem Grenzbezirk Itschkerien sind die Berge dicht bewaldet. Der Buchenwald herrscht dort vor. So war es jedenfalls, ehe die Russen während des Schamylkrieges ihr Zerstörungswerk übten. Die Berge und Täler Dagestans aber sind, von wenigen Ausnahmen abgesehen, nackt und unbewaldet.

Nach der Volkszählung von 1926 hatte Dagestan 788 000 Einwohner, 383 000 Männer und 405 000 Frauen. 85 000 Menschen wohnten in größeren Städten, die übrigen 703 000 waren Landbewohner. Nach der gleichen Zählung ergeben sich die nachstehend aufgezeichneten Anteile der einzelnen Volksstämme.

Zusammensetzung der Gesamtbevölkerung:

Dagestanische Bergstämme (Lesghier) ..	61,8% etwa	487 000
Russen	12,5% „	98 400
Kumücken.............	11,2% „	89 300
Nogaier	3,3% „	26 000
Tschetschenzen	2,3% „	18 100
Türken (Tataren)	3,0% „	23 600
Gebirgsjuden	1,5% „	11 800
	95,6% etwa	754 200

Zusammensetzung der Stadtbevölkerung:

Russen und Ukrainer	43,5% etwa	37 000
Juden	17,1% „	14 500
Perser	12,9% „	11 000
Lesghier	9,1% „	7 700
Tataren	6,3% „	5 350
Kumücken.............	4,9% „	4 160
Armenier	2,0% „	1 700
Andere	4,2% „	3 570
	100,0% etwa	84 980

Zusammensetzung der Landbevölkerung:

	Awaren und Andier	24,0% etwa	169 200
Lesghische Völker	Darginer	17,0% „	119 850
	Küriner	13,0% „	91 700
	Laker (Kasikumuchen)	6,3% „	44 400
Türkische Völker	Kumücken.............	15,0% „	105 750
	Nogaier	5,4% „	38 070
	Türken	3,3% „	23 270
	Tschetschenzen	2,7% „	19 040
	Russen und Ukrainer	11,0% „	77 550
	Andere	2,3% „	16 200
		100,0% etwa	705 030

Diese Zahlen geben nur ein annäherndes Bild der Verteilung. Die erwähnten Völker und Stämme sprechen sehr verschiedene Sprachen, ja, in jedem Posten der Aufzählung sind ganze Gruppen von Stämmen zusammengefaßt, die untereinander sehr verschiedene Mundarten sprechen und sich gegenseitig kaum verstehen. Samursky sagte mir, es gäbe in Dagestan 32 verschiedene Sprachen und Mundarten. Die lesghischen Völker sind die eigentlichen Bergstämme von Altdagestan. Die türkisch (tatarisch) sprechenden Kumücken wohnen am äußersten Nordosthang des Gebirges und in der Ebene des Kaspischen Meeres zwischen dem Fluß Rubas, südlich von Derbent, und dem Fluß Sulak, nördlich von Petrowsk. Noch weiter nördlich, in der Ebene, wohnen die türkischen Nogaier und dazwischen, an den Ufern des Terek, die Terekkosaken.

Die Mannigfaltigkeit der Sprachen verursacht große Schwierigkeiten in der Verwaltung. Neben dem Russischen werden fünf Hauptsprachen hervorgehoben: Türkisch, Kumückisch, Lakisch (Kasi-Kumuchisch), Darginisch und Awarisch. Der Schulunterricht wird während der ersten zwei Jahre in der Muttersprache erteilt, vom dritten Jahre ab müssen die Kinder entweder Turski-Kumückisch oder Russisch lernen. In der höheren Schule sind vom vierten Jahre ab Russisch und Kumückisch Pflichtfächer. Aber Russisch sowohl als Turski-Kumückisch haben mit den übrigen Landessprachen nichts zu tun. Das Russische ist aus der Zeit des Zarismus und seiner rücksichtslosen Verrussungspolitik bei der Bevölkerung arg verhaßt. Die mohammedanische Geistlichkeit schürt noch dazu den Widerstand gegen die Sprachen der Giaurs (Sprachen der Ungläubigen). Zur Zeit gibt es je eine russische, kumückische, lakische und awarische Zeitung. In Ostdagestan ist das Turski-Kumückische anerkannte Umgangssprache, in Westdagestan herrscht das Awarische vor.

Die fünf größten Städte Dagestans sind Petrowsk (jetzt Machatsch-Kalá), Temir-Chan-Schura (jetzt Buinaksk), Derbent, Kisliar und Hasaf-Yrt; diese letzte Stadt ist im Bürgerkrieg fast völlig zerstört worden.

Die Herkunft der lesghischen Bergvölker und der Tschetschenzen ist unbekannt, auch über ihre Vorgeschichte wissen wir nur wenig, denn sie selbst haben keinerlei Aufzeichnungen und Überlieferungen, noch werden sie von den alten Chronisten anderer Völker erwähnt. Die Erforschung ihrer Sprache hat bisher noch keine zuverlässigen Schlußfolgerungen erlaubt, weil die Sprachgelehrten noch nicht imstande waren, die Verwandtschaft mit andern Sprachen sicher nachzu-

Volkstypen auf der Station Beslan. (S. 60.)

Die Präsidenten von Dagestan: links Samursky, rechts Korkmasow.

Ein Aul in Dagestan.

weisen. Lesghier und Tschetschenzen sind durchweg sehr kurz- und hochschädlig, die Linie vom Ohr bis zum Scheitel ist besonders lang. Im südlichen Teil des Landes, wo die Bevölkerung am wenigsten mit andern Elementen gemischt zu sein scheint, findet man lange, scharf abwärts gebogene Nasen und schwache Kinnbildung. Die Augen sind braun, Haupthaar und Bart dunkel, der Körperbau mittellang, oft sogar darüber. In Norddagestan kommen auch blonde, schlanke, zäh-geschmeidige Gestalten vor. Wo aber offenbar nur wenig Blutmischung stattfand, nähert sich der Typus dem der armenisch-dinarischen Rasse. Das könnte den Schluß nahelegen, daß diese Völker ihren Ursprung in Vorderasien haben, wo in vorgeschichtlicher und frühgeschichtlicher Zeit viele Völker dieses Rassetypus gewohnt zu haben scheinen. Wahrscheinlich verdanken die Semiten diesen Völkern einen Teil ihrer heutigen Rassenmerkmale, die ursprünglich keineswegs semitisch sind.

Die lesghischen Stämme wohnen in den Gebirgstälern. Ihre Dörfer, die sogenannten Aule, sind terrassenartig an den Felswänden emporgebaut, und zwar stets an der nach Süden liegenden Seite, um die Sonnenwärme auszunutzen. An den mächtigen Felswänden türmt sich Haus über Haus, meist an schwer zugänglichen, die Verteidigung erleichternden Stellen. Die Häuser sind im Grundriß viereckig, meist sind sie aus Stein und grobem Mauerkalk gebaut und haben gewöhnlich zwei Stockwerke. Die Dächer sind flach, das Dach des einen Hauses bildet oft zugleich die Altane oder Terrasse des darüberliegenden. Ich habe diese Bauart schon bei Besprechung der Chewsuren und Osseten geschildert. Im Untergeschoß sind Ställe und Vorratsräume, im Obergeschoß die Wohnräume für Männer, Frauen und Gäste. Nur selten haben die Frauen ein besonderes Gemach. Stühle findet man kaum, die Bewohner sitzen mit gekreuzten Beinen auf dem teppichbelegten Boden, oft sind auch die Wände mit Teppichen behängt. Getrockneter Kuhmist, in Stücke gebrochen, dient als Feuerung. Doch wird auch Holz gebrannt, wo es im Umkreis Bäume gibt. Zwischen den Häusern und den schmalen engen Gassen liegen gewöhnlich kleine Hofräume. Sie sind von einer Steinmauer mit nur einer engen Pforte umgeben.

Die Männer tragen über der Unterkleidung eine Stoffjacke mit

Leibgurt, Stoffhosen, Ledersocken und Schuhe aus weichem Leder, manchmal auch hohe Filzstiefel. Die übliche Kopfbedeckung ist eine Schaffellmütze. Das Haupthaar ist gewöhnlich glatt rasiert. Über dem Kittel wird ein dicker, oft ärmelloser Mantel aus grobem Filz getragen. In den Hochgebirgstälern wird ein langer Lammfellmantel mit breitem Kragen an Stelle der Burka oder über ihr getragen. Die Frauen haben weite Hosen, darüber einen Rock und einen (meist blauen) Kittel mit Gürtel. Sie tragen das Haar in Zöpfen und bedecken den Kopf mit einem Schal oder einer Haube, deren Enden zu beiden Seiten herabhängen. Die Kopfbedeckung ist oft mit Münzen verziert. Im Winter geht man gewöhnlich in Filzstiefeln, im Sommer barfuß. Die Männer führen in der Regel als einzige Waffe den Kindschal (großen Dolch).

Der Hauptnahrungszweig ist die Viehzucht. Die Bevölkerung hält Schafe, Ziegen, Kühe, Büffel, Pferde und Esel. Das Kleinvieh überwiegt, namentlich die Ziegen, deren es hier mehr gibt als in andern Teilen des Kaukasus. Im Sommer sind die Almweiden im Gebirge reich genug, während der übrigen Jahreszeit ziehen die Männer mit Weibern und Kindern entweder nach der Ebene am Kaspischen Meer oder nach den Steppen im Norden, um Weiden zu finden. Der Ackerbau macht hier oben im Gebirge saure Mühe. Die kleinen Feldstücke an den Hängen müssen mit Steinmauern umgeben werden, damit die Erde nicht weggeschwemmt wird, ja teilweise wird das Erdreich sogar mühselig hinaufgeschleppt. Bei günstiger Bewässerung gibt der Boden gute Ernte, doch nicht genug, um das Volk zu ernähren. Der Korn- und Mehlbedarf muß teilweise durch Einfuhr aus der Ebene oder aus Georgien gedeckt werden. Auch in den besten Jahren reicht die Ernte nur für drei oder vier Monate. Die Bauern treiben auch etwas Netzfischerei und jagen Hasen, Fasanen und Rebhühner. In Awarien wird sogar noch mit Falken gejagt.

Die Kost ist einfach, man lebt von Schwarzbrot aus Buchweizen- und Bohnenmehl, von Käse, Milch, Zwiebeln und einer Art Nudeln aus ungegorenem Teig von Buchweizen-, Hirse-, Mais- oder Bohnenmehl. Im Winter, wenn das Vieh in der Ebene weidet, wird gedörrtes Schaffleisch gegessen, ebenso wie bei uns in Norwegen im Sommer, wenn das Vieh auf den Almen weidet. Bier wird nur wenig getrunken, dagegen wird zu hohen Festen trotz des Verbotes des Propheten reichlich Schnaps, Most und Wein verbraucht.

Die vorherrschende Religion in Dagestan ist der Islam. Er wurde im 8. Jahrhundert bei den Lesghiern eingeführt. Die Bevölkerung hält sich streng an die meisten religiösen Gebote, sie verrichtet ihre Gebete und Waschungen und gibt Almosen. Die Reste altheidnischer Vorstellungen, namentlich die Überbleibsel der frühgeschichtlichen Naturreligionen, scheinen ziemlich verschwunden zu sein. Die Tschetschenzen waren bis ins 18. Jahrhundert hinein größtenteils Christen, dann erst übernahmen sie von den benachbarten Kumücken und Karbardinern den Islam. Bei ihnen hat sich die Verehrung verschiedener Naturgottheiten als Rest einer vorchristlichen Naturreligion erhalten. Die kultische Sprache ist bei all diesen Stämmen das Arabische. In dieser Sprache wird der Koran gelesen. Die Sowjetregierung in Dagestan steht dem religiösen Kultus weniger ablehnend gegenüber als die Moskauer Zentralregierung. Die Regierung von Dagestan ist sogar gewillt, mit den kirchlichen Mächten zusammenzuarbeiten. Präsident Samursky schreibt in einem Buch, die beste Politik für Dagestan bestehe darin, sich der Geistlichkeit zu bedienen und auf diesem Wege allmählich auch die weltliche Bildung zu fördern. Bis zum Jahre 1925 hatte die Sowjetregierung 93 Schulen mit 6951 Schülern im Lande errichtet. Der Schulunterricht ist in der Weise eingerichtet, daß die Kinder zunächst eine dreijährige Vorschule und hierauf eine vierjährige höhere Schule besuchen. Die meisten Schulen sind aber nicht voll ausgebaut. Im Jahre 1923 wurde in Moskau der Beschluß gefaßt, vom Jahre 1933/34 ab den allgemeinen Schulzwang in den asiatischen Teilen des Reiches durchzuführen. Dieser Beschluß wird sich natürlich auch auf Dagestan beziehen. Neben den öffentlichen Schulen bestehen in viel größerer Anzahl mohammedanische. Samursky gab mir die Zahl ihrer Schüler mit 40 000 an. Er erblickt darin eine Gefahr, denn der mohammedanische Einfluß drohe dadurch übermächtig zu werden. In gleicher Richtung wirkt auch die ungenügende Zahl der Volksgerichte im Land, denn die Rechtsprechung liegt überwiegend in den Händen der mohammedanischen Geistlichkeit. Diese aber urteilt nach dem Schariat (religiösen Recht) statt nach den bürgerlichen Gesetzen. Die Regierung beabsichtigt aus diesem Grunde die Errichtung weiterer Volksgerichte und Tribunale. Diesem Plan und seinem Erfolg steht aber im Wege, daß die Bevölkerung die bürgerlichen Gerichte der zaristischen Zeit in unangenehmer Erinnerung hat.

Die Blutrache ist in Dagestan noch immer weit verbreitet, obwohl sie dem Koran und dem Schariat widerspricht, und trotz der heftigen Bekämpfung dieses Mißbrauchs durch Schamyl und die mohammedanischen Propheten. Auch heute noch sollen 80 vom Hundert aller Totschläge der Blutrache zuzuschreiben sein. Lesghier und Tschetschenzen kennen keine gesellschaftlichen Rangschichten, wenn auch bei einigen lesghischen Stämmen, wie den Awaren und Lesghiern, ganze große Gebiete unter der Herrschaft von Chanen standen. Das Verhältnis der beiden Geschlechter, die Arbeitsteilung zwischen ihnen und die Einrichtung der Ehe entsprechen den heiligen Vorschriften. Im allgemeinen hat ein Mann nur eine Frau, die er gegen einen geringen Betrag käuflich erworben hat. Bei den Awaren haben es die Mädchen besser. Sie können selbst ihren Mann wählen, und wenn das Mädchen zu seinem Auserkorenen ins Haus zieht, so ist dieser zur Eheschließung verpflichtet. Bei einigen Bergstämmen übernimmt der älteste Sohn nach dem Tode seines Vaters dessen Frauen, ausgenommen seine eigene Mutter. Andere Stämme, die Dido und Küriner, hatten die gleichen Bräuche wie die Großrussen, das heißt, der Vater verheiratete seinen minderjährigen Sohn mit einem erwachsenen Mädchen. Die Kinder wurden zwischen ihm und dem Sohn geteilt, sobald der Sohn erwachsen war und seine Frau selbst ernähren konnte. Die Kinder werden oft bis ins 5. oder 6. Lebensjahr an der Brust genährt.

Gastfreundschaft ist bei diesen Bergvölkern heiligstes Gesetz. Um geringer Beute willen überfallen und berauben sie einen Fremden auf der Landstraße. Überschreitet er aber ihre Schwelle als Gast, so genießt er Frieden, selbst wenn er ein Feind ist. Man gewährt ihm Obdach, Nahrung und Schutz.

Die schwere Arbeit tun die Männer. Die Frauen arbeiten im Haus, melken das Vieh, warten die Kinder, pressen den Kuhmist zu Kuchen und dörren ihn, reinigen die Wolle, spinnen und weben, schaffen Wasser herbei, sicheln das Korn. Die Männer mähen Heu, hüten das Vieh, scheren die Schafe, pflegen und bestellen die Äcker, dreschen, bauen die Häuser und schlachten. Die Frauen verfertigen unter anderm Web- und Knüpfteppiche aus Schafwolle und Ziegenhaar. Sie weben feine und grobe lesghische Tücher aus Ziegen-, Schaf- und Kamelwolle und besticken Samt, Seide oder Leder mit Gold- und Silberfäden. Satteltaschen und Kleidersäcke aus teppichartigem Gewebe, grobe Korn- und Mehlsäcke aus Ziegenhaar, Schabracken und Stiefel aus Filz oder Fries werden gleichfalls von Frauen hergestellt.

Viele Lesghier sind tüchtige Handwerker. Sie tun sich als Steinhauer, Maurer, Zimmerleute und Schmiede hervor. Namentlich die Kasi-Kumuchen gelten als tüchtige Silber-, Kupfer- und Waffenschmiede. Die Waffenschmiede von Kubatsch genossen besonders hohen Ruf und werden schon im 6. Jahrhundert n. Chr. erwähnt. Ihre Klingen und Flintenläufe wurden sogar nach Rußland ausgeführt. In der Gegend von Kaitago und Tabassaran werden ausgezeichnete Gold- und Silberarbeiten, auch Einlegearbeiten in Stahl, Elfenbein, Horn und Perlmutter erzeugt.

Der Verkehr ist in dem wildzerklüfteten Bergland außerordentlich schwierig. Es gibt stellenweise nur schmale Kletterpfade, die an steilen Felswänden in schwindelnder Höhe über Flüssen und engen Talgründen hinführen. Wo die Felsen gar zu steil sind, hat man Holzpflöcke eingehauen und kleine Stämme, Zweige oder Steine darübergelegt. Schmale Brücken aus Balkenwerk hängen über Abgründen. Alle Waren müssen auf dem Rücken von Pferden, Eseln oder — Menschen befördert werden.

Die Lebensbedingungen sind in den Tälern zwischen den mächtigen Bergen hart genug. Die Menschen führen ein mühseliges Dasein, aber sie werden dadurch abgehärtet, mutig und streitbar. Besonders die Tschetschenzen sind vortreffliche Reiter, mit ihren ausgezeichneten leistungsfähigen Pferden legen sie bis zu 150 Kilometer an einem Tage zurück. Auch im Gebrauch von Waffen und als Scharfschützen haben sie große Übung erworben.

Noch einige Worte über die Kumücken, die im Küstengebiet nördlich und südlich von Petrowsk und in den angrenzenden östlichen Ausläufern des Kaukasus wohnen. Wir dürfen sie nicht mit den Kasi-Kumuchen oder Lakern, einem Bergvolk in Südostdagestan, verwechseln. Sie sprechen eine türkische Mundart, die der Sprache der benachbarten Nogaier nahe verwandt ist. Vermutlich sind sie zum Teil Nachkommen der Chasaren.

Die Chasaren treten schon früh ins Licht der Geschichte. Firdusi gebraucht das Wort „Chasar" zur Bezeichnung der feindlichen Bevölkerung im Norden Persiens. Die Heimat der Chasaren waren wohl die nordöstlichen und östlichen Ausläufer des Kaukasus und der Landstrich am Kaspischen Meer, den die arabischen Geographen des Mittelalters als Bahr=el=Chazar („Chasarischer See") bezeichnen. In frühester Zeit war die Hauptstadt des Landes Semender, das spätere Tarku (nahe dem heutigen Machatsch=Kalá). Im 7. Jahrhundert, nach dem Einfall der Mohammedaner in den Kaukasus, wurde die Zentrale von dort nach Itil an der Wolgamündung verlegt. Die rassische Herkunft der Chasaren ist unbestimmt. Doch scheint vieles darauf hinzudeuten, daß sie mit den ugrischen und türkischen Völkern in Verbindung stehen. Eine Zeitlang waren sie der Oberherrschaft der Hunnen unterworfen (nach 448 n. Chr.), später standen sie vorübergehend unter türkischer Hoheit (um 580). Das ugrische Volk der Ungarn war ein chasarischer Stamm. Die Chasaren hatten helle Hautfarbe und schwarzes Haar. Sie zeichneten sich durch besondere Schönheit des Körperbaus aus. Ihre Frauen waren in Byzanz und Bagdad als Hausfrauen beliebt und gesucht. Das alte chasarische Reich erstreckte sich zwischen dem Kaukasus, der Wolga und dem Don, hatte aber zeitweise eine noch viel größere Ausdehnung. Die Chasaren waren verhältnismäßig hoch zivilisiert. Sie gründeten Städte, waren tüchtige Händler, besaßen ein wohlentwickeltes Staatswesen, waren auch wegen ihrer Zähigkeit, ihres Pflichtgefühls und ihrer Zuverlässigkeit beliebt — lauter Eigenschaften, die dem hunnischen Wesen fremd sind. Als ihr Reich gegen Ende des 9. und im Anfang des 10. Jahrhunderts durch das warägisch*=slawische Reich in Kiew zerbrochen und endlich im Jahre 1016 vollständig vernichtet war, mag ein Teil der Chasaren in dem Gebiet zwischen dem Unterlauf des Terek und dem Kaukasus zurückgeblieben sein. Dort haben sich ihnen vielleicht Splitter türkisch=tatarischer Stämme angeschlossen, die mit den türki=

---

* = skandinavisch.

schen Wanderzügen und mit den Mongolen Dschingis Chans (1221) und Tamerlans (1395) im 13. und 14. Jahrhundert dorthin kamen und unter den Kumückenfürsten, Schamchalen genannt, in Tarku ihren Sitz aufschlugen.

Die Kumücken sind ein friedliches, ruhiges, arbeitsames, tätiges und reinliches Volk. Ihre Häuser sind verhältnismäßig geräumig. Im Erdgeschoß liegen die Arbeitsräume, im Obergeschoß getrennte Zimmer für Männer und Frauen. Die Fenster öffnen sich gegen eine freie Galerie. Die Kumücken sind Sunniten, zum Teil auch Schiiten. Sie leben von der Fischerei im Kaspischen Meere, von Viehzucht (hauptsächlich Schafen und Pferden), Imkerei, in letzter Zeit zum Teil auch vom Ackerbau mit künstlicher Berieselung. Sie sind ausgezeichnete Pferdekenner. Mit dem Lasso fangen sie wilde Pferde ein und zähmen sie als kühne Reiter außerordentlich schnell.

Teppiche, Schafwolle, Häute, Fische, Salz und andere Waren sind Gegenstand eines blühenden Handels mit Persien. Die Ware, die sie eintauschen, verkaufen sie vielfach an die Lesghier weiter. Der Haupthandelsplatz war Tarku mit seinem Hafen, aus dem das heutige Machatsch-Kalá entstand. Die Gesellschaftsordnung der Kumücken ist aristokratisch, wie das bei Steppenvölkern üblich ist. Die vier Bevölkerungsschichten sind: Fürsten, Adelige, Gemeinfreie und Sklaven.

Das dagestanische Volk hat auch heute einen wirtschaftlich schweren Stand. Die Möglichkeiten des Landes sind niemals folgerichtig entwickelt worden. Dazu ist Kapital nötig, und dies wiederum kann nur mit Hilfe des Staates beschafft werden. Der Zarenregierung scheint die Verrussung des Landes mehr am Herzen gelegen zu haben als die Entwicklung des Wirtschaftslebens und die Hebung der Volkswohlfahrt. Krieg und Bürgerkrieg haben die wirtschaftliche Lage des Landes weiter verschlechtert. Eisenbahnen, Telegraphen- und Schiffsverbindungen wurden zerstört. Der Viehbestand sank auf 25 vom Hundert, die Weingärten wurden zu drei Viertel vernichtet, die Fischerei litt unbeschreiblich. Im Jahre 1922 herrschte ein großes Viehsterben, im gleichen Jahr traten die Feldmäuse als Landplage auf und vernichteten die ganze Ernte, das Jahr 1924 brachte schweren Mißwachs. So folgte ein Unglück dem andern. Der gesamte Viehbestand betrug im Jahre 1911 3 600 400

Stück, 1923 nur noch 1 480 000 Stück. Ist die Wirtschaftslage an sich schon ungünstig genug, so wird sie durch schlechte Gesundheitsverhältnisse noch erschwert. Die Malaria ist im ganzen Lande, namentlich aber in der Ebene, weit verbreitet und hat einen großen Teil der Bevölkerung ergriffen. Auch Geschlechtskrankheiten sind sehr häufig, die Arbeiter stecken sich in den Städten an und schleppen die Krankheiten in ihre Aule ein, wenn sie zurückkommen. Die Zahl der Ärzte ist besonders in den Bergen viel zu gering, und wo es Ärzte gibt, will die Bevölkerung sich ihnen nicht anvertrauen. Die Männer entschließen sich zwar, zum Arzt zu gehen, die Frauen aber haben eine unüberwindliche Scheu.

Wegen der ungünstigen Wirtschaftslage und der geringen anbaufähigen Bodenfläche in den Gebirgstälern suchen in jedem Herbst nach der Ernte viele Männer auswärts Arbeit. Samursky schätzt die Zahl derer, die in andern Teilen Kaukasiens, in Turkestan wie auch im eigentlichen Rußland, Arbeit suchen, auf jährlich 200 000. Im Frühjahr kommen die Abwanderer wieder zurück. Viele Tausende suchen Beschäftigung in Baku. Samursky schreibt diesen Saisonwanderungen eine große Bedeutung für Dagestan zu, er sieht in ihnen vor allem einen Weg, auf dem europäische Kultur ins Bergland vordringen kann. Die Schattenseiten dürfen aber nicht vergessen werden, Geschlechtskrankheiten und Trunksucht werden eingeschleppt und entsittlichen die Bevölkerung.

Die Regierung tut zur Hebung des Volkswohlstandes was und soviel sie vermag. Sie hat einen großen Kanal zur Bewässerung des Landes gebaut, hat neue Straßen angelegt, hat auch Kredite zur Beschaffung von Vieh zur Verfügung gestellt, soweit sie Geld auftreiben konnte, endlich hat sie die Fischerei zu fördern versucht und auch hier mit Leihgeldern geholfen. Durch Anlage von Baumwollwebereien, Glasfabriken und andern Werken soll eine junge Industrie ins Leben gerufen werden.

Wenn nur Geldmittel aufzutreiben wären, so bestünden noch weit größere Möglichkeiten. Reiche Wasserkräfte könnten elektrischen Strom liefern. Eine Kommission von Ingenieuren hat genaue Untersuchungen angestellt, doch konnten noch keine Maßnahmen in dieser Richtung verwirklicht werden. Samursky wies darauf hin, wie entwicklungsfähig auch das Hausgewerbe sei, wenn nur der An=

kauf von Rohstoffen und der Verkauf von Erzeugnissen durch Genossenschaften erleichtert werden könnte. Die Kooperativbewegung zählt zur Zeit 13 000 Mitglieder, genauer gesagt 13 000 Familien.

Machatsch-Kalá.

Am Morgen des 7. Juli machte ich einen Gang durch die Stadt. Mein erstes Ziel war das Kaspische Meer. Ich suchte meinen Weg durch die Straßen zum Strand hinab. Blau dehnte es sich bis an den Gesichtskreis, die Morgensonne glitzerte auf der von einer frischen Brise gekräuselten Fläche. Weit und breit kein Segel und kein Schiff. Auf dem flachen Sandstrand lagen die braungelben Körper badender Knaben in der Sonne. Auf den ersten Blick unterschied sich dieser größte Binnensee der Erde kaum von irgendeinem beliebigen Meer, nur daß am Strand die Hoch- und Niedrigwassermarken fehlten. Aber die gibt es ja auch am Mittelländischen und Schwarzen Meer nicht. Kein Wunder, daß die alten Griechen diesen großen Salzsee für eine Bucht des Okéanos hielten, der die ganze bewohnte Erde umfloß. Schon Herodot freilich bezeichnet das Kaspische Meer als Binnensee. Die Fläche des Kaspischen Meeres liegt bekanntlich etwas tiefer als die Meeresfläche, nämlich 26 Meter unter dem Spiegel des Schwarzen Meeres. Der Salzgehalt des Wassers beträgt im Durchschnitt etwa 1,4 vom Hundert (der durchschnittliche Salzgehalt von Seewasser ist etwas mehr als doppelt so hoch, nämlich 3,5 vom Hundert). In seichten, abgeschlossenen Buchten, wo die Verdampfung stark ist, steigt der Salzgehalt bedeutend höher, so z. B. im Karabugasgolf auf 17 vom Hundert.

Zu Hause erwarteten mich meine Gastgeber. Samursky, Korkmasow und ich frühstückten zusammen. Die Frau des Hauses bot uns den Kaffee; wir aßen grünen Kaviar, frische Eier, Weizenbrot, Butter und vortrefflichen Dagestankäse. Ein besseres Frühstück konnte man sich nicht wünschen. Da ich leider weder türkisch noch russisch kann, mußte ich meine Unterhaltung mit Samursky und seiner Frau durch Vermittlung meines russischen Dolmetschers Quisling oder durch Vermittlung Korkmasows führen, der ausgezeichnet französisch spricht.

Die Sprachverhältnisse Dagestans sind ja, wie ich oben beschrieb, sehr verwickelt. Samursky und Korkmasow sprachen offiziell tur-ski-kumückisch, konnten aber beide auch russisch.

Samursky ist ein verhältnismäßig junger Mann, offenbar aus dem Volk emporgestiegen. Er scheint keine besondere Ausbildung genossen zu haben, hat auch kein tieferes Interesse für Gelehrsamkeit im allgemeinen, desto stärkeres für alles, was das praktische Leben angeht. Er versteht keine westeuropäische Sprache, kann aber so gut russisch, daß er im Jahre 1925 ein Buch über Dagestan in russischer Sprache herausgeben konnte. Er ist ein kluger Mann, wahrscheinlich auch ein guter Redner und hat offenbar großen Einfluß auf die Bevölkerung. Er ist süddagestanischer Lesghier, seine Muttersprache ist also lesghisch. Von Haus aus heißt er Effendi, Samursky ist nur ein angenommener Name. Vor dem Umsturz stand er noch nicht in der revolutionären Bewegung. Dann war er mehrere Jahre lang Präsident des Zentral-Exekutivkomitees von Dagestan. Seit 1929 gehört er dem Obersten Volkswirtschaftsrat in Moskau an. Er ist eine eigenartige, ganz uneuropäische Erscheinung: kaum mittelgroß, untersetzt, kurzhalsig und ausgesprochen kurzschädlig. Die eigenartige Schädelform wird noch besonders dadurch hervorgehoben, daß der Schädel nach lesghischer Art glatt rasiert ist. Der Kopf erinnerte mich sehr an den armenischen Typ. Die rückwärtige Linie steigt vom Nacken gerade auf, der Hinterkopf fehlt fast ganz, der Scheitel ist hoch, die Linie vom Ohr zum Scheitel sehr lang, die Stirn hoch und fliehend, die Nase leicht gekrümmt, Mund und Kinn weichen zurück. Diese Kopfform findet man bei vielen kaukasischen Stämmen. Das kluge Gesicht zeigt einen beinahe jovialen Ausdruck, es ist glattrasiert und mittellang, die Stirn ist verhältnismäßig schmal, die Augen stehen weit auseinander, der Mund ist entschlossen.

Korkmasow ist ein Kumücke aus Kum-Tor-Kale in der Nähe von Machatsch-Kalá. Er sieht mehr europäisch aus. Das geweckte Gesicht und die Stirn sind breiter, das Haar grau und gewellt. Er ist schon bei Jahren, aber größer und schlanker von Gestalt als Samursky. Seine Muttersprache ist turski-kumückisch. Das ist die weitestverbreitete Sprache im Land und neben dem Russischen anerkannte Verkehrssprache. Korkmasow ist außerordentlich klug und hat eine gute Ausbildung genossen. Er ist von Haus aus Jurist und auch allgemein belesen. Vor der Revolution hielt er sich lange Zeit hindurch als politischer Flüchtling in Paris auf.

Machatsch-Kalá ist eine Stadt von reichlich 30 000 Einwohnern. Es wurde 1844 gegründet, nachdem im Jahre vorher das drei Kilometer entfernt liegende russische Fort Nizowoje im Schamylkrieg zerstört worden war. Damals wurde die Stadt nach Peter dem Großen Petrowsk genannt. Zar Peter war nach seinem unglücklichen Feldzug gegen die Perser am 12. August 1722 hierhergekommen, hielt seinen feierlichen Einzug in Tarku, der Hauptstadt des kumückischen Schamchals (Fürsten), und kehrte drei Tage später in sein Feldlager an der Küste zurück. Dort unten am Meer trug er einige Steine auf einen Fleck zusammen, sein Gefolge legte weitere Steine dazu, und so entstand ein Steinhaufe an der Stelle, wo mehr als 100 Jahre später die Stadt Petrowsk emporwuchs. Am Tage danach zog Zar Peter an der Spitze seines Heeres nach Derbent, von dort mußte er bald darauf nach Rußland zurückkehren, weil die Flotte, die mit Verpflegung und Kriegsgerät folgen sollte, unterwegs vom Sturm vernichtet worden war. Am 13. Dezember zog er als Triumphator in Moskau ein.

Heute trägt Petrowsk den Namen eines Mannes, der gegen das Zarentum gekämpft hat. An der Stelle, wo die Stadt erbaut ist, war früher der Hafen von Tarku (Tarki), das vier Kilometer südlich im Hinterland liegt. Die Reede von Machatsch-Kalá ist durch zwei lange Molen geschützt.

Unser erster Besuch galt dem Museum. Dort bekamen wir einen Einblick in das Leben der Bergvölker. Sie sind, wie schon erwähnt, Mohammedaner, und zwar zum größten Teil Sunniten, haben also mehr Beziehungen zu den Türken als zu den Persern. Doch gibt es auch Schiiten unter ihnen. Die Muridenbewegung hatte unter anderm auch das Ziel, zwischen den beiden Richtungen zu vermitteln und den ganzen Islam wieder zu vereinigen. Davon wird später noch die Rede sein. Der religiöse Übereifer scheint seitdem abgeebbt zu sein, der Glaube und die Religionsausübung haben einen zeitgemäßen Zuschnitt bekommen. Diesen Eindruck gewinnt man wenigstens in der Hauptstadt und ihrer Umgebung. Die Frauen tragen weder im Haus noch auf der Straße Schleier und scheinen vor den Blicken der Männer keine besondere Scheu mehr zu haben. Die meisten Männer begnügen sich wohl mit einer Frau. Im Lande wird Wein angebaut und auch getrunken, obwohl der Muridismus den Weingenuß bekämpft. Wir bemerkten im allgemeinen in diesen Dingen keinen besondern Unterschied gegenüber unsern europäischen Lebensgewohnheiten. Kein Muezzin rief zu den Gebetstunden, nirgends sahen wir Männer bei religiösen Verrichtungen, etwa beim Abendgebet um Sonnenuntergang. Sonst ist das ja für den rechtgläubigen Muselmann unverbrüchliche Pflicht. Vielleicht hat der Bolschewismus, der ja jede Religion abzuschaffen bestrebt ist, hier schon starken Einfluß ausgeübt.

Das Museum spiegelte im wesentlichen die Geschichte Dagestans. Es machte geradezu den Eindruck eines Heiligtums zur Erinnerung an Schamyl, den Propheten des Landes und Widersacher Rußlands. Da waren Bilder aus seinem abenteuerlichen Leben, sein Säbel, sein Zaumzeug, der Sack, in dem er seinen Koran trug, die großen Ordenssterne, mit denen er die Tapfersten seiner Muriden belohnte, und andere Denkwürdigkeiten.

Korkmasow erzählte begeistert aus dem abenteuerlichen Leben des großen Mannes und von der ungeheueren Macht, die er als der unbeugsame Verkünder Mohammeds über die Bergbewohner ausübte. Der Präsident berichtete auch von dem awarischen Helden Chadschi-Murat, der elf Jahre lang gemeinsam mit Schamyl kämpfte und als sein bester Häuptling die Russen in ungezählten Schlachten aufs Haupt schlug. Schamyl aber, der mit dem Gedanken umging, seinen eigenen Bruder und andere nähere Verwandte, die awarischen Chane, zu ermorden, fürchtete Chadschi-Murat und trachtete endlich sogar ihm selbst nach dem Leben. Chadschi-Murat floh ins russische Lager, um Rache zu nehmen. So vollzog sich sein Schicksal zwischen dem religiösen Haß gegen die ungläubigen Russen, die Unterdrücker seines Volkes, auf der einen Seite, und der Pflicht zur Blutrache, dem Haß gegen Schamyl, der seine Angehörigen in der Gewalt hatte und zu töten drohte.

Das Museum besaß auch eine schön bebilderte Ausgabe der Novelle Tolstois über Chadschi-Murat. — Während wir so durch die Räume wanderten, von deren Wänden Schamyls ernstes, grüblerisches Antlitz auf uns herabblickte, während unser Auge durch das

Fenster über die Dächer und die grellbesonnte Ebene gegen die blauen Berge schweifte, die Heimat dieses freien Volkes, wanderten die Gedanken durch die Zeit zurück. Vor unserm Geist entrollten sich die bunten Schicksale dieser Stämme, die Gestalt des starken Mannes stand vor uns auf, dieses Propheten und Kriegshäuptlings, der 25 Jahre lang in unversöhnlichem Kampf gegen die täglich wachsenden Heere der Russen seine Zaubermacht ungebrochen aufrechterhalten konnte. Von allen Seiten angegriffen, hielt er dennoch stand, bis er sich endlich, verraten und verlassen, mit wenigen ihm gebliebenen Getreuen auf dem Berg Gunib (1859) ergab.

Von alters her war das Leben dieser Bergstämme nichts als Kampf, Fehde und Raubzug. Auf Kampf verstehen sie sich, an Ergebung denken sie nicht. Das mußten die Russen erfahren, so oft sie eines dieser Bergdörfer erobern wollten.

Als die Russen im Jahre 1832 das Tschetschenzendorf Ghermentschuk stürmten, waren zum Schluß nur noch drei Häuser übrig, in denen die Tschetschenzenkrieger sich erbittert verteidigten. Endlich gelang es den Russen, die Häuser in Brand zu stecken. Der Befehlshaber der russischen Truppe schickte einen Dolmetscher zu den Tschetschenzen hinüber und ließ ihnen günstige Übergabebedingungen anbieten. Die Verteidiger unterbrachen das Feuer und hörten sich den Vorschlag an. Nach einer Beratung von einigen Minuten trat ein halbnackter, vom Rauch geschwärzter Tschetschenze heraus und sagte: „Wir nehmen von den Russen keinen Frieden an, wir bitten nur darum, daß ihr unsern Familien Nachricht gebt, wir seien gestorben, wie wir gelebt haben, und wir hätten uns geweigert, das Joch der Fremdherrschaft auf uns zu nehmen." Kaum hatte der Unterhändler ausgesprochen, da eröffneten die tschetschenzischen Schützen mit einer Salve das Feuer. Die Russen antworteten mit heftiger Beschießung, und bald standen die Häuser in hellen Flammen. Die Sonne war inzwischen untergegangen, und die unheimliche Szene der Zerstörung und Vernichtung wurde nur durch den lohenden Brand beleuchtet. Die Tschetschenzen stimmten einen Todesgesang an, erst laut, dann leiser und immer leiser. Die Häuser brannten nieder, endlich stürzten die Mauern in sich zusammen und begruben 72 Tschetschenzen unter ihren Trümmern.

Ein tschetschenzischer Klagegesang schildert Hamsads letzten

Kampf*. Hamsad befand sich mit einer Schar aus Ghich auf einem Plünderungszug jenseits des Terek in russischem Gebiet und wurde auf dem Heimweg von einer übermächtigen russischen Abteilung eingeholt. Hamsad und die Seinen töteten die geraubten Pferde und Rinder, türmten die Leichen zu einer Brustwehr auf und verschanzten sich dahinter. Die Russen schickten den Fürsten Ragherman als Unterhändler hinüber und forderten Übergabe. Hamsad aber antwortete:

„Ich bin nicht hierhergekommen, o Ragherman, weil es mir an Geld fehlt, ich bin gekommen, um den Tod des Ghasawát (heiligen Kriegs) zu finden. Wenn ich mich dir ergäbe, würden meine Leute in Ghich mich verhöhnen. — Wie ein Wolf, der müde und hungrig ist und dem Wald zustrebt, wie ein unbändiges, feuriges Pferd, das sich nach frischer, grüner Weide sehnt, so sehnen sich meine Gefährten nach dem letzten Kampf und dem Tod. Ich fürchte dich nicht, Ragherman, ich lache deiner Übermacht, Gott der Allmächtige ist unsere Hoffnung."

Und wieder sprach Hamsad zu Ragherman: „Immer haben wir Beute und Gold gesucht. Heute aber, an diesem Tage, ist nichts so kostbar wie das schöne schwarze Pulver."

Und wieder sprach er: „Gold, das ist heute nicht Geld. Der gute Feuerstein aus der Krim, der ist heute das reine Gold."

Ragherman kehrte zum Befehlshaber der Russen zurück und berichtete ihm: „Hamsad will sich nicht ergeben."

Hamsad zog sich in seine Verschanzung zurück und setzte sich im Kreise seiner Gefährten nieder. Die russischen Truppen rückten vor und gaben Feuer, Hamsad und seine Reiter antworteten.

Dicht war der Rauch, der von ihren Büchsen aufstieg, und Hamsad sprach: „Verflucht soll dieser Tag sein! Die Sonne brennt, und wir haben keinen Schatten als von unsern Schwertern."

Und wieder sprach er: „Wie dicht der Rauch ist und wie finster der Tag. Uns leuchten nur die Feuerstrahlen aus unsern Büchsenläufen."

Und abermals sprach Hamsad zu den Seinen: „Die Huris sehen aus dem Paradies auf uns herab, sie blicken aus den Himmels-

---

* J. F. Baddeley: „The Russian Conquest of the Caucasus", London 1908, S. 486 ff.

fenstern und staunen über uns. Sie besprechen sich, wem jede von ihnen angehören will, und diejenige, die dem Tapfersten von uns zufällt, wird mit ihrem Geliebten prahlen, die aber dem weniger Tapferen zufällt, wird vor Scham erröten. Sie wird ihr Gitterfenster zuschlagen und sich abwenden. Wer aber von euch heute ein Feigling ist, des Antlitz möge schwarz werden, wenn er vor Gott hintritt."

Hamsad aber dachte, während er so sprach, in seinem Herzen, daß der Tod über ihm sei. Keine Hoffnung war mehr in ihm.

Hoch am Himmel sah er die Vögel fliegen und rief ihnen zu: „Ihr Vögel der Luft, bringt unsere Botschaft und unsern letzten Gruß dem Naïb von Ghich, Achwerdi Mahomá. Grüßt auch die Schönen von uns, die zierlichen Bräute, sagt ihnen, unsere Brust ist ein Kugelfang für die Geschosse der Russen. Sagt ihnen, wie gern wir nach dem Tode auf dem Begräbnisplatz von Ghich liegen möchten, damit unsere Schwestern über unsern Grabhügeln weinen und alles Volk um uns trauere. Aber Gott schenkt uns diese Gnade nicht, die Seufzer unserer Schwestern werden nicht über unsere Leichen hinzittern, sondern das Heulen hungriger Wölfe wird über uns sein. Nicht die Scharen unserer Gesippten werden um uns versammelt sein, sondern Schwärme schwarzer Raben.

Meldet daheim, ihr Vögel, daß wir auf dem Tscherkessenhügel im Lande der Ungläubigen liegen, tot, und die blanke Klinge in der Hand. Die Raben hacken unsere Augen aus, und die Wölfe zerreißen uns in Stücke."

Die Geschichte des Volkes ist eine einzige Bestätigung der Denkungsart und Lebensanschauung, die aus dieser Schilderung spricht. Sollte ein Volk, das aus solchem Stoff geschnitzt ist, nicht zu Höherem und Größerem taugen als zu Krieg und Vernichtung?

Ein kurzer Bericht über den Muridismus, jene religiöse Bewegung, in der die Bergstämme Dagestans und die Tschetschenzen sich zum Aufruhr gegen die Russen vereinigten, und eine Schilderung ihres heldenmütigen und zähen Kampfes gegen die Übermacht werden dem Leser erst das richtige Verständnis für diese Bergvölker vermitteln.

VI.
Der Freiheitskampf der Muridenbewegung.

Als sich der russische Zar im Jahre 1801 die georgische Krone aufs Haupt setzte, war die nächste Aufgabe die Unterwerfung der mohammedanischen Bergvölker, die zwischen Rußland und Georgien im Kaukasus hausten. Nur so konnte die russische Herrschaft gegen Süden befestigt werden, der Zar konnte seine harte Hand gegen die Türken im Südwesten, gegen die Perser im Südosten, vielleicht noch weiter bis nach Indien ausstrecken. Die kaukasischen Bergvölker waren zahlenmäßig nicht stark und mußten durch die gewaltigen Armeen Rußlands leicht zu überwinden sein. Zwar hatten sie Rußland nichts zuleide getan, noch hatte Rußland seinerseits irgendeinen Anspruch auf ihr Land, aber was bedeutete das gegenüber dem allerhöchsten Wunsch des Zaren? Ihre Heimat mußte zu einem Bestandteil des russischen Reiches gemacht werden, politische Unabhängigkeit und Selbstverwaltung freier Stämme im Gebirge oder in den Ebenen nördlich davon war „mit der Würde und Hoheit des Zaren unvereinbar". Niemand dachte daran, welche Ströme von Blut die Eroberung kosten, welche Greuel der Vernichtung, wieviel Not, Jammer und Elend sie unter den Bergbewohnern anrichten würde. Mochten die Stämme das unter sich ausmachen, ehe sie sich dem kaiserlichen Befehl widersetzten. Außerdem, so hieß es, sind das ja Räuberbanden, sie stehlen Vieh und plündern die Reisenden auf der Landstraße aus. Wenn das so war — was waren dann der Zar und seine Berater, die ohne jedes Recht in die Täler eindrangen, die Menschen niedermetzelten, die Dörfer plünderten und das ganze Land raubten?

Am Anfang schien für die Russen alles gut zu gehen. Die dem Namen nach christlichen Ossetten und die christlichen georgischen Bergstämme, die Chewsuren, Pschawer, Tuscher und Swaner, verhielten

Gebirgslandschaft in Dagestan.

See- und Felsschlucht in Dagestan.

Schamyl.

Gunib, der letzte Zufluchtsort Schamyls. (S. 114)

sich neutral oder stellten sich sogar auf die Seite der Russen. Das war außerordentlich wichtig, denn diese Stämme beherrschten die kaukasische Heerstraße nach Georgien. Sie verübten zwar von Zeit zu Zeit böse Räubereien oder muckten gegen die Fremdherrschaft auf, aber der Aufruhr nahm niemals bedenklichen Umfang an. Die Kabardiner, die nördlich vom Gebirge und in der Ebene zwischen beiden Seiten des Terek, nordwestlich und westlich von Wladikawkas wohnten, waren wohl Mohammedaner, aber ihr Land Kabardien wurde von den Russen alsbald erobert, durch zahlreiche Kosaken= Stanitsen besetzt und durch Forts gesichert, so daß den Einwohnern nichts übrigblieb, als sich still zu verhalten. Die Tscherkessen an den westlichen Hängen des Gebirges und die Abchasier am Schwarzen Meere waren dagegen ebenso erbitterte Widersacher der Russen wie die vielen mohammedanischen Stämme im östlichen Kaukasus. Aber sowohl die Tschetschenzen als die Lesghier in Dagestan waren in viele Stämme und Mundarten zersplittert, der Volkszusammen= halt zwischen ihnen war so gering, daß sie sich sogar teilweise gegen= seitig befehdeten. Die kleinen tschetschenzischen Stämme hatten eine genossenschaftliche Verfassung ohne dauernde politische Führung und waren daher schlecht zur Verteidigung organisiert. Die meisten Stämme in Dagestan hatten Chane, deren jeder ein bestimmtes Ge= biet beherrschte, sie konnten also größere, geschlossene Streitmächte ins Feld führen.

Der Mangel an innerem Zusammenhalt zwischen den Stämmen ermöglichte es den Russen, sie einzeln anzugreifen. Zeitweise schlossen die Russen sogar mit einzelnen Stämmen und ihren Chanen Bünd= nisse und spielten einen Stamm gegen den andern aus. So machten die Russen in den ersten Jahrzehnten recht gute Fortschritte und konnten sich mehrerer wichtiger Punkte im Lande versichern. Die Fort= schritte waren besonders groß, seit im Jahre 1816 der General Jer= molow das Oberkommando in Georgien und im Kaukasus angetreten hatte. Er ging planmäßig zu Werke, griff ein Chanat nach dem andern an und berichtete im Jahre 1820 nach Unterwerfung der wichtigsten Teile von Dagestan an den Zaren: „Die im vergangenen Jahr begonnene Unterwerfung Dagestans ist abgeschlossen. Das stolze kriegerische und bis dahin unbesiegte Land liegt zu den geheiligten Füßen Eurer Kaiserlichen Majestät."

In der Tat war nur im Westen von Dagestan ein schmaler Streifen Land noch nicht von den Russen besetzt. Und doch erwies sich Jermólows Bericht als sehr verfrüht. 39 Jahre lang tobte der erbitterte Kampf noch weiter, und Ströme von Blut mußten noch fließen, ehe Dagestan endlich überwunden war. Jermólow schürte durch die grausame Art, in der er die Eingebornen behandelte, durch Plünderung und Einäscherung der Aule, durch Metzeleien unter den Einwohnern, den fanatischen Haß gegen die Russen und einen Freiheitsdrang, der nachmals der russenfeindlichen religiösen Bewegung reiche Nahrung gab und die bedrückten Stämme zum Widerstand gegen die fremden Herren einte.

Die Macht des Islam war durch die Spaltung in zwei Sekten, die türkische Gruppe der Sunniten und die persische Gruppe der Schiiten, geschwächt worden. Die neue Lehre, die sich damals in den Bergtälern ausbreitete, hatte unter anderm die Wiedervereinigung der beiden Sekten und die Stärkung des Islam zum heiligen Vernichtungskrieg gegen die Ungläubigen zum Ziel.

Im Aul Jarach in Süddagestan lebte zu Beginn des vorigen Jahrhunderts der hochangesehene Greis und liebenswerte Kadi Mullah=Muhámmed. Er war gütig, friedliebend, wohltätig und weise. In langen Nächten hatte er den Koran und die heiligen Bücher studiert und legte ihren Inhalt dem Volke aus. Alle liebten und bewunderten ihn, die Menschen strömten in Scharen herbei, um seinem Wort zu lauschen. Eines Tages oder öffnete Allah dem Greis durch einen Engel die Augen. Entsetzt erkannte Mullah=Muhámmed, welche Sünde es war, sich den Ungläubigen zu unterwerfen, statt sie vom Erdboden zu vertilgen. Tage und Nächte hindurch saß er grübelnd. Im Jahre 1824 trat er vor eine große Versammlung seiner Volksgenossen und sprach zu ihnen von dem höchsten Gut, dem Glauben der Väter. Seine Rede zündete wie lohendes Feuer.

Mullah=Muhámmed zeigte seinen Zuhörern, wie nach dem Wort des Propheten kein Muselmann eines Ungläubigen Untertan sein darf. Wie alle Buße, Waschungen und Opfer nutzlos sind, solange das Auge eines Moskowiten zusieht. „Wahrlich, solange Moskowiten unter euch wohnen, gereicht euch der Koran zur Verdammung und nicht zum Segen!" So predigte er den heiligen Krieg gegen die Ungläubigen. Wer im Jenseits des ewigen Glücks teilhaftig werden will, muß nach den Worten des Propheten Leben und Habe für Allah opfern, muß Weiber und Kinder verlassen und sich in den Kampf stürzen. Nur so kann er über die Brücke El-Sirat ins Paradies eingehen. Unsere Stunden im Diesseits sind gezählt wie die Stunden des Tages, dort oben aber wartet das ewige Leben, dort ist unsere wahre Heimat. „Schwarzäugige Huris, deren Augen wie Sterne funkeln, mit Armen, schlank wie Schwanenhälse, werden uns dort zulächeln, aber nicht alle werden die Schönen umarmen. Aus milchweißem Marmor sprudeln Quellen diamantklaren Wassers, aber nicht alle Sterblichen dürfen sich daran erquicken. Schlanke Zypressen und üppig belaubte Platanen fächeln uns Kühlung zu, aber nicht jeder Sterbliche darf in ihrem Schatten ruhen. Nur wer in den Kampf zieht, um die Lehre des Propheten auszubreiten und die Macht der Ungläubigen zu brechen, kann die Seligkeit der Auserwählten erlangen. Seid gerüstet, haltet euch bereit, bis die Stunde schlägt, die euch zum Kampfe ruft."

Die Rede des weisen Alten, die glühenden Haß gegen die Ungläubigen, unversöhnliche Feindschaft gegen die Russen predigte, machte tiefen Eindruck. Die neue Lehre verbreitete sich rasch in Dagestan, wo der Haß gegen die grausamen Unterdrücker schon längst in den Herzen der Bewohner glomm. Auch nach Tschetschenien sprang die Bewegung über. Dort hatten die Grausamkeiten und Zerstörungen der Russen im Jahre 1824 und 1825 ernsten Aufruhr verursacht. Die von Mullah-Muhámmed eingeweihten und gesegneten Apostel wurden Muriden genannt, das heißt: Schüler. Muride ist ein arabisches Wort und bedeutet „einen, der wünscht" (ergänze: einen Weg zu finden).

Die Muriden verkündeten die Lehre ihres Meisters mit flammender Begeisterung. Durch das ganze Land erscholl der Kampfruf: „Krieg den Ungläubigen, Vernichtung den Russen!" Die Lehre der Muriden fand beim Volk auch deshalb solchen Anklang, weil sie vollkommene Gleichheit aller Menschen predigte. Nach dem Koran konnte niemand eines andern Untertan sein. Der Muridismus verkündigte auch die Vereinigung zwischen Sunniten und Schiiten, denn sie alle seien die Kinder Allahs. Überall begann es zu gären, die Bewegung wurde eine ernste Gefahr für die Russen. Alle Anstrengungen, die Erregung zu dämpfen, konnten nur Öl aufs Feuer sein. Durchs Volk ging ein Murren: „Schmach und Schande über euch, solange eure Tempel durch die Anwesenheit der rothaarigen Moskowiten entweiht sind. Besser wäre es, ihr machtet eure Heiligtümer dem Erdboden gleich und begrübet die Gotteslästerer unter den Ruinen. Jeder Stein, der eines Ungläubigen Haupt zermalmt, wird ein Denkmal zu Allahs Ehre." Mullah-Muhámmed sprach zu den Häuptlingen: „Tod oder Sieg, im Jenseits winkt euch das Paradies, im Diesseits die Freiheit. Was zögert ihr noch? Kämpfe, und du wirst frei sein. Stirb, und du wirst selig sein. Haß und Vernichtung! Die Leichen der erschlagenen Feinde türmen sich euch zur Himmelsleiter, auf deren Sprossen ihr ins Paradies steigt. Denn also spricht der Prophet: ‚Wer einen Ungläubigen tötet, des Name soll gepriesen sein. Wer im Kampf für den Glauben stirbt, der soll große Herrlichkeit erlangen.'"

Noch fehlte es an dem Manne, der berufen war, das Volk vereint zum Kampf zu führen. Da legte Mullah-Muhámmed seine Hände auf das Haupt des jungen Kasi-Mullah aus Gimri in Awarien und weihte ihn für die Aufgabe: das Volk zu sammeln und in Allahs Namen den heiligen Krieg zu beginnen. „Das Paradies erwartet jeden, der im Kampfe fällt oder einen Russen tötet. Aber wehe dem, der den Gjawuren* seinen Rücken zeigt."

Im Jahre 1826 begann der feurige Kasi-Mullah mit Hilfe des jungen Mullah-Schamyl, der gleich ihm aus Gimri stammte, seine Aufgabe zu erfüllen. Er zog von Ort zu Ort, befestigte die Lehre der Muriden unter den Lesghiern und Tschetschenzen und sammelte das Volk zum Kampf. Die Russen waren damals im Krieg gegen die Perser und Türken festgelegt, und so konnte er ziemlich ungehindert wirken. Bald wurde er zum Imam, zum Volksführer in allen geistigen und weltlichen Dingen, erwählt. Nur der Chan von Awarien, der seinen Sitz in Chunsach hatte, schloß sich ihm nicht an. Die streitbaren Einwohner von Chunsach hatten keine Lust, sich den strengen Gesetzen der Muridenlehre zu unterwerfen. Im Februar 1830 zog Kasi-Mullah mit einem Heer von 6000 Mann von Gimri gegen Chunsach. Der Chan war minderjährig, und die Regierung wurde von seiner Mutter Pachu-Biché geführt. Die Stadt

---

* Gjawur = ein Ungläubiger oder Fremder. Byron schrieb das Wort „Giaur".

mit ihren mehr als 700 Häusern lag unzugänglich am Rand eines hohen, steil abfallenden Felsens und war durch Brustwehr und Türme wohlbefestigt. Die Mutter des Chans hoffte, die Hauptstadt halten zu können. Die Muriden gingen in zwei Abteilungen vor, deren eine Kasi=Mullah selbst führte, während die andere dem jungen Schamyl unterstand. Die beiden Abteilungen setzten zum Sturm an mit dem Kampfruf: „Allah akbar, lia=il=allahu!" (Gott ist groß, es gibt keinen Gott außer ihm!) Beim Anblick der laut brüllenden sieghaften Scharen befiel die Verteidiger, die niemals dergleichen gehört und gesehen hatten, lähmende Furcht, und sie begannen zurückzuweichen. Da trat Pachu=Bichés hohe Gestalt mit gezücktem Schwert und flammenden Augen vor sie hin. „Awaren", rief sie, „ihr seid nicht wert, Waffen zu tragen. Wenn ihr Angst habt, so gebt eure Waffen uns Weibern und verbergt euch unter unsern Röcken." Der Hohn saß, die Verteidigungstruppen rissen sich zusammen, während die Feinde schon über die Brustwehr kletterten. Die Muriden wurden unter schweren Verlusten zurückgeschlagen. Ein Teil der Awaren, der sich schon den Muriden angeschlossen hatte, zog sich wieder von der Bewegung zurück, das Muridenheer wurde in die Flucht geschlagen und hinterließ 200 Tote, viele Verwundete und 60 Gefangene. Schamyl war vorübergehend in schwerer Gefahr, von seinen empörten Begleitern getötet zu werden. Ein Derwisch rettete ihn. Das war der erste Fall einer wunderbaren Lebensrettung. Ihm folgten mehrere ähnliche Ereignisse. Diesem wunderbaren Zufall verdankte es Schamyl, daß die abergläubischen Bergbewohner überzeugt waren, er sei von Allah auserkoren, Gottes Werk auf Erden zu vollbringen. Der später als gefährlicher Widersacher der Russen so berühmt gewordene Chadschi=Murat sammelte die Fahnen und Kriegszeichen, die das Muridenheer auf dem Kampfplatz zurückgelassen hatte, und schickte sie als Beweis für die Treue der Awaren gegen Rußland nach Tiflis. Kasi=Mullah zog sich mit seinen in Verwirrung geratenen Scharen nach Gimri zurück und verkündigte dort, die traurige Niederlage sei Allahs Strafe für den Glaubenswankelmut und die Sittenlosigkeit seines Volkes. Trotz dieser Auslegung litt sein Ansehen schwer, wurde aber durch seine Erfolge im Kampf gegen die Russen bald wiederhergestellt.

Die Russen wandten nach Beendigung des Krieges gegen die Türken und Perser ihre ganze Aufmerksamkeit wieder den kaukasischen Stämmen zu und versuchten im Jahre 1830 mit ihren Truppen in Dagestan und Tschetschenien einzudringen. Da aber wurde ihnen der mutige und kühne Kasi-Mullah zum gefährlichen Widersacher. Wohl wurde er mit Hilfe der russischen Kanonen, denen er keine gleiche Waffe gegenüberzustellen hatte, gelegentlich geschlagen, wohl wich er zeitweise zurück, aber dadurch lockte er seine Feinde nur in die engen Bergtäler und dichten Wälder Tschetscheniens. Dort fiel er unerwartet über sie her und fügte ihnen Niederlage um Niederlage zu. Im Mai 1831 zerstörte er Paraul, wo sich der kumükische Schamchal gerade aufhielt, und nahm die Hauptstadt Tarku, nahe dem heutigen Machatsch-Kalá, ein. Dieser Streich gelang ihm unmittelbar vor den Mündungen der russischen Kanonen, die von der Festung Burnaja aus die Stadt beherrschten. Er belagerte auch die Festung selbst und war nahe daran, sie in die Hand zu bekommen, da mußte er sich vor den eben noch rechtzeitig eintreffenden Entsatztruppen zurückziehen. Bald darauf, im Juni, rückte er erneut zum Angriff vor und belagerte die starke Festung Wnesápnaja in der nördlichen Ebene. Bei Annäherung eines russischen Heeres zog er sich wieder in die Wälder zurück, die Russen verfolgten ihn und holten sich eine blutige Niederlage. Der russische General Emanuel selbst wurde verwundet.

Im August des gleichen Jahres belagerte Kasi-Mullah sogar die Festungsstadt Derbent am Kaspischen Meer eine volle Woche lang, bis Entsatz eintraf. Im November machte er einen plötzlichen kühnen Angriff auf Stadt und Festung Kisliar, weit im Norden am unteren Terek, nahe dem Delta. Kasi-Mullah plünderte die Stadt und kehrte mit 200 Gefangenen, meist Frauen, und reicher Beute nach Dagestan zurück.

Bald darauf begann sein Stern zu sinken. Schon am 1. Dezember 1831 griffen die Russen sein befestigtes Hauptquartier Schumkeschkent (Agatsch-Kalá) im Waldgebirge Ostdagestans an und eroberten es im Sturm. Kasi-Mullah mußte flüchten, aber auch die Russen hatten schwere Verluste erlitten. Die Kampfesweise der Bergbewohner wird durch eine kleine Begebenheit aus jener Zeit gekennzeichnet. Die Galgaier, ein kleiner Tschetschenzenstamm, machten die georgische Heerstraße unsicher und sollten durch eine Strafexpedition gezüchtigt werden. Eine russische Truppenabteilung, Infanterie, Kavallerie und Gebirgsartillerie, brach in die Gebirgstäler ein und fand nur geringen Widerstand. Eines Tages rückten die Russen auf schmalen Pfaden an steilem Felshang vor. Plötzlich sahen sie vor sich den Weg durch einen festen, aus Steinen gemauerten Turm auf unzugänglichem Felskegel versperrt. Die Feinde feuerten von dort herab mit großer Sicherheit, die kleinen Kanonen der Russen mit ihren dreipfündigen Granaten konnten nicht viel ausrichten und waren ohnmächtig gegenüber der dicken Eichenpforte, die drei Mann hoch über der Erde lag und zu der keine Treppe hinaufführte. Endlich fand man einen Fußpfad, der am Turm vorbei über den Felsen führte. Aber hier konnten Pferde und Troß nicht durchkommen. Zwei Kompanien Infanterie erzwangen sich den Weg und umringten den Turm. Die Verteidiger wurden zur Übergabe aufgefordert, lehnten aber ab. Da die Kanonen nichts ausrichten konnten, wurde eine Mine unter den Turm gelegt. Nach dreitägiger Belagerung und mühseliger Arbeit war die Mine fertig, und der Turm sollte gesprengt werden. Der menschenfreundliche russische General von Rosen schickte aber vorher noch einmal einen Unterhändler zu den Verteidigern und forderte sie zur Übergabe auf. Die Besatzung antwortete, sie sei jetzt zur Übergabe bereit, aber sie brauche eine Frist von zwei Stunden, um die hinter der starken Eichentüre aufgetürmten Steine beiseitezuschaffen. Nach Ablauf der Frist stellte sich der General mit seinem ganzen Stab und einer Kompanie Jäger unter Gewehr zum Empfang der Besatzung vor dem Turm auf. Zuerst wurde ein halbes Dutzend Gewehre heruntergereicht, und dann ließen sich zwei zerlumpte, schmutzige Burschen an einem Seil herab. Sie kreuzten die Arme über der Brust, schauten die Russen finster an und erwarteten ihr Schicksal. „Wo bleiben denn die andern?" fragte der General ungeduldig.

Antwort: „Wir sind nur zu zweit!"

Kasi-Mullah war so keck, im April 1832 sogar Wladikawkas zu bedrohen und die Festung Nasran in der Sundjaebene, nordöstlich der Stadt, zu belagern. Dadurch hoffte er die Kabardiner zum Anschluß an die Aufständischen bewegen zu können. Die Lage der Russen war einige Tage lang sehr bedenklich, doch zog sich Kasi-Mullah unverrichteterdinge wieder zurück. Im August fielen die Russen in Tschetschenien ein und machten dort gute Fortschritte. Es gelang ihnen, das größte und reichste tschetschenzische Aul Ghermentschuk einzunehmen. Die Einwohner setzten sich heldenmütig zur Wehr, obwohl die meisten von ihnen keine Schußwaffen hatten. (Vergleiche 5. Kapitel am Ende.) Kasi-Mullah zog sich nach Dagestan zurück und verschanzte sich dort gemeinsam mit seinem Getreuen Schamyl in seinem Heimatort Gimri. Viele seiner Anhänger hatten den Glauben an ihn verloren und ließen ihn im Stich.

Im Oktober 1832 rückten die Russen gegen Gimri vor. Nur mit größter Mühe kamen sie in dem zerklüfteten Gelände vorwärts. Als dem russischen Oberbefehlshaber, General Weliaminow, gesagt wurde, der Weg sei für Truppenkörper nicht gangbar, fragte er: „Kann ein Hund dort laufen?" „Ein Hund? O ja, der wird durchkommen." — „Das genügt", sagte der General, „wo ein Hund vorwärts kommt, muß sich ein russischer Soldat auch zu helfen wissen." — Kasi-Mullah und Schamyl hatten ungefähr sechs Kilometer oberhalb der Ortschaft eine dreifache Mauer quer über die Schlucht errichtet und sie mit einer steinernen Brustwehr zu beiden Seiten versehen. Hier mußte der Feind vorüberkommen. Nahe der äußersten Mauer standen zwei kleine Steinhäuser. Die Russen nahmen nach heftigem Kampf diese Stellung, auf beiden Seiten verrichtete der Heldenmut Wunder. Nach dem Mißglücken des ersten Sturmangriffs auf die äußere Mauer ließ General Weliaminow eine Kesselpauke holen, setzte sich darauf und nahm in aller Ruhe die feindliche Stellung durch den Feldstecher in Augenschein. Die Verteidiger entdeckten den General sehr bald und ließen ihm die Kugeln nur so um die Ohren pfeifen. In seiner unmittelbaren Nähe fielen einige Soldaten tödlich getroffen nieder. Der Fürst von Mingrelien, Chef eines Regimentes, bat den General flehentlich, er möge doch in Deckung gehen. Weliaminow antwortete ganz ruhig: „In der Tat, Fürst, es ist hier sehr gefährlich. Sie können mir Deckung verschaffen, indem Sie sofort Ihr Regiment gegen die Befestigung dort einsetzen." Endlich waren die Verteidiger von den Mauern und Brustwehren zu beiden Seiten vertrieben, aber in den beiden Häusern verteidigten sich noch etwa 60 Muriden, ohne auch nur an Übergabe zu denken. Die Russen beschossen die Häuser mit Kanonen und setzten zum Sturm an. Die Verteidiger gaben ihre Stellung nicht auf, sondern machten einen Gegenstoß, verließen einzeln oder zu zweien die Häuser und versuchten sich durchzuschlagen; sie fielen im Kampf, nur zwei entkamen. Auf der hoch über dem Erdboden gelegenen Tür erschien eine schlanke, hochgewachsene Gestalt. Während die russischen Soldaten ihre Gewehre anlegten, tat der Mann einen kühnen Sprung über ihre Köpfe hinweg und landete hinter ihren Reihen. Mit blitzschneller Wendung hieb er drei Russen nieder; da durchbohrte das Bajonett eines vierten seine Brust. Er aber faßte den tödlichen Stahl mit der einen Hand und zog ihn sich aus der Brust, schlug mit der andern Faust den Angreifer nieder und floh in den nahen Wald. Dabei war der Bajonettstich nicht seine einzige Verletzung, durch Steinwürfe war auch noch eine Rippe und das Schlüsselbein gebrochen. Niemand kannte den Mann. Es war Schamyl.

Unter den vielen Toten, die vor den beiden Häusern lagen, befand sich auch die merkwürdige Gestalt eines Mannes, der im Tod die Gebetshaltung angenommen hatte: die linke Hand faßte den Bart, die rechte war zum Himmel gerichtet. Die Eingebornen erkannten in dem Gefallenen ihren Imam Kasi-Mullah. Die Russen frohlockten und stellten die Leiche öffentlich zur Schau. Die Bergbewohner aber waren tief bedrückt. Die Stellung des Toten mit der nach oben weisenden Hand bestätigte, daß er ein Heiliger war, der den Tod für die große Sache des Volkes gefunden hatte.

Am andern Tage konnten die Russen in Gimri einziehen, niemand stellte sich ihnen in den Weg. Sie waren überzeugt, daß der Muridismus endgültig überwunden und die russische Herrschaft in Dagestan für alle Zeiten gesichert sei. Sie wußten ja nicht, daß Schamyl entschlüpft war und vielleicht noch lebte, rechneten auch nicht mit dem Eindruck, den Kasi-Mullahs Heldentod auf die Eingebornen machte.

Schamyl hielt sich drei Tage lang verborgen, dann gelang es ihm, sich nach Untsukul am Koisu, südlich von Gimri, zu schleppen. Dort schwebte er 25 Tage lang zwischen Leben und Tod, denn das russische Bajonett hatte den einen Lungenflügel durchbohrt. Noch mehrere Monate hindurch war sein Leben gefährdet, dann endlich erholte er sich. Das wunderbare Entkommen Schamyls aus der

Schlacht bei Gimri überzeugte seine Anhänger aufs neue davon, daß er Allahs Auserkorener sei.

Während Schamyl an seiner Wunde daniederlag, weihte Mullah-Muhámmed Hamsad-Bei zum Imam und Anführer im heiligen Krieg. Hamsad-Bei war Aware, seine Heimat war Gotsatl bei Chunsach. Er hatte sich Kasi-Mullah angeschlossen und mehrfach mit ihm zusammen gekämpft. Doch fehlten ihm Kasi-Mullahs überragende Eigenschaften, und er hatte seinen Gefolgsherrn bei Gimri im Stich gelassen, um die eigne Haut in Sicherheit zu bringen. Mit Schamyls Hilfe gelang es ihm aber, die Muridenbewegung zu festigen und sich den nötigen Einfluß zu sichern. Die Mehrzahl der Awaren, ausgenommen den Chan von Chunsach, hatte sich ihm angeschlossen. Hamsad-Bei rückte daher im August 1834 mit starker Truppenmacht gegen Chunsach vor. Pachu-Biché sah ein, daß diesmal Widerstand nichts nützen konnte. Sie war bereit, sich dem Muridismus anzuschließen, wollte aber nicht in den heiligen Krieg ziehen. Sie sandte ihren jüngsten Sohn Bulatsch-Chan, einen 8jährigen Knaben, als Geisel zu Hamsad. Hamsad brachte es fertig, durch Versprechungen auch die beiden älteren Söhne Pachu-Bichés, Abu-Nuntsal und Umma (Omar) zu Verhandlungen in sein Lager zu locken. Auf Betreiben Schamyls ließ der treulose und wortbrüchige Hamsad die beiden Chane und einen Teil ihres Gefolges niedermachen. Zunächst kam die Reihe an Umma-Chan. Da stürzte der älteste Bruder Abu-Nuntsal-Chan wie ein rasender Löwe auf seine Feinde und tötete nach dem Bericht von Augenzeugen 20 Muriden, ehe er selbst, aus vielen Wunden blutend, zusammenbrach. Hamsad-Bei rückte in Chunsach ein und ließ die Mutter der Chane, Pachu-Biché, köpfen, obwohl sie Hamsad einst in seiner Jugend in ihr Haus aufgenommen und ihn wie einen Sohn behandelt hatte. Die Witwe Abu-Nuntsals wurde geschont, weil sie schwanger war. Der Sohn, den sie später gebar, wurde Chan von Awarien.

Hamsad-Bei hatte durch seine verräterische Handlungsweise sein Ansehen verloren, und die Awaren, ihren Chanen treu ergeben, fielen von ihm ab. Chadschi-Murat und sein Bruder Osman, die Pflegebrüder und innigen Freunde der getöteten Chane, fühlten sich zur Blutrache verpflichtet und töteten während eines religiösen

Festes in der Moschee von Chunsach am Freitag, dem 19. September 1834, den tückischen Hamsad-Bei mitten im Kreise seiner Muriden. Osman fiel im Getümmel, aber Chadschi-Murat schlug sich durch und entkam. Das Volk erhob sich gegen die Muriden, jagte sie davon und machte Chadschi-Murat zum Herrn von Awarien.

Schamyl war während dieser Ereignisse nicht in Chunsach. Als er von den Begebenheiten erfuhr, sammelte er seine bewaffnete Macht und zog nach Gotsatl. Dort nahm er den Inhalt der Schatzkammer an sich und zwang Hamsads Oheim zur Auslieferung des jungen Bulatsch-Chan. Er ließ seinen Gefangenen erwürgen und die Leiche von einem Felsen herab in den Awarischen Koisu werfen. Der alte Mullah-Muhammed war inzwischen gestorben, und Schamyl wurde nach Hamsad-Beis Tod in Aschitta zum Imam und Führer der Muriden gewählt. Er war unter allen hervorragenden Persönlichkeiten der Bewegung bei weitem die bedeutendste.

VII.
Schamyl.

Schamyl ist wohl eine der eigenartigsten Gestalten des 19. Jahrhunderts. Er ist 1797 zu Gimri in Awarien, nahe der Vereinigung des Awarischen und Andischen Koisu, geboren. Sei eigentlicher Name war Ali, doch wurde er später Schamyl* (das heißt Samuel) genannt. Er war von der Natur mit reichen Gaben ausgestattet und von Anbeginn zum Führer bestimmt. Sein Wuchs war hoch und schlank, die Haltung stolz. Die Augen waren blau oder grau, Haare und Bart dunkelblond, das Gesicht lang und schmal, die Züge regelmäßig und ernst, der Ausdruck sinnend und ruhig. Er ging in einfacher würdiger Kleidung und trug einen Gurt um den Leib. Für gewöhnlich verschmähte er den Farbenprunk und den Gold- oder Silberschmuck, den die Muriden seiner Umgebung zur Schau trugen. Die beherrschte Würde seiner Erscheinung verfehlte nie ihren starken Eindruck auf seine Scharen. Schamyl war ein körperlich geübter Mann, der beste Fechter, Läufer und Springer, wohlgeschult in allen turnerischen Künsten. Angeblich konnte er über einen 27 Fuß breiten Graben hinwegsetzen und höher springen, als er groß war. Als junger Mensch ging er bei jedem Wetter barfuß und mit nacktem Oberkörper. Kein dagestanischer Bergbewohner soll es ihm an Kühnheit und Ausdauer gleichgetan haben.

Scharfer Verstand, Organisationsgeschick, Erfindungsgabe, Geistesgegenwart, eine einzig dastehende Willenskraft und Selbstbeherrschung und unerschütterlicher Mut zeichneten ihn aus. Er war

---

* Die richtige Aussprache lautet: Schamwil mit langem „i" in der letzten Silbe. Das „w" muß ähnlich dem englischen „w" mit Annäherung an das „u" ausgesprochen werden. Die Schreibweise „Schamyl" wird aber hier beibehalten, weil sie dem allgemeinen Gebrauch entspricht.

ein hervorragender Heerführer. Große Redegewandtheit und Begeisterungskraft verband er mit kühler Berechnung. Er kannte seine Leute und wußte in jeder Lage, welches Wort oder welche Geste der Augenblick erforderte. Als vortrefflicher Menschenkenner verstand er es, sich die guten und schlechten Eigenschaften anderer zunutze zu machen. Gleich den meisten bedeutenden Führerpersönlichkeiten war er ein vortrefflicher Schauspieler. Durch seine ruhige Haltung, das fromme prophetische Auftreten und eine enthaltsame Lebensführung umgab er sich mit einem mystischen Glorienschein. Er lebte zurückgezogen, zeigte sich selten seinem Volk, verbrachte viel Zeit in einsamer, grüblerischer Zwiesprache mit dem Propheten und Allah. So betrachteten ihn die Seinen als Allahs Auserwählten und als den Statthalter Muhammeds. Gewaltig war die Macht, die er über die Gemüter ausübte. Dazu kamen noch seine mannigfaltigen Kenntnisse. Er kannte den Koran und die heiligen Schriften genau, war auch in den christlichen Evangelien bewandert und benutzte sie zur Ergänzung seiner eigenen Lehre. Er verstand es ausgezeichnet, seine Kenntnisse zu verwerten, seine glühenden Aufrufe an das Volk waren oft richtige Meisterwerke.

Dabei konnte er listig und grausam, rücksichtslos und hart sein, wenn jemand sich seinem Willen nichts blindlings unterwarf. Durch grausame Strafen und Todesurteile verbreitete er Furcht um sich. Dieben ließ er zur Strafe die Hand abhacken, kleine Vergehen bestrafte er oft mit dem Tod. Er berief sich dabei auf Allah, dessen Prophet er war und in dessen Namen er als Imam, das heißt als unumschränkter Sachwalter in allen geistlichen und weltlichen Dingen, sich selbst seine Gesetze gab und die Vorschriften des Schariat nach Belieben ändern durfte. Sein Wort und seine Versprechungen verdienten daher nicht immer Glauben. Gegen Kriegsgefangene zeigte er sich oft grausam und von geringem Edelmut.

Auch in schwersten Gefahren bewahrte er vollkommene Ruhe. Die entsetzlichsten Foltern oder die Todesstrafe verhängte er mit gleicher Gelassenheit, wie er Verdienste anerkannte und Lob austeilte. Aber auch dieser harte Mann hatte seine weichen Regungen. Er war ein treuer Sohn, ein liebevoller Ehemann und Vater. Kindern gegenüber konnte er rührende Liebe an den Tag legen und konnte sich in ihrer Gesellschaft harmloser Heiterkeit hingeben.

Die Russen glaubten, den Widerstand der Bergbewohner endgültig gebrochen zu haben, und doch hielt der neue Führer der Bewegung sich noch 25 Jahre lang gegen die russische Übermacht. Mit seinen verhältnismäßig wenigen Mannschaften fügte er den Russen eine Niederlage nach der andern zu. Jedesmal, wenn sie ihn endgültig in der Falle zu haben glaubten, entwischte er ihnen auf rätselhafte Weise und griff sie unvermutet an anderer Stelle an. Fast schien es, als stünde er mit übernatürlichen Mächten im Bunde.

Als er die Führerschaft antrat, schien die Lage der Bewegung verzweifelt. Waren doch nach der Ermordung der Chane durch Hamsad-Bei und nach dessen eigenem Tod die meisten Awaren unter Chadschi-Murats Leitung abgefallen. Auch viele andere Stämme zogen sich von der Muridenbewegung zurück. Aber es gelang Schamyl wie durch ein Wunder, den Muridismus wieder zum Leben zu erwecken und neue Scharen um sich zu sammeln. So gerüstet zog er gegen Chunsach, wurde aber von dem kühnen Chadschi-Murat geschlagen. Bei einem zweiten Versuch, die Stadt einzunehmen, mußte sich Schamyl gegen die Russen wenden, die von allen Seiten her auf ihn eindrangen. Im Oktober 1834 wurde er von dem tüchtigen und tapferen General Klüke von Klugenau geschlagen. Der General eroberte Gotsatl und das wichtige Dorf Gherghébil am Zusammenfluß des Kara-Koisu und des Kasikumuchischen Koisu. Schamyl mußte den Gedanken an die Gewinnung der Awaren, dieses stärksten Gebirgsstammes in Dagestan, vorläufig aufgeben. Statt dessen nutzte er die Zeit zur Befestigung seiner Macht und zur engeren Verknüpfung der einzelnen Gruppen von Anhängern, die der Muridismus in den andern Teilen Dagestans und in Tschetschenien gewonnen hatte. So stärkte er die Stoßkraft der Bewegung gegen die Russen. Rußland machte inzwischen den verhängnisvollen Fehler, den Kasikumuchen Achmed-Chan aus Mechtulien als vorläufigen Chan einzusetzen. Achmed-Chan war Chadschi-Murats Todfeind, und die Russen stießen durch die Förderung dieses Mannes den für sie so wertvollen Chadschi-Murat vor den Kopf.

Im März 1837 gelang es Schamyl, in der Nähe seines Hauptquartiers Aschiltá, am Andischen Koisu, nahe bei dessen Vereinigung mit dem Awarischen Koisu, eine russische Truppenmacht vollständig aufzureiben. Im Mai rückte ein neues russisches Heer unter dem

Befehl des Generals Féſé gegen Schamyl vor. Aſchiltá wurde am 9. Juni eingenommen und dem Erdboden gleichgemacht. Das gleiche Schickſal traf wenige Tage danach das benachbarte, befeſtigte Aul Achulgo.

Schamyl ſchlug ſich aber gleichzeitig bei dem befeſtigten Aul Tilitl in den Bergen ſüdlich von Chunſach mit einer ruſſiſchen Abteilung. Féſé eilte zum Entſatz herbei. Es gelang den Ruſſen mit Hilfe ihrer Artillerie, die Hälfte des Auls einzunehmen. Der andere Teil blieb feſt in Schamyls Hand. Die Ruſſen hatten ihren Teilerfolg mit ſchweren Verluſten bezahlt, und ihre Stellung war bedenklich geworden. Schamyl ſchlug einen Waffenſtillſtand vor, und nach einigen Tagen des Verhandelns kam eine Vereinbarung zuſtande. Am 7. Juli zogen die Ruſſen in Richtung auf Chunſach ab. Nach ruſſiſchen Darſtellungen ſollen Schamyl und ſeine Häuptlinge* ſich unterworfen und Treue gelobt haben. Dieſer Behauptung widerſprechen aber zwei Briefe Schamyls an den General Féſé. Dieſe Briefe beruhen auf der Vorausſetzung, daß unter gleichen Bedingungen für beide Teile Friede geſchloſſen worden ſei. Allerdings ſtellten Schamyl und ſeine Unterbefehlshaber drei Geiſeln. Aber die Art, wie ſich der ruſſiſche Rückzug vollzog, deutete nicht auf einen ruſſiſchen Sieg. Die Ruſſen nahmen den Weg, den ihnen Schamyl vorgeſchrieben hatte, und überließen das Schlachtfeld dem Feind.

Schamyl verkündete feierlich, er habe einen großen Sieg über die Ruſſen davongetragen und ſie aus Dageſtan vertrieben. Viele früher von der Bewegung abgefallenen Stämme hätten ſich ihm wieder angeſchloſſen. Als er nach Aſchiltá zurückkehrte, faßte ihn glühende Wut beim Anblick des einſt ſo reichen und blühenden Auls, das nur noch ein einziger rauchender und rußgeſchwärzter Trümmerhaufen war. Keines von den 500 Häuſern ſtand unverſehrt. Die Moſchee, in der er die Weihe zum Imam empfangen hatte, war

---

* Unter dieſen Häuptlingen waren abſonderliche Geſtalten. Einer davon war Kibit Mahomá. Er hatte die Eingebornen-Beis von Tilitl und deren Familien, alles in allem 33 Menſchen, meuchleriſch ermorden laſſen und ſich auf dieſe Weiſe zum Herrſcher oder Kadi von Tilitl aufgeworfen. Er war faſt bis zum Ende des Kriegs im Jahre 1859 einer der hervorragendſten Helfer Schamyls. Erſt gegen Ende des Kriegs ließ er Schamyl im Stich und ging zu den Ruſſen über.

dem Erdboden gleichgemacht, die üppigen Obst- und Weingärten waren vernichtet, die Reben ausgerauft, die Obstbäume gekappt, der Mais zertrampelt, die Wasserleitungen zerstört. — So hausten die Russen in einem Lande, in das sie als Fremdlinge eingedrungen waren und in dem sie kein anderes Recht hatten als das der rohen Übermacht. Schamyl schwor blutige Rache.

Er wählte das Aul Achulgo, etwas flußabwärts am rechten Ufer des Andischen Koisu auf zwei unzugänglichen Felshöhen gelegen, zu seinem neuen Sitz. Seine erste Sorge war, das Aul zu einer uneinnehmbaren Festung auszubauen. Er hatte die Erfahrung gemacht, daß die festen Steintürme der Bergvölker den russischen Kanonen nicht standhalten konnten. So kam der begabte Heerführer auf den Gedanken, Kasematten in das Gestein selbst zu sprengen.

Inzwischen war der Plan eines persönlichen Besuches des Zaren Nikolaus im Kaukasus für den Herbst 1837 herangereift. Den Russen war mehr als je daran gelegen, Schamyl zu einem Vergleich zu bewegen und eine Begegnung zwischen ihm und dem Zaren in Tiflis herbeizuführen. Der tüchtige und tapfere General Klugenau wurde als Unterhändler ausersehen. Am 18. September 1837 fand eine dramatische Begegnung zwischen ihm und Schamyl in einer wilden Bergschlucht nahe bei Gimri statt. Schamyl erschien mit mehr als 200 waffenstarrenden Muriden, turbangeschmückten Reitern in farbenprächtigen Gewändern. Klugenaus Begleitung bestand nur aus seinem Adjutanten, 15 Donkosaken und 10 Eingebornen. Der General ließ alle Wasser der Beredsamkeit spielen, aber Schamyl blieb fest. Als Klugenau die Aussichtslosigkeit weiteren Verhandelns einsah, erhob er sich und reichte Schamyl die Hand zum Abschied. Da stürzte ein Muride vor, faßte Schamyls Arm und sagte, der Führer der Gläubigen dürfe nicht die Hand eines Gjavur berühren. Der General geriet in rasenden Zorn, hob seinen Stock — er mußte stets am Stock gehen — und wollte dem Muriden den Turban vom Schädel schlagen. Schamyl fing zum Glück den Stockschlag auf, hielt gleichzeitig den Muriden zurück, der schon im Begriff war, seinen Kindschal zu ziehen, befahl seinem Gefolge mit Donnerstimme, sich ruhig zu verhalten, und bat den General Klugenau, sich unverzüglich zu entfernen. Aber der leicht erregbare Österreicher, der vor keiner Gefahr zurückscheute, ließ seiner Zunge freien Lauf und brach in eine Flut von Schimpfwörtern über die Bergstämme aus. Endlich faßte ihn sein Adjutant am Rockschoß, zog ihn fort und redete ihm so lange gut zu, bis er nachgab und sich entfernte. Klugenau stieg in aller Ruhe aufs Pferd und ritt im Schritt von dannen, ohne die Muriden noch eines Blickes zu würdigen. Damals, wie so oft, stand die Entscheidung über die Zukunft auf des Messers Schneide. Hätte Schamyl nicht im letzten Augenblick den Stockschlag verhindert, so wären Klugenau und sein Gefolge ohne Zweifel niedergemacht worden. Aber auch Schamyl und mancher seiner Getreuen wären kaum lebend aus dem Scharmützel hervorgegangen. Der Krieg hätte gewiß während der nächsten Jahre einen ganz andern Verlauf genommen. Vielleicht wären viele tausend Menschenleben verschont geblieben. — Zar Nikolaus kam kurz danach, vom September bis November, nach Transkaukasien, traf aber nicht mit Schamyl zusammen.

Im Laufe des Jahres 1838 nahm Schamyls Macht in Dagestan und Tschetschenien ständig zu, und die Russen sahen ein, daß sie ernste Schritte gegen ihn unternehmen mußten. Im Mai brach General Grabbé an der Spitze einer Truppenmacht von Wnesápnajna nach Achulgo auf. Er hoffte, Schamyl dort umzingeln und endgültig erledigen zu können. Schamyl traf den Truppen Grabbés mit einer starken Macht in der Nähe des unzugänglichen Auls Arguami entgegen und versuchte den Russen den weiteren Vormarsch abzuschneiden. Aber in der Zeit vom 30. Mai bis zum 1. Juni wurde das Aul durch Sturmangriffe und blutige Straßen- und Häuserkämpfe von den Russen eingenommen. Schamyl zog sich zurück, das Aul wurde geplündert und dem Erdboden gleichgemacht. Am 12. Juni stand Grabbé nach Überwindung weiterer Hindernisse mit seinen Truppen vor Achulgo. Schamyl und mit ihm die ganze Bevölkerung, 4000 Männer, Weiber und Kinder, darunter nur ein Viertel waffenfähige Männer, wurden in dem Dorf eingeschlossen. Die Befestigungen waren zu stark, als daß sie dem ersten Sturmangriff hätten zum Opfer fallen können. Grabbé schritt zur Belagerung und begann mit der Beschießung. Er belagerte das Dorf länger als einen Monat, ehe er am 16. Juli einen Sturmangriff versuchte. Die Russen wurden mit blutigen Köpfen zurückgeschlagen, setzten aber die

Belagerung mit der Absicht fort, den Feind auszuhungern. Die russische Artillerie beschoß die Festung ununterbrochen. Die Lage der Verteidiger wurde immer bedenklicher. Am 27. Juli wurden Unterhandlungen eröffnet, und die Beschießung ruhte während einiger Stunden. Die Unterhandlungen scheiterten daran, daß Grabbé unnachgiebig auf der Bedingung bestand, Schamyl müsse sich der russischen Oberherrschaft unterwerfen und zum Beweis für die Aufrichtigkeit seiner Gesinnung seinen Sohn Jamalu'd-Din als Geisel stellen. Die Beschießung begann von neuem. Am 12. August schickte Schamyl selbst einen Unterhändler ins russische Lager. Abermals ruhte die Beschießung während einiger Stunden. Aber auch diesmal verliefen die Verhandlungen erfolglos. Es bestand kein Zweifel, daß Schamyl nur Zeit gewinnen wollte, um in Ruhe seine Befestigungen auszubessern. Am 16. August stellten die Russen ein Ultimatum, wenn Schamyls Sohn nicht vor Einbruch der Nacht ausgeliefert sei, so würde Achulgo am folgenden Morgen im Sturm genommen werden.

Jamalu'd-Din erschien nicht im russischen Lager. Am Morgen des 17. August wurde also, diesmal nach sorgfältiger Vorbereitung, zum Sturm angesetzt. Die Angreifer erlitten zwar schwere Verluste, machten aber doch erhebliche Fortschritte, während in den Reihen Schamyls mancher gute Kämpfer fiel. Schamyl sah ein, daß weiterer Widerstand aussichtslos war, gab endlich nach, hißte die weiße Flagge und schickte schweren Herzens seinen geliebten zwölfjährigen Sohn in das Lager des verhaßten Feindes. Während der darauffolgenden drei Tage wurde wegen der Übergabe von Achulgo verhandelt. Schamyls Bedingungen waren unannehmbar; und am 21. August wurde der Sturmangriff wiederholt. Der erste Tag brachte den Russen nur geringen Erfolg. Aber im Zwielicht des nächsten Morgens folgte ein neuer Vorstoß. Der Kampf tobte furchtbar. Haus um Haus mußte einzeln genommen werden. Endlich war Achulgo erobert. Aber noch eine volle Woche lang mußte der Kampf fortgesetzt werden, weil die Verteidiger sich in den unterirdischen Teilen der Häuser und in Höhlen verschanzt hatten und nicht an Übergabe dachten. Sogar Frauen und Kinder rannten mit Kindschalen und Steinen gegen die starrenden Bajonette, soweit sie nicht durch Sprung in den Abgrund den Tod suchten. Mütter töteten mit eigener Hand ihre Kinder, um sie nicht in die Hand der verhaßten Russen fallen zu lassen. Es war ein Kampf der Verzweiflung.

Nach vollen 70 Tagen hatte die Belagerung endlich zum Ziel geführt. Wo aber war Schamyl, dessen Person doch im wesentlichen die ganze Unternehmung galt? Die Russen kehrten das Unterste zuoberst und durchstöberten jedes elendeste Loch. Jede einzelne Leiche wurde genau untersucht. Schamyl blieb unauffindbar. Er war weder unter den Gefangenen noch unter den Toten. Die Festung war ringsum dicht eingeschlossen gewesen, und doch war Schamyl auf unerklärliche Weise entwischt, ähnlich wie einst bei Gimri. Die Bevölkerung war mehr als je von der Heiligkeit ihres Führers überzeugt, und von Mund zu Mund ging ein Flüstern, Muhammed selbst sei herniedergestiegen und habe den großen Mann mit eigener Hand gerettet. Später stellte sich heraus, daß Schamyl in der Nacht zum 22. August mit Frau, Kind und wenigen treuen Begleitern in einer Höhle an der Felswand über dem Koisu Zuflucht gesucht hatte. In der Nacht zum 23. August kletterte er ans Flußufer herab, kroch weiter flußabwärts, stieß aber in der Dunkelheit auf einen russischen Posten. Schamyl und sein kleiner Sohn, den die Mutter auf dem Rücken trug, wurden verwundet, der Leutnant, der die Patrouille führte, wurde getötet, Schamyl und die Seinen entkamen und befanden sich glücklich hinter den russischen Linien. — Die Russen freuten sich lärmend ihres Sieges. Jetzt mußte ja Schamyls Macht endlich gebrochen sein. Was war er denn noch? Ein heimatloser, armseliger, verwundeter Flüchtling, bar aller Mittel und ohne Anhang. Und doch war kaum ein Jahr vergangen, da stand der Besiegte und Flüchtige abermals an der Spitze eines Volkes in Waffen. Während die Russen durch Plünderung und Verwüstung verdoppelten Haß der Bergbewohner auf sich zogen, wandte sich Schamyl nach Tschetschenien. Dort hatte das unheimlich grausame Regiment des Generals Pullo die Bevölkerung für den Aufstand reif gemacht, nachdem sie sich erst den Russen unterworfen hatte. Hier fand Schamyl neuen Anhang, und schon im März 1840 war der Krieg wieder in vollem Gang. Hatte Schamyl sich bisher den Ruf als auserlesener Heerführer in den baumlosen Felsentälern Dagestans erworben, so zeigte er sich nun auch als Meister der Kriegsführung in den dichten Wäldern Tschetscheniens. Bald dehnte er auch seine Kriegszüge wieder nach Dagestan aus, und dort strömten die einstigen Anhänger aufs neue seinen Fahnen zu.

Im November desselben Jahres trat ein Ereignis ein, das für die Russen schwere Folgen nach sich ziehen sollte. Chadschi-Murat, der es die ganze Zeit mit den Russen gehalten hatte, war von seinem Feind Achmed Chan von Mechtuli, dem nunmehrigen Beherrscher Awariens, des heimlichen Einverständnisses mit Schamyl verdächtigt worden. Die Russen nahmen ihn deshalb gefangen und führten ihn unter starker Bedeckung nach ihrem Hauptquartier ab. Der Weg führte an einer senkrechten Felswand entlang, wo Mann für Mann einzeln gehen mußte. Diese Gelegenheit benutzte Chadschi-Murat, um sich loszureißen, und sprang gefesselt in den Abgrund. Man ließ ihn für tot liegen. Er aber hatte sich nur das Bein gebrochen und vermochte, wenn auch übel zugerichtet, kriechend menschliche Wohnungen zu erreichen. Von diesem Tage an war er ein erbitterter und gefährlicher Feind der Russen. Er schloß sich Schamyl an, wurde von ihm zum Naïb ernannt und brachte ihm allmählich den ganzen awarischen Stamm als Anhänger zu.

Schamyl wählte nun das Aul Dargo in Tschetschenien (Itschkerien) zum Hauptsitz und leitete von hier aus während der nächsten Jahre die Neuorganisation seines mächtigen Bereiches. Er teilte sein großes Gebiet in Bezirke auf und setzte in jeden einen Naïb ein. Jeder Naïb hatte mindestens 300 berittene Krieger zu stellen. Diese Reiterei bildete den Kern eines stehenden Heeres. Jeder zehnte Hof hatte durch Wahl einen Reiter zu stellen, in jedem Aul wurden solche Mannschaften einquartiert, und die Bewohner des Auls waren verpflichtet, das Pferd des Mannes zu unterhalten, sein Land zu bestellen und die Ernte für ihn einzubringen. Diese Reiter mußten ständig auf Abruf bereit sein. War ein Feldzug zu Ende, so kehrten sie in ihr Dorf zurück und standen dort unter Aufsicht der übrigen Einwohner. Im Notfall mußte jeder Hof statt jedes zehnten einen Mann stellen, und für den Fall der äußersten Bedrängnis waren alle Männer zwischen 15 und 50 Jahren zum Kriegsdienst verpflichtet. Schamyl führte regelmäßige Steuern ein und befestigte seine Herrschaft auch sonst mit allen Mitteln. Im Jahre 1840 stiftete er sogar Orden, um die Tapfersten der Seinen zu belohnen. Eine Eilpost hatte Nachrichten und Befehle auf schnellstem Wege im Lande zu verbreiten. Schamyl bewährte sich als glänzender Organisator, doch war er von unheimlicher Strenge und Grausamkeit, auf Schritt und Tritt folgten ihm seine Scharfrichter mit schweren, langschäftigen Beilen, stets bereit, Kopf oder Hände dem abzuschlagen, der auch nur im Verdacht der Unzuverlässigkeit stand. Schamyl war als Herrscher gefürchtet, doch nicht beliebt. Vor allem die Awaren hegten keine Zuneigung zu ihm. Sie konnten nie vergessen, daß er seinerzeit am Mord der Chane beteiligt gewesen war.

Im Jahre 1841 griffen die Russen wieder an, hatten aber wenig Glück. Schamyl wagte mit seinen Reitern die kühnsten Handstreiche auf russisches Gebiet. Immer war er dort, wo man ihn am wenigsten erwartete. Er brach sogar in das Land der Kumücken ein, drang bis an die befestigte Stadt Kisliar am Nordufer des unteren Terek vor und schlug sich auf dem Rückweg mit gewaltiger Beute, vielen Gefangenen und ganzen Herden von Großvieh zwischen zwei russischen Truppenabteilungen durch.

Ende Mai 1842 war Schamyl auf einem Kriegszug gegen die Kasikumuchen in Süddagestan. General Grabbé benutzte den Augenblick, um mit einem Heer von 10 000 Mann und 24 Kanonen in Tschetschenien einzurücken und Dargo zu erobern. Unterwegs umschwärmten ihn Scharen von Eingebornen und fielen ihn bald von der einen, bald von der andern Seite an. Grabbé mußte seine Absicht schon nach drei Tagen aufgeben und brachte sein Heer nur unter schweren Verlusten und in jammervollem Zustand zurück. Ende Juni versuchte er einen neuen Einfall in Norddagestan. Er hatte diesmal so wenig Glück wie im Mai, auch jetzt mußte er sich mit schweren Verlusten zurückziehen und alle weiteren Versuche aufgeben. Im Sommer 1843 fühlte sich Schamyl stark genug zu einem entscheidenden Feldzug gegen die Russen in Dagestan. Am 27. August brach er unvermutet mit starker Macht von seinem Hauptquartier Dilim in Tschetschenien auf. Nicht ganz 24 Stunden später stand er 60 Kilometer weiter südlich vor Untsukul in Awarien. Dort stießen Kibit Mahomá von Tilitl und Chadschi-Murat von Awarien mit starken Abteilungen zu ihm. Schamyls Heer zählte damit 10 000 Köpfe. Seine überlegenen Fähigkeiten als Heerführer bewies er durch die Geschwindigkeit und Pünktlichkeit, mit der er große berittene Truppenteile unter den Augen des russischen Generals über lange Strecken verschob, und durch das vollendete Zusammenarbeiten der verschiedenen Abteilungen bei den Kampfhandlungen.

Die Eingebornen von Untsukul hatten Verrat an Schamyl geübt und eine russische Garnison aufgenommen. Schamyl mußte beweisen, daß er dergleichen nicht ungestraft ließ. Einige russische Kompanien, im ganzen 500 Mann und zwei Kanonen, eilten unvorsichtigerweise vom nahe gelegenen Gimri her zu Hilfe. Sie wurden vollständig aufgerieben, nur wenige Mann entkamen. Schamyl nahm Untsukul im Sturm. Die Garnison und das russische Fort ergaben sich nach so tapferer Verteidigung, daß Schamyl den Befehlshaber, Leutnant Anósow, zum Zeichen seiner Hochachtung den Säbel behalten ließ. Im Lauf von 25 Tagen, zwischen dem 27. August und dem 21. September, hatte Schamyl alle festen Plätze der Russen in Awarien, mit Ausnahme des Hauptquartiers Chunsach, eingenommen und kehrte nach Dilim zurück. Nach einem mißglückten Versuch, das russische Fort Wnesápnaja nördlich von Dilim zu nehmen, entließ er seine Mannschaften in die Heimat. Ende Oktober machte er unvermutet einen neuen Angriff. Am 8. November nahm er die für die Russen wichtige Festung Gherghébil an der awarischen Südgrenze durch Sturmangriff. Nach Gurkos Bericht blieben von der ganzen Besatzung nur zwei Offiziere und einige Soldaten am Leben. Am 11. November schloß Schamyl sogar den russischen Oberstkommandierenden, General Gurko, in seinem Hauptquartier Temir-Chan-Schura ein. Die Russen verließen Chunsach, wurden aber auf dem Rückzug auf der Straße nach Siriáni, am 17. November, umgangen und abgeschnitten. Damit waren alle bewaffneten Russen in Norddagestan in vier Festungen eingesperrt. Gurko wurde vom General Freitag entsetzt, und auch die andern Abteilungen wurden gerettet. Aber ehe noch der November zu Ende ging, waren alle russischen Truppen aus Norddagestan zurückgezogen. Schamyl hatte uneingeschränkt die Oberhand und stand stärker da als je. Die Russen hatten zwischen dem 27. August und Ende November 92 Offiziere, 2528 Mann, 12 befestigte Plätze und 27 Kanonen eingebüßt.

Schamyls Charakter und die Art, wie er die Leute behandelte, werden durch eine Begebenheit aus jener Zeit schlaglichtartig beleuchtet. Er hatte während der Kämpfe in Dagestan Tschetschenien nicht hinreichend beschützen können. Die Tschetschenzen in den Vorbergen und im Flachland hatten daher mehr als je unter den Raubzügen der Russen zu leiden. In ihrer Verzweiflung schickten sie vier Abgesandte zu Schamyl nach Dargo und ließen ihn bitten, er möge ihnen entweder ausreichenden Schutz gewähren oder ihnen den Friedensschluß mit den Russen erlauben. Die Abgesandten wagten nicht, ihren Auftrag dem fanatischen Imam selbst auszurichten. Sie fürchteten für ihr Leben. Statt dessen gelang es ihnen durch Bestechungsgelder, Zutritt zu Schamyls greiser Mutter zu erlangen und sie dazu zu bewegen, daß sie ihrem Sohn den Fall vortrage. Schamyl liebte seine Mutter zärtlich, aber in diesem Falle blieb er hart. Er sah ein, daß es verhängnisvolle Folgen haben könne, wenn er die Abgesandten umbringen ließ oder sie mit ausgestochenen Augen, abgehauenen Händen oder in sonst verstümmeltem Zustand nach Hause schickte, wie das sonst in solchen Fällen seiner Gewohnheit entsprach. Er ließ den Wunsch der tschetschenzischen Bevölkerung bekanntgeben und gleichzeitig verbreiten, daß er sich zu Fasten und Gebet zurückziehe, bis der Prophet selbst ihm seinen Willen kundgebe. Hierauf schloß er sich in der Moschee ein, seine Muriden und die Eingebornen von Dargo versammelten sich auf seinen Befehl vor den Türen der Moschee und vereinigten ihre Gebete mit dem seinen. Drei Tage und drei Nächte hindurch blieben die Pforten der Moschee geschlossen. Die Menge draußen war von Fasten und Gebetsübungen ganz erschöpft, das lange Warten hatte sie in einen Zustand fieberhafter, religiöser Erregung versetzt. Endlich öffnete sich die Tür, auf der Schwelle stand Schamyl, bleich und mit blutunterlaufenen Augen. Zwei Muriden begleiteten ihn auf das flache Dach der Moschee. Oben angekommen, befahl er, seine Mutter zu ihm zu führen. Sie erschien, in das weiße Tuch, die Tschadra, eingehüllt. Von zwei Mullahs geführt, näherte sie sich mit langsamen, unsicheren Schritten ihrem Sohn. Der starrte sie minutenlang schweigend an, dann hob er die Augen zum Himmel und rief:

„Großer Prophet Mohammed, heilig und unantastbar sind deine Gebote. Dein gerechtes Urteil mag als Beispiel und Warnung für alle Rechtgläubigen vollzogen werden."

Hierauf wandte er sich an das Volk und sagte, die eidbrüchigen Tschetschenzen wollten sich den Ungläubigen unterwerfen, ja sie seien schamlos genug gewesen, sogar Abgesandte nach Dargo zu schicken und sein Einverständnis zu solchem Treubruch einzuholen. Die Gesandtschaft habe nicht den Mut gehabt, mit ihrem Auftrag vor ihn selbst hinzutreten, sie habe sich an seine Mutter gewandt und die unglückliche schwache Frau dazu vermocht, bei ihm Fürbitte zu tun. Ihre eindringlichen Vorstellungen und seine unbegrenzte Verehrung für sie hätten ihm den Mut gegeben, Gottes Propheten Mohammed selbst um seinen Willen zu befragen.

„Und sehet: hier in eurer Gegenwart, begleitet von euern Gebeten, habe ich in dreitägigem Gebet und Fasten die gnädige Antwort des Propheten auf meine vermessene Frage erhalten. Des Propheten Antwort traf mich wie ein Donnerkeil. Denn es ist Allahs Wille, daß derjenige, der mir zuerst die schmähliche Absicht des Volkes der Tschetschenzen offenbarte, mit 100 schweren Peitschenhieben bestraft werden solle. Und dieser erste Bote war — meine eigene Mutter."

Auf den Wink des Imam rissen die Muriden der unglücklichen alten Frau die Tschadra vom Leibe, packten sie an den Händen und hieben mit einer geflochtenen Peitsche auf sie ein. Ein Schauer des Grauens und der Bewunderung durchrieselte die Menge. Schon beim fünften Schlag wurde das Opfer ohnmächtig. Schamyl selbst war außer sich vor innerer Qual, fiel den Büffeln in die Arme und warf sich seiner Mutter zu Füßen. Der Auftritt war ergreifend, die Augenzeugen flehten weinend und heulend um Gnade für ihre Wohltäterin. Nach wenigen Sekunden erhob sich Schamyl. Nichts mehr war ihm von seiner Gemütsbewegung anzusehen. Abermals hob er die Augen zum Himmel und rief mit grabesernster Stimme:

„Es gibt keinen Gott außer dem einen, und Mohammed ist sein Prophet. Ihr Bewohner des Paradieses, ihr habt mein inniges Gebet gehört, ihr habt mir erlaubt, daß ich selbst die Schläge entgegennehme, zu denen meine arme Mutter verurteilt war. Laßt mich diese Schläge mit Freuden empfangen als ein unschätzbares Geschenk eurer Gnade und Güte." Mit lächelnden Lippen zog er den roten Kittel aus, drückte den beiden Muriden schwere Nogaipeitschen in die Hände und sagte ihnen, er werde mit eigener Hand den töten, der es wage, dem Befehl des Propheten lässig zu gehorchen. Stumm und ohne Schmerzenszeichen nahm er die 95 Schläge hin. Dann schlüpfte er wieder in seine Jacke, stieg zu der in Schreck erstarrten Menge herab und fragte: „Wo sind die verfluchten Hunde, um derentwillen meine Mutter eine so entehrende Strafe erleiden mußte?" Die Unglücklichen wurden herbeigeschleppt und krümmten sich zu seinen Füßen. Niemand zweifelte, welches Schicksal die Gesandten treffen würde. Aber zur Überraschung aller hob Schamyl die vier Tschetschenzen auf und sagte: „Kehrt heim zu euern Landsleuten und berichtet ihnen als Antwort auf ihr wahnwitziges Ansinnen, was ihr soeben gehört und gesehen habt."

Es ist wohl nicht nur der Schauspieler Schamyl, der uns in dieser Szene begegnet, es ist der Glaubenseiferer. Die meisterhaft inszenierte dramatische Vorstellung mußte auf die abergläubische und leichtgläubige Bergvölkerung tiefen Eindruck machen.

Um dieselbe Zeit war Zar Nikolaus I. in seinem Palast zu Petersburg übler Laune und wegen des schlechten Standes seiner Angelegenheiten im Kaukasus aufs tiefste bedrückt. Dort lief der freche Bandit Schamyl noch immer frei herum und widersetzte sich seinem, des allmächtigen Selbstherrschers, heiligen Willen. Am 18. September 1843 gab der Zar dem neuen Oberstkommandierenden General Neidhardt den Befehl, ins Gebirge vorzudringen, „alle Horden Schamyls zu schlagen und zu zerstreuen, seine militärischen Stützpunkte zu vernichten, alle wichtigen Plätze zu besetzen und sie in dem Maße zu befestigen, wie es zur Aufrechterhaltung der russischen Herrschaft nötig erscheint." Zu diesem Zweck befahl er, die Truppen an der Kaukasusfront auf mehr als die doppelte Stärke zu bringen. Der Plan sollte ohne Zaudern in Angriff genommen und vor Ende 1844 durchgeführt sein.

Die Russen machten mit ihrer verstärkten Heeresmacht die gewaltigsten Anstrengungen. Bei einzelnen Kampfhandlungen waren sie vom Glück begünstigt, der Eroberungsplan im ganzen mißglückte aber und brachte keine dauernden Erfolge. Schamyls Stellung und Ansehen waren gegen Jahresende noch immer ungeschwächt.

Im Sommer 1844 machte sich Schamyl einer Bluttat schuldig, die zwar im Augenblick seine Machtstellung befestigte, aber auf lange Sicht zu ihrer Erschütterung beitrug. Bei dem Aul Zonferi in der Nähe von Dargo war ein treuer Anhänger Schamyls in der

Blutfehde getötet worden. Schamyl schickte 200 Mann in das Dorf und ließ einige hochangesehene Einwohner gefangennehmen, weil sie den Totschlag nicht verhindert hatten. Schamyl setzte sich damit in Widerspruch zur allgemeinen Rechtsauffassung (Adat), die ja die Blutrache zur Pflicht machte, mochte sie auch nach Schamyls Lehre gegen die heiligen Vorschriften (Schariat) sein. Die Einwohner widersetzten sich und schlugen die Muriden mit bewaffneter Macht zurück. Da fiel Schamyl über das Aul her, überredete die Einwohner, sich ihm zu ergeben, und ließ hierauf die gesamte Einwohnerschaft, Kinder und Greise mit eingeschlossen, insgesamt 100 Familien, niedermetzeln.

Die Russen hatten trotz der Anordnungen des Zaren und ihrer verstärkten Heeresmacht auch im nächsten Jahre keine besseren Erfolge zu verzeichnen als bisher. Die Kopfzahl von Schamyls Heer betrug zwar nur einen Bruchteil der russischen Heeresstärke, auch fehlte ihm, abgesehen von den eroberten Kanonen, jegliche Artillerie. Aber er war dem Feind durch die Beweglichkeit seiner berittenen Truppen weit überlegen. An Stellen, wo die Russen ihre großen Truppenabteilungen voll entfalten und ihre Artillerie wirksam einsetzen konnten, ging er dem Kampf aus dem Wege. Statt dessen lockte er sie soweit als möglich ins Gebirge und in die Wälder hinein, fiel ihnen dann plötzlich an den schwierigsten Übergängen in den Rücken oder umging ihre Marschkolonnen, machte kurze, heftige Angriffe, die gewöhnlich mit schweren Verlusten für die Russen endeten, trennte sie von ihrem Troß oder nahm ihnen die Nachfuhr weg und erreichte so, daß sie niemals etwas Entscheidendes ausrichten konnten und regelmäßig unverrichteterdinge abziehen mußten.

Genau das gleiche Schicksal hatte auch der Feldzug des Fürsten Woronzow im Jahre 1845. Woronzow hatte sich im Napoleonischen Krieg einen Namen gemacht und war im Jahre 1845 zum Vizekönig des Kaukasus und Höchstkommandierenden ernannt worden. Auf Befehl des Zaren verließ er am 31. Mai 1845 mit einem Heer, wie es trefflicher bis dahin im Kaukasus nicht gesehen worden war, mehr als 18 000 Mann stark, den befestigten Platz Wnesápnaja in Tschetschenien. Sein Ziel war Schamyls Hauptstadt Dargo. Er erreichte Dargo am 6. Juli, hatte unterwegs nur wenig unmittelbaren Widerstand gefunden, aber in dem schwierigen Gelände ernste

Verluste gehabt, so daß sein Heer halb verhungert und im schlechtesten Zustande war. Er fand Dargo von Schamyl selbst niedergebrannt und dem Erdboden gleichgemacht. Alle Vorräte waren weggebracht, und alle Möglichkeiten, sich Lebensmittel zu verschaffen, waren zunichte gemacht worden. Seine eigene Zufuhr war zum größten Teil unter schweren Verlusten für ihn abgeschnitten. Schamyl hatte in den unterirdischen Gefängnissen seiner Hauptstadt 33 russische Offiziere und Mannschaften gefangengesetzt. Die Russen hofften, ihre Kameraden retten zu können, aber Schamyl hatte sie vor seinem Abzug niedermachen lassen.

Woronzows Lage war ernst, er mußte darauf bedacht sein, das inzwischen auf nur 5000 kampffähige Mannschaften zusammengeschrumpfte Heer schleunigst durch einen Rückzug in Sicherheit zu bringen. 1100 Verwundete mußten mitgeschleppt werden. Dabei war nur Verpflegung für wenige Tage vorhanden. Am 13. Juli begann der traurige Rückzug, ständige Kämpfe und schwierige Hindernisse zogen ihn bedenklich in die Länge. Die Verluste waren ungeheuer, im Lauf von vier Tagen hatte Woronzow 1000 Tote zu beklagen, und die Zahl seiner Verwundeten war auf über 2000 gestiegen. Die Armee konnte täglich nur 6½ Kilometer im Durchschnitt zurücklegen. Am 16. Juli sah Woronzow ein, daß er den weiteren Rückzug aufgeben mußte. Er ließ Lager schlagen und wartete auf den Entsatz, den er durch mehrfache Meldungen gefordert hatte. Aber niemand wußte, ob die Ordonnanzen auch durchgekommen seien. Der 17. Juli verging, die Mannschaften hatten nur noch etwas Mais zu essen, den sie auf den Feldern in der Umgebung vorfanden. Schamyl umschwärmte das russische Lager mit seinen Leuten und beschoß es mit eroberten Kanonen. So verging auch der 18. Juli. Der Hunger begann die Russen zu plagen, es fehlte an Artilleriemunition, bei der Infanterie und Kavallerie hatte jeder Mann nur noch etwa 15 Schuß. Das Ende schien nahe. Da ertönte gegen Sonnenuntergang ferner Kanonendonner. Im Nu war das ganze Lager auf den Beinen, allgemeiner Jubel erfaßte die Mannschaften, sogar Verwundete und Kranke vergaßen ihren elenden Zustand. General Freitag marschierte heran. Die Ordonnanzen hatten ihn am 16. Juli in Grosnyj erreicht, er war in zwei Tagen 160 Kilometer weit geritten, hatte die an verschiedenen Stellen einquartierten Truppen unterwegs gesammelt und war mit seinem Vortrupp am 18. Juli, 9 Uhr abends, an Ort und Stelle. Schamyl nahm mit Freitag Kampffühlung, zog sich aber dann zurück und schalt seine Naïbs aus, weil sie sich im letzten Augenblick den Erfolg hatten entreißen lassen. Am 20. Juli waren die Überreste des stolzen russischen Heeres in dem Aul Ghersel, in der Ebene, in Sicherheit gebracht; aber der Rückzug hatte nochmals schwere Verluste bei der Nachhut gekostet. Zar Nikolaus begann zu begreifen, daß die Befehle von seinem kaiserlichen Schreibtisch in St. Petersburg allein kein geeignetes Mittel waren, um ihm das Haupt des Banditen Schamyl vor die Füße zu legen.

Schamyls kühnste Tat in jener Zeit war sein Einfall in die Ebenen von Kabardien, zu beiden Seiten des Terek, nördlich und nordwestlich von Wladikawkas. Die tapferen Bergstämme im nordwestlichen Kaukasus, die ebenfalls einen erbitterten Kampf um ihre Freiheit führten, waren von Tschetschenien durch das fruchtbare Kabardien getrennt, das die Russen seit 1822 fest in der Hand hielten. Schamyl hoffte zu erreichen, daß die zahlreichen kriegerischen Kabardiner sich gegen Rußland erhoben und sich seiner Bewegung anschlossen. Dieser Zuzug hätte sein Heer wesentlich verstärkt, und zwischen ihm und dem nordwestlichen Kaukasus wäre eine Verbindung hergestellt worden. Die Russen hätten dann eine geschlossene Front vor sich gehabt, und ihre verbündeten Gegner wären stärker gewesen als je zuvor. Schamyl warb mit Versprechungen und Drohungen um die Kabardiner. Gegen Ende des Jahres 1845 schickte er ihnen eine in der blühendsten Sprache abgefaßte Botschaft, deren letzte Sätze etwa so lauteten: „Wenn ihr aber fortfahrt, den verlockenden Versprechungen der rothaarigen Christenhunde mehr Glauben zu schenken als meinen Warnungen, so werde ich wahr machen, was euch Kasi-Mullah in Aussicht gestellt hat: wie finstere Gewitterwolken werden sich meine Scharen über eure Dörfer hinwälzen und werden mit Gewalt erzwingen, was ihr uns im Guten verweigert. Blut wird meinen Weg bezeichnen, Schrecken und Vernichtung werden mein Gefolge sein. Wo die Macht des Wortes versagt, muß die Tat entscheiden. Gottes Diener, der Imam Schamyl."

Mitte April 1846 fiel Schamyl von Tschetschenien her mit

einer starken Macht in Kabardien ein. Er hoffte, daß die Kabardiner der russischen Herrschaft überdrüssig seien und sich ergeben würden, sobald ihnen seine unmittelbare Gegenwart Hilfe und Unterstützung versprach. Aber der tüchtige General Freitag hatte von Schamyls Absicht Kunde bekommen. Er sammelte eine Armee und verfolgte Schamyl in größter Hast, um ihm den Weg abzuschneiden. Den Kabardinern fehlte der Mut zum Aufstand, und Schamyl wagte nicht dem General Freitag in der offenen, baumlosen Ebene entgegenzutreten, sondern zog sich mit nur wenigen Stunden Vorsprung fluchtartig ins Gebirge zurück. Dieses kühne Abenteuer stärkte trotz des Mißerfolges sein Ansehen bei den Bergstämmen, zumal er nur ganz geringe Verluste hatte. Immerhin war es Freitag gelungen, Rußland von einer großen Gefahr zu befreien.

In diesem Jahr ließen die Scharen Schamyls den Russen keine Ruhe mehr. Sie griffen hier an und wagten dort einen Einfall, ja die Kühnheit der Muriden ging so weit, daß sie am 24. Juli sogar Grosnyj selbst beschossen und am 17. August gegen das neue Fort Wosdwischensko südlich von Grosnyj vorgingen. Die Russen verstärkten ihre Linie durch den Bau zweier wichtiger Befestigungen in diesem Frontabschnitt. Schamyl wurde im Oktober bei Kutefchi in Dagestan geschlagen, und infolgedessen mußte sich der fruchtbare und dichtbevölkerte Darghibezirk den Russen wieder unterwerfen.

Im Juli 1847 belagerte Woronzow das von Schamyl stark befestigte Gherghébil und versuchte es im Sturm zu nehmen. Er wurde mit schweren Verlusten zurückgeschlagen und mußte von seinem Unternehmen abstehen. Wohl konnte er sich damit trösten, daß es ihm im August gelang, nach siebenwöchiger Belagerung das noch stärker befestigte Dorf Salti zu erobern, aber die Russen bezahlten ihren Erfolg mit 2000 Toten und Verwundeten. Im Juli 1848 fiel dann auch Gherghébil, nachdem es von einer 10 000 Mann starken Armee 22 Tage lang belagert worden war. Aber die Russen konnten die Stadt nicht halten, sondern mußten sich zurückziehen und alle Früchte ihrer Anstrengungen wieder preisgeben. Muridenschwärme verfolgten sie. Im September 1848 griff Schamyl mit starker Truppenmacht das Fort Achti am Samur, nahe der Südgrenze Dagestans, an. Die 500 Mann starke Besatzung unter Oberst Roth verteidigte sich heldenmütig. Die Hälfte der Besatzung war gefallen oder verwundet, die wichtigste Pulverkammer in die Luft gesprengt, in die Mauern waren Breschen gelegt, der Wasservorrat war zu Ende, und es konnte nichts mehr gekocht werden. Schamyl hatte dem Naïb, der als erster die Muridenfahne auf den Mauern des Forts aufpflanzen würde, die jugendliche Tochter des Obersten Roth versprochen. Fräulein Roth und die Soldatenfrauen waren aber entschlossen, sich selbst in die Luft zu sprengen, um nicht dem Feind in die Hände zu fallen. Schon war alle Hoffnung auf Rettung aufgegeben, da kam im letzten Augenblick eine russische Truppenabteilung zum Entsatz.

Die nächsten Jahre waren arm an größeren kriegerischen Unternehmungen. Die Russen sowohl als Schamyl beschränkten sich mehr auf Verteidigung, und so gab es auf beiden Seiten nur geringe Verluste und keine größeren Niederlagen. Woronzow war durch Schaden klug geworden und hatte allmählich eingesehen, daß Dagestan und Tschetschenien nicht durch einzelne Unternehmungen erobert werden konnten. Schamyls Macht ließ sich nicht mit einem Schlage brechen, die Russen mußten geduldig und planmäßig zu Werke gehen, an einer bestimmten Grenzlinie entlang eine Kette starker Befestigungen bauen, sie durch Straßen verbinden und Garnisonen oder Barackenlager einrichten. Diese befestigte Linie mußte dann allmählich immer weiter vorgeschoben werden. Gleichzeitig versuchten die Russen die tschetschenzischen Wälder, die dem Feind so große Vorteile boten, niederzuhauen oder zu lichten. Sie legten breite Straßen durch den Wald und zerstörten die Dörfer im Umkreis, soweit es irgend ging.

Schamyl benutzte die Zeit zur weiteren Befestigung seines Einflusses bei den Bergvölkern. Im Jahre 1849 erreichte seine Macht ihren Höhepunkt. Seine Herrschaft war die eines Despoten und stützte sich immer mehr auf das Beil des Henkers. Niemand wagte sich seinem Willen zu widersetzen, nicht einmal die Blutsverwandten seiner Opfer. Tausende waren bereit, unter Führung der Häuptlinge auf Schamyls Befehl ihr Leben hinzugeben. Der kühnste Häuptling in Schamyls Schar war Chadschi-Murat. Er wagte immer wieder Einfälle in Feindesland, einen dreister als den andern. Sein Wagemut kannte keine Grenzen, und immer gelang es ihm durch seine Entschlossenheit und Beweglichkeit, mit heiler Haut davonzukommen. In einer Dezembernacht des Jahres 1846 war er mit 500 Mann in Dschengutai, der Hauptstadt von Mechtuli, eingedrungen und hatte unter den Augen der russischen Besatzung die Witwe seines ehemaligen Feindes Achmed=Chan entführt. Im April 1849 übertraf er durch seine Kühnheit sogar die sagenhaftesten Gerüchte, die über ihn umgingen. Er brach nachts in Temir=Chan=Schura, dem Hauptort und militärischen Mittelpunkt des russischen Teiles von Dagestan ein. Um die Verfolger irrezuführen, hatte er seinem Pferd die Hufeisen verkehrt aufgeschlagen. Am 1. Juli 1851 brach er mit 500 Reitern nachts in das reiche Aul Buinaksk, an der Küste zwischen Derbent und Petrowsk, ein, tötete Schach Wali, den Bruder des Schamchals von Tarku, auf der Schwelle seines Hauses und entführte Frau und Kinder des Erschlagenen. Schamyl ließ sich später schweres Lösegeld für die Freilassung dieser Gefangenen bezahlen. Chadschi=Murat und seine Leute legten bei diesem Unternehmen 150 Kilometer in weniger als 30 Stunden zurück und entkamen trotz scharfer Verfolgung ohne Verluste. Chadschi=Murats kecke Reiterstückchen nahmen kein Ende und machten ihn zum Schrecken seiner Feinde. Böse Zungen verdächtigten aber Chadschi=Murat bei Schamyl, der schon immer auf den Ruhm seines Häuptlings neidisch war und ihn seit dem Mord an den Chanen von Chunsach fürchtete. Schamyl suchte nach einer Gelegenheit, um sich Chadschi=Murats zu entledigen, dessen Beliebtheit beim Volk ihm selbst gefährlich werden konnte. Er ließ ihn durch ein heimliches Gericht zu Awturi in Tschetschenien zum Tode verurteilen. Chadschi=Murat wurde im letzten Augenblick gewarnt, floh im November 1851 in das russische Fort Wosdwischensko und hoffte, sich mit Hilfe der Russen an Schamyl rächen zu können. Die Russen jubelten über diesen Glücksfall und sahen schon die allgemeine Auflösung der Muridenbewegung bevorstehen. Chadschi=Murat bekam die Erlaubnis, sich unter ständiger Aufsicht in verschiedenen russischen Standorten an der Grenze aufzuhalten und Verbindung mit seinen Anhängern in Dagestan zu suchen. Er hoffte, sich bei günstiger Gelegenheit mit Hilfe der Russen auf Schamyl stürzen und ihn durch seine verwegene Kühnheit überrumpeln zu können. Schamyl hielt inzwischen Chadschi=Murats Familienangehörige gefangen, drohte, seine Frauen zu entehren und seinen geliebten Sohn Jusuf zu töten oder ihm die Augen auszustechen. Chadschi=Murat wollte nichts unter=

nehmen, ehe die Seinen durch Gefangenenaustausch befreit waren. Endlich aber wurde er es müde, auf die Erfüllung der Versprechungen zu warten, die ihm die Russen gemacht hatten. Die Untätigkeit und die Besorgnis um seine Familie rieben seine Nerven auf, und im April 1852 floh er mit fünf Begleitern in die Berge. Ehe er noch die russischen Linien durchbrechen konnte, war er von zahlreichen Verfolgern umringt. Ein Kampf von einem gegen hundert war aussichtslos. Aber Chadschi-Murat und die Seinen dachten nicht an Ergebung, sondern verschanzten sich, stimmten ihren Sterbegesang an und feuerten. Solange sie Patronen hatten, hielten sie sich den Feind vom Leibe. Chadschi-Murat wurde von einer Kugel getroffen, verstopfte die Wunde mit Watte und schoß weiter. Kurz darauf bekam er einen tödlichen Schuß, feuerte aber noch immer. Endlich kroch er aus seiner Deckung, richtete sich auf und stürzte mit dem Kindschal in der Faust auf seine Gegner, bis er von mehreren Kugeln getroffen zusammenbrach.

> „Eilig kommst du, Kugel des Todes, den ich verachte,
> Denn mein Sklave warst du.
> Du, schwarze Erde! einst stampfte mein Streithengst dich,
> Jetzt bist du mein Grab.
> Kalt bist du, Tod, des Meister und Herr ich war.
> Bald wird mein Leib in die Grube fahren,
> Schneller noch fährt meine Seele zum Himmel*."

Zwei Begleiter Chadschi-Murats waren an seiner Seite im Kampf gefallen, die drei andern wurden gefangengenommen und hingerichtet. Dies geschah am 18. April 1852. Die Russen waren von einem ihrer furchtbarsten Gegner befreit. Sein Name wird noch lange in den Bergtälern leben, die er so heldenmütig verteidigt hat.

Man möchte glauben, Schamyl hätte den Krimkrieg von 1853 bis 1856 als günstige Gelegenheit benutzt, um im Verein mit den Türken und den Westmächten vernichtende Schläge gegen die russische Macht im Kaukasus zu führen. Aber die unglaublich törichte Politik der Türken veranlaßte Schamyl, jede Verbindung mit ihnen abzubrechen. Da auch die Westmächte kein Verständnis für ihre großen Aussichten an der Kaukasusfront hatten, verhielt sich Schamyl während des ganzen Krieges ziemlich still. Er versuchte nur seinen Ein-

---

* Aus einem tschetschenzischen Totenlied nach J. F. Baddeley, a. a. O., S. 488 f.

Temir-Chan-Schura. Der Hauptflußpunkt der Russen in Dagestan während des Krieges gegen die Muriden. (S. 111.)

Die Ruinen von Gunib und das Birkenwäldchen, bei dem sich Schamyl ergab. (S. 115.)

Burg und Mauer von Derbent. (S. 129.)

fluß bei der Bevölkerung aufrechtzuerhalten oder ihn wiederherzustellen, soweit er durch die Kriegsmüdigkeit geschwächt war.

Im Jahre 1854 fiel Schamyl in Georgien ein und plünderte das fruchtbare Alasántal. Seine Truppen wurden aber geschlagen, während eine Abteilung gegen das Schloß Zinondal vordrang und die georgischen Fürstinnen Tschawtschawadse und Orbeliâni, zwei Schwestern, gefangennahm. Im Austausch gegen die Fürstinnen bekam Schamyl seinen Sohn Jamalu'd-Din wieder, den er 1839 in Achulgo hatte ausliefern müssen. Der junge Mann war damals als zwölfjähriger Knabe zu den Russen gekommen, 15 Jahre bei ihnen erzogen worden und war als Offizier der russischen Armee seinem Vater, seinem Volk und der Heimat entfremdet. Schamyl war bitter enttäuscht. Jamalu'd-Din verfiel einer Geistesstörung, wurde trübsinnig und starb drei Jahre später.

Nach dem Pariser Frieden vom 13. März 1856 konnte sich Rußland wieder ernsthaft der Unterwerfung des Kaukasus widmen und setzte größere Kräfte als je zuvor für dieses Unternehmen ein. Am 22. Juli 1856 wurde Fürst Barjatinski zum Oberstkommandierenden und Vizekönig im Kaukasus ernannt. Die Ruhepause hatte für Schamyl nicht lange genug gedauert, um die Wunden des Krieges zu heilen. Nicht eine einzige Familie war von Verlusten verschont geblieben. Die Bevölkerung war kriegsmüde. Während der langen Ruhepause hatte keine strahlende Waffentat, kein Mißerfolg des Feindes die erschlaffende Begeisterung wieder anfachen können. Die grausame Hand Schamyls lastete während der Zeit des Waffenstillstandes doppelt schwer auf der Bevölkerung, und die Leute begannen zu murren. Viele waren längst bereit, sich den Russen anzuschließen, hatten aber bisher gezweifelt, ob ihnen die Russen den nötigen Schutz gegen den mächtigen, gefürchteten Imam gewähren könnten. Der Krimkrieg hatte das Ansehen Rußlands bei den Bergvölkern und den Glauben an Rußlands Macht gefördert. Wenn Rußland im Kampf gegen die Türkei und die noch viel stärkeren Westmächte bestehen konnte, war aller Widerstand der Bergvölker aussichtslos. Allmählich ließen die Bergstämme Schamyl im Stich und schlossen sich den Russen an. Seine Versuche, mit den nordwestkaukasischen Stämmen zusammenzugehen, mißglückten.

Die Russen stellten immer wieder neue und von Mal zu Mal

größere Streitkräfte gegen Schamyl ins Feld, er aber hatte stets das gleiche Muridenheer, das im Laufe der Zeit durch Verluste und durch den Abfall einzelner Abteilungen zusammenschmolz. Die neuen Schußwaffen der Russen waren den Gewehren der Bergvölker weit überlegen. So schlossen sich die russischen Linien immer enger um Schamyl und sein Hauptquartier Wedén in Tschetschenien, wo er sich seit der Zerstörung von Dargo im Jahre 1845 niedergelassen hatte. Am 1. April 1859 wurde die starke Festung Wedén von dem „dreiäugigen" General Jewdokimow nach zweimonatiger Belagerung im Sturm genommen. Die Russen hatten dabei nur geringe Verluste. Schamyl zog sich weiter ins Innere Dagestans zurück und suchte sich dort mit unerschütterlichem Heldenmut in einigen festen Stellungen zu behaupten. Die Bergstämme fielen nun in großer Zahl von ihm ab. Seine treuesten Häuptlinge verließen ihn. Sogar Kibit Mahomá, der fanatische Kadi von Tilitl, ging zu den Russen über und bekämpfte von nun an seinen ehemaligen Gebieter.

Verraten und verlassen, suchte Schamyl mit seinen Frauen, Kindern und einem kleinen Gefolge von Getreuen die letzte Zuflucht auf dem Berg Gunib, am linken Ufer des Kara-Koisu. Die dortige Bevölkerung war ihm treu geblieben. Das geschah in den ersten Tagen des August. Wenige Tage danach, am 9. August, rückte das russische Heer heran, und die Belagerung begann.

Der Berg gleicht einer gewaltigen, oben abgeplatteten, dreikantigen Pyramide, deren Seitenflächen fast senkrecht aus dem umgebenden Bergland aufsteigen. Die Gipfelplatte mag etwa zehn Quadratkilometer groß sein, sie ist mit Weide, Ackerland und etwas Birkenwald bedeckt. Einige Bäche durchziehen sie. Im Mittelpunkt der Hochfläche liegt das Dorf Gunib mit einigen Höfen, Mühlen und allem, was zum Lebensunterhalt gehört.

Schamyl verfügte, die männliche Dorfbevölkerung und seine kleine Gefolgschaft zusammengerechnet, über etwa 400 Mann. Er suchte die natürliche Festung mit allen Mitteln unzugänglich zu machen. Hätten ihm genug Mannschaften zur Verfügung gestanden, so wäre seine Stellung wohl uneinnehmbar gewesen. Aber seine 400 Mann und nur vier Kanonen reichten natürlich nicht aus, um einen so ausgedehnten Bereich gegen die gewaltige Übermacht zu verteidigen, die den Bergblock bald von allen Seiten her einschloß. Fürst

Barjatinski erschien selbst auf dem Kampfplatz. Er ließ Verhandlungen einleiten und Schamyl unter ehrenvollen Bedingungen zur Übergabe auffordern. Der aber lehnte ab. Er konnte es nicht über sich gewinnen, einen Kampf freiwillig aufzugeben, den er sein ganzes Leben hindurch geführt hatte.

Nach einer Belagerungszeit von zwei Wochen und mehreren Scheinangriffen von der am leichtesten zugänglichen Ostseite gingen die Russen in der Nacht vom 24. zum 25. August (5. zum 6. September) zum Sturm über. In der frühen Morgendämmerung kletterten mehrere Bataillone an Tauen und Leitern an der Süd- und Nordwand empor, gerade an den Stellen, die bei den Bergbewohnern als unersteigbar galten. Die Überrumpelung der Verteidiger gelang nicht vollständig. Schamyls Leute stürzten sich auf die Russen, aber im gleichen Augenblick erschienen auch auf der Südostseite russische Bataillone. Nach heftigem und verlustreichem Verteidigungskampf flüchtete die Besatzung ins Aul, und Schamyl verschanzte sich mit seiner Familie. Etwa 100 Muriden stürzten sich, des Untergangs sicher, mit Säbeln und Kindschalen auf die Angreifer. Sie wurden bis auf den letzten Mann niedergemacht.

Fürst Barjatinski wollte Schamyl womöglich lebend in die Hände bekommen. Die Russen machten also vor dem Dorf halt und umstellten es mit 14 Bataillonen. Ein armenischer Oberst wurde als Unterhändler zu Schamyl geschickt. Der fanatische Greis wurde schwankend. Wäre er allein gewesen, so hätte er sicher bis zum letzten Atemzug gekämpft. Aber er hatte Weiber und Kinder bei sich. Hier war der schwache Punkt, an dem man ihn treffen konnte. Schamyl stieg zu Pferd und ritt aus dem Dorf. Er kam nicht weit, da hörte er aus den Kehlen der russischen Soldaten, die nun ihren Todfeind nach 30jährigem Kampf in ihren Händen sahen, schmetternde Hurrarufe. Schamyl erbleichte, wendete sein Pferd und wollte ins Dorf zurückreiten. Der schnell entschlossene Armenier jagte ihm nach und rief ihm zu, das Hurrageschrei sei doch ein Zeichen der Hochachtung. Schamyl ließ sich bereden und ritt mit etwa 50 Muriden, dem armseligen Überrest des einst so gewaltigen Heeres, zu dem nahen Birkenhain, wo ihn Fürst Barjatinski mit seinem Stab erwartete. Dort ergab sich Schamyl mit seinem Muridengefolge.

So endete Schamyls zäher Kampf gegen die Ungläubigen, die

in seine Bergwelt eingedrungen waren, um die einheimischen Stämme zu unterjochen. Während er als Gefangener auf dem Weg nach Petersburg durch Rußland reiste, machten ihm die Größe der Städte, im Vergleich mit den armseligen Dörfern seiner Heimat, die wimmelnde Menge der Menschen, die endlose Weite des Landes einen ungeheueren Eindruck. Er konnte es nicht fassen, daß er mit seinem kleinen Anhang mehr als 30 Jahre lang im Kampf gegen dieses mächtige Reich hatte bestehen können. Unterwegs wurde er von den Russen als Held gefeiert. Zar Alexander II. empfing ihn bei Charkow und begrüßte ihn durch Umarmung und Kuß wie einen Freund. Schamyl, der Vergeltung für die grausame Behandlung mancher russischen Gefangenen gefürchtet hatte, war tief gerührt über soviel Edelmut. Am Abend wurde ihm zu Ehren ein großer Hofball gegeben. Als aber er und seine Muriden die tief ausgeschnittenen Damen sahen, nahmen sie schweres Ärgernis, wandten sich ab und begannen ihre Gebete zu verrichten. Es war ihnen ganz unverständlich, wie Männer und Frauen sich in aller Öffentlichkeit um den Leib fassen und miteinander tanzen konnten.

Die kleine Stadt Kaluga, südwestlich von Moskau, wurde Schamyl als Aufenthaltsort angewiesen. Dort baute man für ihn und seine Familie, drei Frauen und eine Anzahl Söhne und Töchter, ein geräumiges Haus. Der Zar setzte ihm eine Jahresrente von 10 000 Silberrubeln, also etwa 30 000 Mark, aus. Schamyl war für die ihm gewährte Gastfreundschaft dankbar. Im Jahre 1870 wurde ihm eine Pilgerfahrt nach Mekka erlaubt, von da reiste er nach Medina und starb dort im Jahre 1871 im Alter von 74 Jahren.

Nach Schamyls Gefangennahme gab es niemand mehr, der die Lesghier und Tschetschenen zum Kampf gegen die Russen hätte sammeln können. Dagestan und Tschetschenien unterwarfen sich. Die Streitkräfte der Russen wurden also in diesem Teil des Kaukasus entbehrlich und konnten im nordwestlichen Kaukasus zusammengezogen werden, wo sich die Abchasier und Tscherkessenstämme (Adighenen) noch immer heldenmütig verteidigten.

Schamyl hatte mehrmals versucht, diese Stämme zum Anschluß an seine eigenen Unternehmungen zu bewegen. Sein Gebiet, Dagestan und Tschentschenien, war von diesen westkaukasischen Stämmen durch die christlichen Osseten, Chewsuren, Pschawer und andere georgische Bergstämme getrennt, die sich teils den Russen angeschlossen hatten, teils neutral blieben, aber den Muridismus ablehnten. Auch die Abchasier waren zum großen Teil Christen. Schon im Jahre 1842 hatte Schamyl den Naïb Chadschi Mehmet zu den Abchasiern geschickt. Dieser Sendbote hatte auch gewisse Erfolge zu verzeichnen, starb aber im Jahre 1844. Es ist nicht ausgeschlossen, daß er vergiftet wurde. Noch im gleichen Jahre entsandte Schamyl einen neuen Naïb, Chadschi Soliman, der kecker und rücksichtsloser vorging. Er gewann dem Islam und der Lehre Schamyls zahlreiche Anhänger und predigte den heiligen Krieg. Im Jahre 1846 erschien der junge Muhámmed Emin, Schamyls ehemaliger Geheimsekretär. Er gewann zusehends Einfluß. Kurz nach seinem Erscheinen verschwand Chadschi Soliman auf geheimnisvolle Weise. Wahrscheinlich wurde er ermordet. Der junge Muhámmed Emin verstand es durch kluges und maßvolles Auftreten, seine Macht zu festigen und in weiteren großen Teilen des Landes Einfluß zu gewinnen. Seine Erfolge beruhten vor allem darauf, daß er das Volk gegen den Adel und die Fürsten unterstützte. Er schaffte die vielen drückenden Dienstpflichten der Freibürger ab und befreite viele Sklavenfamilien und Leibeigene aus ihrer Abhängigkeit. Im Laufe der Zeit machte er sich zum Herrn im größten Teil des Landes und gewann viele Einwohner für den Islam. Er gliederte das Land in Bezirke und organisierte die Bevölkerung zum ersten Male für einen gemeinsamen Kampf. Muhámmed Emin war der würdige Schüler Schamyls und ein gefährlicher Gegner für die Russen. Die weiten Entfernungen verhinderten aber ein planmäßiges Zusammenarbeiten zwischen ihm und Schamyl. Die Adelsfamilien und Fürsten der in aristokratischer Verfassung lebenden Tscherkessen mißtrauten den demokratischen Anschauungen Schamyls und seiner Bergstämme. Sie fürchteten Schamyl wegen seines grausamen Mordes an den Chanen von Dagestan. Die unteren Volksschichten waren zum Teil christlich und hatten schon deshalb keine Lust, sich dem fanatischen Muselmann und seinem heiligen Krieg gegen die Ungläubigen anzuschließen. Zu Beginn des Krimkrieges im Jahre 1853 mochte es scheinen, als sei nun für die Abchasier und Tscherkessen der Zeitpunkt gekommen, wo sie mit Hilfe der Türken und verbündeten Westmächte die Herrschaft der Russen in ihrem Teil des Kaukasus brechen konnten. Die Türken brachten es durch ihre erstaunlich törichte Politik fertig, daß gerade der umgekehrte Fall eintrat. Sie erklärten Abchasien und Tscherkessien als türkische Provinzen und brachten dadurch die Gebirgsvölker, die unabhängig waren und es auch bleiben wollten, gegen sich auf. Der Sultan und die Hohe Pforte mißtrauten Muhammed Emin und Schamyl, weil sie vermuteten, daß diese beiden sich selbst zu Beherrschern des Kaukasus aufwerfen wollten und nicht daran dächten, sich der türkischen Oberherrschaft zu unterwerfen. Statt daß sie Muhammed Emin als mächtigen Bundesgenossen benutzten und mit seiner Hilfe das ganze Land zum Aufstand bewogen, erreichten sie durch ihre Winkelzüge nichts anderes als eine Schwächung seiner Macht und die Zersplitterung des von ihm so mühsam und erfolgreich organisierten Landes. Die Folge davon war, daß sich die Bergstämme während des Krieges ruhig verhalten mußten und durch ihre Untätigkeit wider Willen zu stillen Bundesgenossen der Russen wurden.

Nach Friedensschluß konnten die Russen im Jahre 1856 mit frischen Kräften gegen die Kaukasusvölker vorgehen. Kaum war Schamyl überwunden, da wurden die russischen Streitkräfte gegen die Tscherkessen und Abchasier eingesetzt. Die Schwäche dieser Völker bestand darin, daß die einzelnen Stämme sich nicht zu einem nationalen Ganzen verbunden fühlten, sie konnten nicht zu einer dauernden Vereinigung ihrer Kräfte gegen den gemeinsamen Feind kommen. Die Russen waren durch ihre verbesserten Schußwaffen weitaus im Vorteil. Trotzdem verteidigten sich die kühnen Bergstämme noch fünf Jahre lang erfolgreich. Erst im Jahre 1864 mußten sie sich endlich ergeben. Ihr Freiheitskampf hatte mit Unterbrechungen nahezu ein Jahrhundert gedauert. Der Freiheitsdrang der Kaukasier war so groß, daß beinahe 400 000 Tscherkessen gemeinsam mit einer Anzahl Abchasier und Tschetschenzen die geliebten Bergtäler verließen und lieber nach der Türkei auswanderten, als daß sie den Nacken unter das russische Joch beugten. Viele dieser Auswanderer hatten ein trauriges Schicksal. In Türkisch-Kleinasien war für ihre Aufnahme schlecht gesorgt. Viele verkamen im Elend, andere ließen sich nieder, der Rest entartete zu wilden, gefürchteten Räuberbanden, die ihr Unwesen im kleinasiatischen Gebirge trieben.

*

Schon vor den revolutionären Ereignissen des Jahres 1917 bestand unter der Bevölkerung Dagestans eine sozialistische Bewegung, deren Anhänger sich sofort der Februar-Revolution im Jahre 1917 anschlossen. Kerenski schickte neue Funktionäre nach Dagestan, aber bald setzte dort eine gegen Kerenski gerichtete Bewegung unter der Führung Machatsch Dachadajews ein. Auf der andern Seite bestand eine starke gegenrevolutionäre Bewegung der Mohammedaner, geführt vom Imam Gotschinski, dem Haupt der islamischen Geistlichkeit. Gotschinski hatte in den Gebieten der Awaren und Andier großen Einfluß. Er arbeitete zunächst mit Kerenski zusammen, brach aber dann jede Verbindung ab und wandte sich gegen Rußland. Im September 1917 kämpften er und seine Anhänger gegen die Russen. Sein Heerführer Usun Chadschi brachte binnen kurzer Zeit die awarischen, andischen und tschetschenzischen Länder in seine Gewalt.

Während der bolschewistischen Oktober-Revolution war Dagestan vom kommunistischen Rußland durch die gegenrevolutionären Gebiete am Don und Kuban getrennt. Gotschinski war in jener Zeit der eigentliche Machthaber in Dagestan. Er erklärte den heiligen Krieg gegen Armenien und schickte seine Truppen gegen Baku. Gerade damals war aber Baku in die Hände der Bolschewiken gefallen, und Gotschinskis Truppen wurden zurückgeschlagen. Die Rote Armee eroberte auch Petrowsk und Schura. Im August 1918 wurde Petrowsk von dem Abenteurer Bitschjerachow mit Unterstützung der Engländer genommen. Dadurch wurde die Stellung der Sowjetregierung in Schura schwierig: sie war von der Seeseite durch Bitschjerachow, von der Landseite durch die tschetschenzischen Banden Gotschinskis und an der Grenze gegen Aserbeidschan durch die türkische Armee bedroht, die im September Baku eingenommen hatte.

Im November 1918 schlugen die Türken Bitschjerachow und eroberten Petrowsk und Schura. Hierauf wurde in Dagestan eine neue sogenannte demokratische (menschewikische) Regierung gebildet, der sich auch Gotschinski als Mitglied anschloß. Nach dem Waffenstillstand vom Dezember 1918 zogen die Türken ab, die englische Armee rückte von Persien zur Unterstützung Denikins in Dagestan ein. Denikin hatte einen Teil seines Heeres dorthingeschickt. Usun Chadschi trat ihm entgegen, Gotschinski aber weigerte sich, gegen die Weiße Armee zu kämpfen. Im Jahre 1919 hatte Denikin in Dagestan eine starke Stellung, und Gotschinski arbeitete offen mit ihm zusammen. Usun Chadschi war inzwischen Emir von Nordkaukasien geworden, das unter dem Protektorat des türkischen Sultans stand. Er trennte sich von Gotschinski und setzte den Kampf gegen Denikin fort. Bald danach rückten die Türken unter Nuri Pascha in Aserbeidschan und von dort aus auch in Dagestan ein. Sie kämpften sowohl gegen Denikin als gegen die Rote Armee. Die Stärke der Roten nahm zu. Als sie im Frühjahr 1920 von Norden her weiter vorrückten, suchte Nuri Pascha Anschluß an Denikin. Sein Plan mißglückte, und er zog ab. Inzwischen starb Usun Chadschi, und seine Monarchie löste sich auf. Die Weiße Armee räumte Petrowsk und zog sich nach Baku zurück, die Rote Armee besetzte ganz Dagestan. So wurde endlich die autonome sowjet-sozialistische Republik (ASSR.) in Dagestan mit Selbstverwaltungsbefugnis in eigenen Angelegenheiten errichtet.

Tschetschenien, Kabardien, die Gebiete der Adighenen und Tscherkessen wurden autonome Bezirke mit beschränkten Selbstverwaltungsbefugnissen. Abchasien bildet zusammen mit Georgien eine sowjetsozialistische Republik (SSR.).

VIII.
Ausflüge in Dagestan.

Wir kehrten von unserer Wanderung durch das Museum und dem Flug durch die versunkene Welt der Abenteuer jäh ins Heute zurück. Aus der Kühle der Museumsräume traten wir in die brennende Sonnenhitze heraus und fuhren zur Baumwollfabrik. Sie ist eine der größten industriellen Unternehmungen Dagestans und scheint durch tüchtige Arbeitskräfte durchaus auf der Höhe gehalten zu sein. Die Tagesleistung beträgt 20 000 Arschin (14 224 Meter) Baumwollstoff. Die Rohbaumwolle wird zum größten Teil in Dagestan selbst erzeugt. Die Fabrik ist 1921 aus eigenen Mitteln des Landes ohne finanzielle Hilfe Moskaus errichtet worden und beschäftigte anfangs 700 Arbeiter. Im Jahre 1924 zählte die Belegschaft noch 560 Köpfe. Von den andern industriellen Betrieben ist vor allem eine Fruchtkonservenfabrik zur Verwertung der ausgezeichneten dagestanischen Obsternte zu erwähnen. Wir bekamen Kostproben ihrer Erzeugnisse. Sie sind für die Ausfuhr bestimmt und finden wegen ihrer vortrefflichen Güte gewiß ihren Markt.

Von dort fuhren wir zu dem großen Staubecken und dem neuen Kanal. Er leitet das Wasser von dem Fluß her, der in seinem Lauf von den Bergen herab etwas westlich an der Stadt vorbeifließt. Die Stadt wird aus diesem Staubecken mit Trinkwasser versorgt. Die Reinigung geschieht durch einen großen Filter. Der Kanal führt so viel Wasser, daß auch für künstliche Bewässerung noch reichliche Mengen zur Verfügung stehen.

Machatsch-Kalá liegt auf einer Ebene, die sich vom Strand aus vier bis zehn Kilometer breit bis an den Fuß der steil ansteigenden Gebirgshänge hindehnt. Gegen Norden erweitert sie sich zum flachen Deltaland des Terek, gegen Süden erstreckt sie sich in wechselnder

Breite zwischen der Küste und dem Osthang des Kaukasus. Sie ist am schmalsten bei der Stadt Derbent, die Jahrhunderte hindurch als Pforte zwischen Nord und Süden galt. Südlich von Derbent bis gegen Baku mit seinen märchenhaften Ölfeldern erweitert sie sich wieder.

Als ich nach dem Frühstück auf der Treppengalerie des Präsidentenhauses stand, kam mir ein Kind entgegengetrippelt. Ich sah den Kleinen wie bezaubert an. Das war ja ein Engel aus einem Bild von Correggio. Bisher hatte ich noch nicht geahnt, daß ich mit einem so himmlischen Geschöpf unter einem Dache weilte. Der Kleine war der Sohn Korkmasows. Er hatte sein Zimmer im gleichen Stockwerk und suchte gerade nach seinem Vater. Er strahlte vor Freude, als er ihn kommen sah, und eilte in seine Arme.

Nachmittags ging ich ein wenig am Strand entlang. Es wimmelte von nackten Knaben und Männern, die dort badeten. Alle hielten sich im seichten Wasser, planschten, tauchten und paddelten ein wenig herum, aber niemand wagte ins tiefe Wasser hinauszuschwimmen. Sie alle schienen hier sorglos ihr Leben zu genießen. Nur vereinzelt sah ich Gruppen badender Mädchen und junger Frauen. Sie hielten sich von den andern abgesondert.

Ich hatte gehört, daß die Ebene im Westen von Heuschreckenschwärmen heimgesucht sei, daß die Felder dort völlig kahl gefressen würden, und wollte mir dieses Schauspiel ansehen. Quisling und ich wurden vor die Wahl gestellt, ob wir nachmittags zu den Heuschrecken fahren oder das Schwefelbad bei Talgi in der Ebene, südlich der Stadt, besuchen wollten. Wir entschieden uns für die Heuschrecken und fuhren mit dem Auto nordwestwärts an der Eisenbahn entlang. Auf der unebenen Straße wurden wir arg durchgerüttelt. Der Ackerbaukommissar, ein aufgeweckter junger Mann, der eine auffallende Ähnlichkeit mit Karl dem Zwölften hatte, begleitete uns.

Wir waren schon eine gute Strecke gefahren, hatten aber von Heuschrecken nichts gesehen. Die Felder lagen frisch und grün vor uns, nirgends waren Anzeichen der Verwüstung. Endlich nach etwa 20 Kilometer schien es, als ob gegen Westen in weiter Ferne ein Nebel über den Feldern liege. Je näher wir kamen, desto größer schien seine Ausdehnung. Er stieg höher und wurde dichter. Endlich fuhren wir in die Wolke hinein — gewaltige Schwärme von Heu=

schrecken, die nun gegen Abend in die Felder einfielen und nicht mehr so hoch durch die Luft flogen wie am hellen Tage. Wenn einer von uns mit dem Gewehr in die Maisfelder feuerte, stiegen die Schwärme wie dunkle, brausende Wolken auf, und wir bekamen eine anschauliche Vorstellung davon, daß Heuschreckenschwärme in dichten Massen den Himmel verhüllen und die Sonne verdunkeln können.

Weit umher über den Maisfeldern lagen die Schwärme, ein trostloser Anblick! Die Blätter der Maispflanzen waren bis auf die Stumpen abgefressen, die nackten Stengel starrten aus der Erde. Die Menschen standen der Landplage machtlos gegenüber. Sie mußten tatenlos zusehen, wie ihre ganze Ernte aufgefressen und vernichtet wurde. Angeblich soll Schwefelstreuung ein gutes Bekämpfungsmittel sein. Es wurde versucht, Flugzeuge hierfür zu verwenden, doch scheint auch damit nichts Entscheidendes erreicht zu werden.

Die Heuschreckenschwärme lassen sich vom Wind treiben. Sie kommen gewöhnlich aus unbebauten Gebieten, wo sie in Ruhe ihre Eier legen und auskriechen können. Man kann sie nur an ihren Brutstätten wirksam bekämpfen. Die Eier und Larven müssen durch Absengen des Grases und durch Bestäuben mit Petroleum vernichtet werden. Am Nordhang der nordpersischen Berge am Kaspischen Meere, südlich von Aserbeidschan, soll viel Brachland liegen, wo die Heuschrecken sich vermehren. Die Perser haben wenig Interesse an der Heuschreckenbekämpfung, weil der Wind die Schwärme selten über die hohen Bergrücken nach Süden treibt. Gewöhnlich werden sie nach Norden über Aserbeidschan und Dagestan verweht. Die transkaukasische Regierung hat in den letzten Jahren auf Grund eines Übereinkommens mit Persien diese Brachlandbezirke auf persischem Boden abgebrannt und soll dadurch eine bedeutende Verminderung der Landplage erreicht haben. Die Schwärme, die wir hier sahen, hatten gewiß nicht den weiten Weg von Persien her gemacht, sondern stammten wohl aus näherer Umgebung. In ihrem gegenwärtigen Aufenthaltsbereich war die Ernte völlig vernichtet. Zum Glück war dieses Gebiet nicht sehr groß. Aber wohin würde der Wind die Schwärme noch treiben?

Es handelt sich um große bräunliche Heuschrecken von fünf bis zehn Zentimeter Länge. Leider kann man sie nicht statt des Korns, das sie fressen, als Nahrung gebrauchen. Die Bevölkerung dieser Gegend verzehrt die Heuschrecken nicht. Die Araber dagegen sollen sie vielfach in geröstetem Zustand essen. Der Anblick eines beladenen Heuwagens, der uns zwischen den verwüsteten Feldern begegnete, konnte uns nicht trösten. Das Heu war wohl schon vor dem Einfallen der Schwärme gemäht.

Der Einbruch der Dunkelheit mahnte uns zur Heimkehr. Der Landstrich, auf dem sich die Heuschrecken niedergelassen hatten, war ganz scharf begrenzt. Dicht neben verwüsteten Feldern lagen ganz unberührte grüne Maisäcker. Aber gegen den dunklen Himmel konnten wir da und dort einzelne Heuschrecken im schwachen Winde davonschwirren sehen. Vielleicht waren sie die Vorboten der künftigen Bewegung des ganzen Schwarmes. Alles hängt von der Windrichtung in den nächsten Tagen ab.

Unsere liebenswürdigen Gastfreunde wollten uns gern ihr eigenartiges Land von allen Seiten zeigen, namentlich war ihnen daran gelegen, uns einen Eindruck von den Quellen des Wohlstandes und den Zukunftsmöglichkeiten zu vermitteln. Da waren die Ölvorkommen im Süden, die Fischerei, die großen Entwicklungsmöglichkeiten des Ackerbaues, die Schwefel- und Mineralvorkommen und vieles andere.

Früh am nächsten Morgen, Donnerstag, den 8. Juli, fuhren die beiden Präsidenten, Quisling und ich mit der Eisenbahn südwärts über die Ebene an der Küste entlang. Mit dem gleichen Zuge fuhr auch eine Schar junger Studenten beiderlei Geschlechts von der Universität Charkow in der Ukraine. Sie waren auf einer kaukasischen Studienreise. An einer Station, wo wir etwas längeren Aufenthalt hatten, kam eine feierliche Abordnung an unsern Wagen, der Sprecher hielt auf deutsch eine Rede, in der er den Dank der Studentenschaft für meine Bemühungen um Linderung der ukrainischen Hungersnot im Jahre 1921/22 ausdrückte. Ich hatte damals Kapitän Quisling als meinen Vertreter zum Aufbau und zur Leitung unseres Hilfswerks nach Charkow entsandt. Später hatte auch die Internationale Studentenhilfsorganisation eine Speiseanstalt in Charkow errichtet, um den vielen notleidenden Studenten ihre bescheidenen Tagesmahlzeiten zu gewähren.

Die Studenten waren ansprechende junge Männer und Frauen.

Sie strahlten von Laune, Gesundheit und Kraft. Gewiß haben sie von ihrer Reise reiche Ausbeute mit nach Hause genommen. — An einer späteren Station verließen wir den Zug, der mit seiner Fracht von keckem, jugendlichem Mut die Fahrt nach Süden fortsetzte. Aus den Fenstern der Abteile grüßten uns zum Abschied winkende Hände.

Eine große Reiterschar erwartete uns. Von nah und fern waren die Männer mit ihren kleinen, aber tüchtigen Pferden gekommen. Für uns standen mehrere Wagen und ein Auto bereit. Samursky, Korkmasow und ich fuhren in einer Kutsche über die Ebene, umschwärmt von Reitern, die vor, hinter und neben uns trabten. Es dauerte nicht lange, da konnte Samursky nicht widerstehen, ließ sich ein Pferd geben und galoppierte davon. Die kleinen Pferde sind überaus ausdauernd. Quisling fuhr im Auto. Er erzählte mir, daß mehrere Reiter auf dem ganzen Wege vor seinem Auto hergaloppierten, obwohl der Fahrer reichlich Gas gab. Wir kamen zu einigen Ölquellen, deren Ausbeutung früher von der Nobelgesellschaft betrieben worden war. Die Bohrtürme und Bohrlöcher aus jener Zeit waren noch erhalten, ein Gemisch von Öl und Wasser quoll heraus. Hier gab es offenbar ganz ansehnliche Mengen Petroleum, es stieg an mehreren Stellen aus der Erde, der Boden war ganz davon durchtränkt. Ich bin zwar nicht sachverständig, hatte aber den Eindruck, daß es noch nicht gelungen sei, die richtigen Bohrstellen zu finden, an denen das Öl reich genug strömte. Offenbar fehlte es noch an einer planmäßigen geologischen Untersuchung des ganzen Feldes. Nur auf diese Weise kann ermittelt werden, wo die Faltung der Gesteinschichten zu den reichsten Ölansammlungen geführt hat. An solchen Stellen muß die Bohrung angesetzt werden. Nach Besichtigung einiger Quellen und Bohrlöcher fuhren wir zur Küste und besuchten eine der großen Fischereistationen, die zu bestimmten Jahreszeiten ihren Hochbetrieb haben. Am wichtigsten ist die Heringsfischerei. Hier gab es große Baracken für die Fischer, Hallen mit Salzkabinen für den Hering, Verwaltungsgebäude und Boote. Der Krieg hatte alles vernichtet. Teils waren die weißrussischen Truppen Denikins, teils die Engländer im Krieg gegen die Bolschewiken, teils die Türken die Zerstörer gewesen. Jetzt waren die Schäden zum großen Teil wieder beseitigt.

Wir sahen verschiedene Sorten gesalzenen Hering, manche waren so groß, wie ich nie vorher einen Hering gesehen hatte. Wir nahmen auch Kostproben. Der Hering war reichlich gesalzen, aber sehr fett und schmackhaft. Es war wohl der große kaspische Hering oder Schwarzrücken (Caspialosa kessleri), der an tiefen Stellen in der Mitte des Kaspischen Meeres steht und im Vorfrühjahr zum Laichen in die Flüsse hinauf zieht, namentlich in die Wolga. Er wird bis zu einem halben Meter lang und wiegt dann wohl eineinhalb Kilogramm. Einige kleinere Heringsarten kommen in größeren Zügen vor. Hier im Kaspischen Meer und in der Wolga werden alljährlich große Mengen Hering gefischt und in ganz Rußland abgesetzt. Der kaspische Hering kann zwar an Güte nicht mit unserm norwegischen Fetthering in Wettbewerb treten, bildet aber doch eine vortreffliche Volksnahrung. Ein großes Fischerboot mit langem Steuerruder lag im Wasser, andere ähnlich gebaute Fahrzeuge waren aufs Ufer gezogen, kräftige, brauchbare Fahrzeuge.

Wir durften nicht zuviel Zeit verlieren, unser Weg führte weiter über die Ebene zu einigen großen Gütern, die jetzt für Rechnung der Regierung betrieben werden. Die Sonne brannte unbarmherzig, die Hitze war drückend, und auf der unebenen Straße wurden wir bis zur Erschöpfung durchgerüttelt. Die Ebene schien hier besonders fruchtbaren Ackerboden zu haben, und doch war sie aus Mangel an Wasser eine Halbwüste. Dazwischen gab es auch moorige Strecken, die der Entwässerung bedurft hätten, in ihrem jetzigen Zustand aber ganz gewiß Brutstätten der Malaria waren. Dann kamen Strecken völlig verwucherter Wildnis. Der Weg waren stellenweise schlecht befahrbar. Wir kamen mit der Kutsche noch leidlich vorwärts, aber das Automobil blieb mehrmals im Moorboden stecken und mußte mühselig wieder herausgezogen werden. Endlich blieb es ganz stecken. Die Insassen mußten mit dem Wagen weiterfahren, das Auto wurde abgeschleppt. — Die Büffel lagen in den Wasserpfützen, wo sie am tiefsten waren.

Endlich kamen wir bei den großen Landgütern an. Sie hatten ausgedehnte Weingärten, Maisäcker und Baumwollfelder. Die Ackerkrume sah ergiebig aus, und stellenweise war das wilde Wachstum so üppig, daß es die Anpflanzungen zu überwuchern drohte. Auf dem ehemaligen Gut Woronzow-Daschkow waren die wertvollsten Weingärten. Die Gutsgebäude selbst hatten unter der

Revolution schwer gelitten. Das Schloß war ganz zerstört, und auch die andern Gebäude lagen zum Teil in Trümmern. Die Bauern vertrieben oder töteten ja gewöhnlich die Gutseigentümer und zerstörten die Schlösser. Wir besuchten die ausgedehnten Kellereien, in denen der berühmte Schloßwein dieses Gutes früher aufbewahrt wurde. Auch die Keller waren zum Teil zerstört, wurden aber jetzt frisch instand gesetzt, und bald sollte hier wieder köstlicher Wein lagern.

Das Gut schien sehr wertvoll zu sein und vortrefflichen Boden zu haben. Es mußte bei planmäßiger Bewirtschaftung reichen Gewinn abwerfen, doch befand es sich noch im Zustand des Verfalls. Der Betrieb litt offenbar unter dem Mangel an Kapital und konnte aus diesem Grunde nicht auf volle Höhe gebracht werden. Die Regierung ist deshalb geneigt, das Landgut im Wege der Konzession zur privaten Bewirtschaftung freizugeben. Wenn es gelingt, das Sumpfgebiet im Umkreis zu entwässern, das dürre Land zu berieseln und den Ausgleich straff zu kontrollieren, so würde schon viel erreicht sein. Zur Zeit herrschte hier die Malaria, sie soll mehr als die Hälfte der Einwohner im Umkreis befallen und ihre Arbeitskraft und Unternehmungslust gelähmt haben. Durch Entwässerung wäre hier Abhilfe zu schaffen. Gleichzeitig müßte man natürlich auch mit ärztlichen Mitteln gegen die Krankheit vorgehen. Nur so können die Volksgesundheit und die Arbeitsfähigkeit gehoben werden.

Hier und auch sonst an vielen Stellen in der Ebene sahen wir offene Schlafplätze auf hohen Pfahlrosten, mit flachen oder gegiebelten Stroh- und Schilfdächern. In diesen offenen Hütten halten die Menschen ihren Nachtschlaf, sie sind dort gegen die Mücken geschützt und haben es auch kühler und luftiger als in den Häusern, in denen nachts noch die Sonnenhitze des Tages brütet. Unter ähnlichen Dächern waren auch an einigen Stellen Wiegen aufgehängt, darin lagen die Kinder gesund und luftig und waren vor Kriechtieren und Mücken sicher.

Wir erfrischten uns an einem Mittagsmahl unter großen, schattigen Bäumen auf dem Hof und fuhren dann weiter. Während der Fahrt durch die breite, jetzt vom Gras überwucherte Auffahrtsallee des Gutes erzählte mir Korkmasow von dem Glanz und der Gastlichkeit, die in früherer Zeit von den fürstlichen Eigentümern dieses Gutes entfaltet wurden. Jeder Fremde, wer auch immer es sein mochte, wurde gastlich aufgenommen. Er konnte hier tagelang wohnen, Pferde, Waffen und Hunde standen ihm zur Verfügung, und er war zur Jagd eingeladen. Hier in der Ebene und oben in den Bergen war die Jagd ausgezeichnet. Da gab es Wildschweine, Fasanen, Wachteln, Hirsche und anderes Wild — ein wahres Jägerparadies.

Die holprige Straße führte über die wellige Ebene zur Küste hin, unser Wagen kam schnell vom Flecke, rüttelte uns aber auch tüchtig durch. Wir wollten noch die neue Glasfabrik besichtigen, die nahe an der Eisenbahn an einer Stelle errichtet ist, wo Gas aus der Erde strömt. Die Fabrik hat ausgedehnte Anlagen, ihre Erzeugung soll nicht nur den Bedarf des Landes, sondern auch größerer Teile Rußlands decken.

Einer der größten Ausgabeposten bei der Herstellung von Glaswaren ist der Heizstoff für die Schmelzöfen. Den hat man hier umsonst, denn das Gas kommt in fertig brennbarem Zustand mit etwa 95 vom Hundert Metangehalt aus der Erde. Seit urdenklicher Zeit strömt es aus. In nächster Nähe der Erdöffnung liegt ein Hügel. Man vermutet, daß hier in der Vorzeit der Altar und das Heiligtum der Feueranbeter standen. Das ewige göttliche Feuer soll durch das Erdgas unterhalten worden sein. Nicht nur das Heizgas für die Schmelzöfen, sondern auch der Rohstoff zur Glasherstellung findet sich in nächster Nähe in reicher Menge, nämlich reiner Kieselsand und Muschelkalksand. Wir konnten von unserm Standort aus die Sandgruben sehen. — Der Betrieb wurde von Deutschböhmen geführt und offenbar sehr tüchtig versorgt. Bisher wurde nur einfaches Flaschenglas hergestellt, doch bestand die Absicht, bald auch zur Erzeugung von Fensterglas und feineren Glaswaren überzugehen. Das Werk hat sicher eine aussichtsreiche Zukunft.

Wir hatten ursprünglich die Absicht, von hier aus nach Süden, zu der alten historischen Stadt Derbent, zu fahren. Derbent war lange Zeit hindurch die Grenzstadt zwischen Persien und den kriegerischen Nomadenvölkern, den Skythen, Massageten und Sakern, später die Grenzstadt zwischen Persien und dem Chasarenreich im Norden. Es gab nur wenige Wege von Norden nach Süden, die engen, schwer gangbaren Kaukasuspässe, von denen der wichtigste der Darjalpaß war, und außerdem den Durchgang am Ufer des Kaspischen Meeres. Der ebene Küstenstreifen ist bei Derbent am schmal=

Eine luftige Schlafstätte. (S. 127.)

„Die Büffel lagen in den Wasserpfützen, wo sie am tiefsten waren." (S. 126.)

Die letzten Häuser von Tarki. (S. 132.)

„Hier trafen sich die jungen hübschen Mädchen und holten in ihren Metallkrügen Wasser." (S. 133.)

sten, hier rücken die steilen Hänge des Kaukasus besonders nahe an die See heran. So bekam diese Stelle ihren alten Namen „Kaspische Pforte". Die Völkerwanderungen vom Norden her pflegten diesen Weg zu nehmen. Hier waren die Skythen im 7. Jahrhundert v. Chr. eingedrungen und hatten die Meder verdrängt. (Herodot I, 103—106, IV, 1.)

Bei Derbent war eine 60 bis 70 Kilometer lange Mauer von der Küste quer über die Ebene bis an den Fuß des Gebirges (600 Meter überm Kaspischen Meer) errichtet worden. Gleich allen Wunderwerken des Orients wurde auch der Bau dieser Mauer Iskander Bey (Alexander dem Großen) zugeschrieben. Der Araber Jakut el Hamavi (um 1230 n. Chr.) erzählt, daß der Sassanidenkönig Kobad bei der Stadt Derbent (auf arabisch: Bab-el-Abvab, das heißt: Pforte der Pforten) zum Schutz gegen die Chasaren eine Ziegelmauer erbaut habe, sein Sohn Anuschirwan (531 bis 579 n. Chr.) habe dann später eine Steinmauer errichtet. Sie steht zum Teil noch heute. Derbent ist der persische Name der Stadt und bedeutet „Türschloß". Der tatarische Name Temir-kapu heißt „Eiserne Pforte".

Um Stadt und Mauer wurde im Laufe der Zeit viel und blutig gekämpft. Manche Sage knüpft sich an diesen Ort. Für die Russen bedeutete der sichere Besitz des Durchgangs unendlich viel, wenn sie ihre Macht gegen Südosten ausdehnen wollten. Schon Peter der Große besetzte die Stadt während seines persischen Feldzugs im Jahre 1722, mußte sie aber später an Persien zurückgeben. Noch dreimal eroberten die Russen Derbent; in den Jahren 1775 und 1776 und endlich zum letzten Male für immer im Jahre 1806. Während des Weltkrieges und der Bürgerkriege wurde Derbent im Kampfe mit den Türken und Engländern arg mitgenommen.

Leider befiel mich ein plötzliches Unwohlsein, wahrscheinlich infolge einer Infektion und der drückenden Hitze. Ich mußte noch am gleichen Abend mit dem Zug nach Machatsch-Kalá zurückkehren. Schweren Herzens verzichtete ich auf einen Besuch in Derbent und auf das anziehende Programm, das die beiden Präsidenten in ihrer Gastfreundschaft für mich vorgesehen hatten. Die Herren waren in rührender Weise um meine Gesundheit besorgt.

Ich mußte Bettruhe halten und eine Milchkur machen. Am nächsten Vormittag wurde mir ein unerwarteter Besuch gemeldet: der Bürgermeister eines Auls im Hochgebirge. Er hatte bei der Regierung in Tiflis und dann in Baku zu tun und hatte unterwegs von meiner Anwesenheit gehört. Ich begab mich in den Empfangsraum der Präsidenten und sagte ihm guten Tag. Er war einer der kräftigsten Menschen, die mir je begegnet sind, mehr als zwei Meter hoch, breitschultrig, von gewaltigem Brustumfang, seine Arme waren erdrückend muskulös, und seine Hände wie Schaufeln. Das war wirklich ein treuer, kräftiger Männerhandschlag, den wir zur Begrüßung austauschten. Das große, breitflächige Gesicht hatte den gutmütigen Kinderausdruck, den man oft bei sehr starken Menschen findet, Augen und Haare waren dunkel, die derben Gesichtszüge erinnerten mehr an den nordischen Typ als an die schmalen armenischen Gesichter. Ich glaubte, ein Riese oder Berserker sei aus den alten Sagenbüchern auferstanden. Der Mann war auf kaukasische Art gekleidet, trug hohe Schaftstiefel, einen Leibgurt und den langen Dolch. Man erzählte mir, er sei Lesghier. — Auf seinem eigenen Rücken soll er die Erdkrume zu dem Garten und den Ackerstücken hinaufgeschleppt haben, die er nun in seinem Adlernest hoch oben an den Felshängen bebaute. Sein Rücken sah auch aus, als könne er eine ordentliche Last schleppen. Mit Ackerboden ist es ja dort oben in den Bergen schlecht bestellt. Deshalb pflegten die Bergbewohner zu Zeiten, wenn bei ihnen Schmalhans Küchenmeister war, einen Ausflug in die Ebene zu machen und dort zu rauben, was ihnen fehlte. Die kleinen Ackerstückchen im Hochgebirge liegen gewöhnlich an den Felshängen verstreut. Oft ist die Erdschicht so dünn, daß noch Ackerkrume auf dem Rücken nach oben getragen werden muß. Die Felder sind ja auch ganz klein. Korkmasow erzählte mir, ein Bauer sei eines Tages in die Berge hinaufgegangen, um seinen Acker zu bestellen. Es war ein warmer Tag, und als er oben war, warf er die Burka (Kittel) ab. Er sah sich nach seinem Acker um und konnte ihn nicht entdecken, er war verschwunden. Betrübt wollte er wieder nach Hause gehen und nahm seine Burka vom Boden auf. Was sah er? — Er hatte den Acker mit der Burka zugedeckt.

Am nächsten Morgen, Freitag, den 10. Juli, machte ich eine

Wanderung zum Strand, obwohl ich mich noch recht schwach fühlte. Ich konnte der Versuchung nicht widerstehen, ins Wasser zu gehen und an dem heißen Vormittag ein wenig zu schwimmen. Von der Wasserfläche aus gesehen, stellten sich die steil aus dem flachen Küstenland aufragenden Berge besonders eindrucksvoll dar. Nach Norden zu bestand der Strand aus Grus und Sand, gegen Süden aus niedrigen Felsblöcken. Diese flachen Felsen interessierten mich. Die oberen Kanten lagen weithin nahezu in einer Linie. Die Blöcke hoben sich aus der losen Erdschicht, die sich im wesentlichen über die ganze Ebene ausdehnt. Es hat den Anschein, als ob die Felsen von der Stranderosion zu einer Zeit abgehobelt worden wären, als das Wasser noch viel höher stand. Auf diese Weise ist eine sogenannte Strandplatte entstanden. Auch die lockere Oberflächenkrume ist zum großen Teil zu einer Zeit unter Wasser abgesetzt, als das Kaspische Meer noch höher stand und den Fuß des Gebirges benetzte. Das war in einem geologischen Zeitalter, in dem der Niederschlag im Verhältnis zur Verdampfung noch viel größer was als heute. So muß es zum Beispiel während der kälteren Epochen der Eiszeit gewesen sein. In jenen regenreichen Zeiten war die Fläche des Kaspischen Meeres um ein Mehrfaches größer als heute. Sie bedeckte große Teile der südostrussischen Steppe.

Nach dem Frühstück fuhren wir im Auto südwärts nach Tarki oder Tarku, wie der Name ursprünglich und richtig heißt. Es liegt an dem steilen Gebirgshang und war der wichtigste Platz des kumückischen Gebiets, der Sitz des kumückischen Fürsten oder Schamchals. Wir ließen die Autos unten zurück und gingen zu Fuß hinauf. Unser Weg führte an einer absonderlich aussehenden Mühle vorbei. Sie war aus Stein gebaut, hatte ein langes, flaches Dach und ein gewaltiges oberschlächtiges Rad. Das war sichtlich ein bedeutender Fortschritt gegenüber den einfachen Mühlen der Bergbewohner mit dem waagerecht liegenden Mühlrad. Bei diesen Mühlen kommt das Wasser durch eine Rinne herab, trifft die Schaufeln des Rades seitwärts und dreht das waagerecht liegende Rad. Die Achse steht senkrecht, ihr oberes Ende ist zugleich Achse des Mühlsteins. Auch dieser dreht sich also in der waagerechten Ebene. Von dem großen überschlächtigen Rad bis zur Turbine ist noch ein weiter Weg, aber in absehbarer Zeit werden sich auch hier Turbinen drehen.

Die Straße kroch in Windungen zwischen Laubbäumen und Gärten durch künstlich berieseltes Land bergan. Immer höher führte die Steigung, bis uns endlich das Gewinkel der steilen, engen Gassen aufnahm. Die viereckigen, flachgedeckten Steinhäuser waren an den schroffen Hängen übereinandergetürmt wie in allen dagestanischen Aulen. Die Häuser machten einen verhältnismäßig wohlhabenden Eindruck, die ganze Stadt hatte das Aussehen eines blühenden Auls. Da und dort lagen kleine Gärten zwischen den Häusern eingezwängt, wo eine Gesteinsmulde mit Erdreich ausgefüllt und Wasser zur Berieselung vorhanden war. An einzelnen in der Stadt verstreuten Stellen standen auch Bäume, sonst aber sind die Berge nackt und baumlos. Ein geräumiges Haus mit verhältnismäßig großem Garten war der ehemalige Sitz des Chans oder Schamchals.

Auf dem hohen Berge oberhalb der Stadt steht die im Jahre 1821 von General Weliaminow erbaute Festung Burnaja. Kasi-Mullah hat sie nach der Einnahme von Tarku im Jahre 1831 belagert und beinahe erobert. Im Jahre danach wurde seine Leiche dort begraben, nachdem sie von den Russen öffentlich zur Schau gestellt worden war. Einige Jahre später schickte Schamyl zur Nachtzeit 200 Reiter nach Tarku, ließ die Leiche ausgraben und nach Gimri bringen.

Die Frauen gingen in Tarki ohne Schleier. Wir begegneten auf den Straßen vielen Frauen und konnten ihnen ungestraft ins Gesicht sehen. Sie waren schon so „christlich" geworden, daß sie sich sogar photographieren ließen. — Die Sonne brannte unbarmherzig, und der Anstieg zur Stadt war besonders für mich Halbkranken recht ermüdend. Die Gassen krümmten sich immer noch höher empor. Auf dem armseligen Markt empfing uns eine Schar Männer, darunter die höchsten Beamten der Stadt. Sie begrüßten die beiden Präsidenten und uns Gäste. Wir hielten uns nicht lange auf, sondern setzten unseren Anstieg in der drückenden Hitze fort. An einer Stelle, wo die Straße sich zu einem kleinen Platz erweiterte, hatten wir den erquickenden Anblick eines kleinen Beckens, in das aus zwei Rohren klares Wasser sprudelte. Das Becken war von einem eigenartigen bienenkorbförmigen Steinaufbau überdeckt. Ich konnte nicht herausbringen, wozu dieser Aufbau diente. Hier trafen sich

Hochzeitstanz auf dem Marktplatz in Tarki. (S. 135.)

Tarki.

Tarki und die Festung Burnaja. Von links nach rechts: Korkmasow, Samurski, Ali Bey, der Verfasser.

die hübschen jungen Mädchen und holten in ihren Metallkrügen Wasser, die Männer nahmen an dem Brunnen als fromme Mohammedaner die vorgeschriebenen Fußwaschungen vor.

Noch höher führte unser Weg, dann endlich waren wir dicht am Fuß der senkrechten Felswand im Rücken der Stadt. Eine herrliche klare Quelle bricht aus dem Gestein. — Wie wohl tat es, sich neben dem plätschernden kühlen Wasser unter schattigem Laubgehänge zur Rast niederzulassen, zu unsern Füßen die Stadt, den weiten Ausblick über die Ebene tief unter uns, bis ans blaue Meer. Wie wohl tat es, den Kopf unter den kühlen Wasserstrahl zu halten und den brennenden Durst zu löschen.

Die Bauern waren von rührender Gastfreundschaft. Sie schleppten aus ihren Häusern die kostbarsten dagestanischen Teppiche herbei und breiteten sie vor uns auf dem Boden aus, damit wir uns darauf lagern sollten, und holten auch noch Kissen und Polster herbei, um es uns recht behaglich zu machen. — Wir machten die betrübliche Entdeckung, daß durch ein Mißverständnis in der Ortsbezeichnung unser Frühstück nach der Stadt Talgi mit ihren Mineralquellen, statt hierher nach Tarki geschickt worden war. Als die Bauern das hörten, brachten sie Samoware, Brot und Butter, Eier und Obst, Kirschen und andere schöne Dinge herbei. So bekamen wir doch unser Frühstück und noch dazu eins, wie es besser nicht zu wünschen war.

Ich glaube nicht, daß diese überquellende Gastfreundschaft nur den beiden Präsidenten galt. Sie entspricht einer althergebrachten Sitte der Bergbewohner und galt auch uns, den fremden Gästen. Übrigens vergaßen wir im Zusammensein mit unsern beiden Freunden alle Rücksicht auf die Präsidentenwürde. Auch die Staatsoberhäupter selbst trugen offensichtlich nicht schwer an ihrem hohen Rang. Sie traten den Menschen wie ihresgleichen gegenüber, und ebenso kamen die andern ihnen entgegen.

Ein Zollbeamter, wir nannten ihn den „General", kam an unsern Lagerplatz und wollte uns in seiner Heimat willkommen heißen. Es war ihm sehr darum zu tun, sich zu vergewissern, ob auch alles mit rechten Dingen zuging und ob uns so viel Ehre erwiesen werde, wie es das Ansehen des Bezirks erheischte. Er hielt sich für den höchsten Beamten in der Gegend. An seiner Hüfte hing ein mächtiger Säbel, er trug die kaukasische Tracht, die hellgraue Lammfellmütze, die lange Jacke oder Tscherkeßka, seine Brust und die Schultern waren mit allerlei Medaillen und Blechmarken behängt, darunter auch zwei schwere Dienstmannsschilder aus Messing mit der Nummer 17. Die beiden Messingschilder seien ihm von Stambul aus verliehen worden, sagte er.

Er hatte große Ähnlichkeit mit einem Zollaufseher, der in meinen Kinderjahren in Ostnorwegen von Hof zu Hof ging. Wir nannten ihn „Kaiser Dahl". Er war bei dem Brand der Kirche von Grue, der so viele Menschenleben gefordert hatte, verrückt geworden. Er selbst war noch durch ein Fenster entkommen, konnte aber seine Braut nicht mehr retten und mußte zusehen, wie sie drinnen verbrannte, und hörte ihr jämmerliches Schreien. In späteren Jahren lief er ebenso aufgeputzt wie dieser dagestanische Zöllner herum. Auch er trug einen Säbel und über der Brust an einem breiten Riemen die Patronentasche, auch sein Rock war mit Medaillen und Sternen, ja mit Ballorden aus Goldpapier ausstaffiert. Für uns Kinder war es immer ein großes Erlebnis, wenn er einherstolziert kam, feierlichen Schrittes die Küche betrat und dort stets auf demselben Stuhl Platz nahm. Wir versammelten uns um ihn und bestaunten seine sonderbare Ausrüstung, während er Essen und Kaffee mit braunem Kandiszucker bekam.

Ich weiß nicht, wodurch unser dagestanischer Zöllner den Verstand verlor. Es berührte mich wunderlich, daß Geisteskrankheit bei zwei so völlig verschiedenen Völkern und unter zwei so weit voneinander entfernten Himmelsstrichen sich in so ganz gleichen Formen äußern kann. Beruht es auf Ähnlichkeiten in der Veranlagung der beiden Völker oder auf einer allgemeinen Gleichartigkeit der Menschen überhaupt? Der „General" sagte, er sei zur Zeit nicht verheiratet, aber er wolle sich wieder verheiraten, nur sei es nicht leicht, eine richtige Frau zu finden, den Weibern sei nicht zu trauen.

Wenn er beobachtete, daß wir irgend etwas brauchten, so befahl er den Umstehenden, es augenblicklich herbeizuschaffen. Die lachten nur, und wenn sie merkten, daß wir wirklich etwas brauchten, so schickten sie jemand weg, es zu holen. Der „General" stellte sich dann etwas weiter bergab an der Straße auf und spähte nach dem Boten aus. Die Besorgung ging ihm niemals schnell genug. Er beklagte sich bitter, daß die Leute seine Befehle nicht pünktlich genug ausführten. Es sei doch recht schwer, unter diesen Umständen die Zügel der Regierung straff zu halten. Leider ging nicht alles, wie es sollte.

Wir hielten eine lange Rast. Nach einiger Zeit kamen zwei europäisch gekleidete Damen mit Begleitung die Straße herauf, die an unserer Quelle vorüberführte. Ich wunderte mich, hier Vergnügungsreisende zu sehen; wir waren bisher noch nie welchen begegnet. Dann stellte sich aber heraus, daß es die Frauen der beiden Präsidenten waren. Sie wurden herzlich begrüßt, Quisling und ich wurden Frau Korkmasow vorgestellt, einer außerordentlich schönen, jungen Frau, von deren Dasein wir bisher noch keine Ahnung hatten, obwohl wir doch Wand an Wand nebeneinander im gleichen Stockwerk des Präsidentenhauses wohnten. Die Damen ließen sich bei uns nieder, sie bekamen Teppiche zum Sitzen und wurden vom „General" besonders aufmerksam bedient.

In der Stadt sollte an diesem Tag eine Hochzeit mit Tanz stattfinden. Wir wollten dem Fest gern beiwohnen und verabschiedeten uns von den Damen, die lieber im Freien blieben. Der „General" fragte mit europäischer, vielleicht auch orientalischer Ritterlichkeit, ob er nicht an der Quelle bleiben und die Damen beschützen solle.

Leider kamen wir zur Trauung schon zu spät, aber der Tanz war auf dem Platze vor der Moschee noch in vollem Gang. Die Musik wurde mit Saiteninstrumenten gemacht. Beim Tanz bewegten sich immer ein Mann und eine Frau innerhalb eines Kreises teils sitzender, teils stehender Zuschauer. Dieser Tanz ist die kaukasische „Lesghinka". Der Mann, in kaukasischer Tracht mit Lammfellmütze, drehte sich eine Weile in rhythmischen, knappen Schritten und streckte dabei die Arme nach beiden Seiten aus, dann holte er sich aus dem Zuschauerkreis eine Frau als Partnerin. Sie trippelte ernsthaft, mit halb gesenktem Kopf und in koketter Schamhaftigkeit vor ihm her, der Mann folgte ihr tänzelnd, sie aber wich ihm immer wieder aus. Der Tanz stellt die Werbung des Mannes um die Frau dar. Die Bewegungen sind sittsam und ohne alle Wildheit. Die beiden Tänzer hatten jeder auf seine Weise viel natürliche Anmut: er die männliche Kraft, sie die Schamhaftigkeit und Weichheit der Frau.

Die Füße bewegten sich leicht und flink wie Trommelschlegel im Takte der Musik, die Körper blieben dabei in ruhiger Haltung. Die Ähnlichkeit mit unsern norwegischen Springtänzen ist nicht zu verkennen. Beim Mann die gleiche kraftvolle Geschmeidigkeit, die gleiche Anmut und Sanftheit beim Mädchen. Nur Rhythmus und Fußstellung sind anders. Auch faßt bei der Lesghinka der Mann seine Partnerin nicht um und wirbelt sie nicht im Kreise, wie beim Springtanz. Im Orient wäre eine so nahe Berührung zwischen Angehörigen der beiden Geschlechter in der Öffentlichkeit unmöglich.

Die Sonne ging unter, und der Abend brach herein. Hoch vom Minarett herab klang der klagende Gebetruf des Muezzin. Wir wanderten durch die engen Gassen und über die steile Straße herab zum Halteplatz unserer Autos. Dann sausten wir über die Ebene davon und hielten bald danach vor dem gastlichen Haus des Präsidenten. Nur ein flüchtiger Blick in das heimische Leben des Bergvolkes war uns vergönnt gewesen.

Vor dem Schlafengehen tranken wir, wie alle Abende, noch ein Glas Tee auf dem Balkon an der Vorderfront des Hauses. Die Nacht war still und die Luft nach dem glühend heißen Tag beinahe kühl. Im Garten jenseits der Straße spielte der Wind im Laub der breiten Baumkronen, es klang wie sehnsüchtiges Seufzen. Hoch wölbte sich darüber der tiefschwarze südliche Himmel, von ungezählten Sternen überflimmert. Landeinwärts türmte sich der märchenhafte Kaukasus hinter der Ebene auf. Dort ruhten in den Hochtälern die Aule, eingehüllt in den Mantel der Nacht, Tausende von Menschen schlummerten der harten Mühe und dem unsicheren Dasein des nächsten Tages entgegen. — Frieden und Sorglosigkeit breitete die Nacht über das Land.

Hart und mühselig ist das Dasein der Menschen in diesen nackten Hochtälern. Müssen sie doch sogar die wenige Erde, aus der sie ihre Nahrung gewinnen, Kiepe um Kiepe aus der Ebene hinaufschleppen und den mageren Acker mit einem Wall von Feldsteinen umgeben, damit der Regen ihn nicht über Nacht zu Tal schwemmt. Man möchte meinen, die Menschen hätten wahrlich genug mit der übermächtigen Natur um ihr Dasein zu kämpfen. Aber diese Art Kampf war ihnen noch nicht genug, sie mußten auch seit urdenklichen Zeiten in ständiger Feindschaft miteinander und mit auswärtigen

Feinden leben. Krieg und Kampf sind ihre Lust. Wie Adler horsten sie dort oben und hacken auf jeden los, der ihrem Nest zu nahe kommt oder seinen Jagdbereich zu weit ausdehnt. So sind sie kühne und zähe Krieger geworden, oft bis zur Härte und Grausamkeit. Das Lied von Chotschbar aus Ghedatl* und vom awarischen Chan Nunzal erzählt von der kriegerischen Grausamkeit dieser Menschen. Der gefürchtete Chotschbar kam als geladener Gast nach Chunsach, der Chan empfing und begrüßte ihn, dann aber ließ er ihn durch sechs Mann überfallen und fesseln.

An der langen Felswand bei Chunsach türmten sie einen lohenden Scheiterhaufen, und der Berg selber errötete von der Glut. Chotschbar schleppten sie zum Feuer. Sein Reitpferd, den Fuchsen, holten sie herbei und schlachteten ihn mit ihren Schwertern. Seine spitze Lanze zerbrachen sie und warfen die Trümmer in den Brand. — Nicht zuckte mit dem Lid der Held.

„Wohlan, Chotschbar, sing uns ein Lied, du Meister des Gesanges! Spiel uns eine Weise auf der Zither! Du kannst es wie keiner, so sagt man."

„Wohl kann ich singen, aber ihr habt meinen Mund geknebelt. Wohl kann ich spielen, aber meine Hand habt ihr gebunden."

Die jungen Männer riefen: „Löst Chotschbar die Fesseln!" Die alten aber sagten: „Laßt den Wolf aus der Falle, so wütet er als ein Wolf."

Die jungen Männer bekamen ihren Willen. Gelöst wurden die Fesseln des Helden.

„Horchet nun, Männer von Chunsach, singen will ich ein Lied für euch, und du, Chan, unterbrich mich nicht."

Und er sang zur Zither:

„Wer außer mir erkletterte dein Fenster und holte die seidenen Hosen deiner Lieblingsfrau? Wer außer mir nahm die silbernen Spangen von den Armen deiner Schwestern, sie wehrten sich nicht? Wer außer mir durchschnitt deinem zahmen Steinbock die Kehle? Dort oben seh' ich die Hürden der Schafe. Sie sind leer. Wer trieb die Schafe fort? Dort unten seh' ich die Ställe, wo sind deine Pferde? Wer trieb sie fort? Sehet die Dächer eurer Häuser,

---

* Vgl. J. F. Baddeley, a. a. O., S. 483 ff. — Ghedatl war eine awarische Landschaft am Awarischen Koisu südlich vom Chanat.

ihr Witwen. Wer tötete eure Männer und machte euch zu Witwen? Waisen seh' ich um mich her. Wer erschlug eure Väter und machte euch vaterlos? Keiner zählt die Zahl der Männer, die von meiner Hand fielen im freien Feld, in den Wäldern. Drei Schock und nicht weniger deines Stammes hab ich gefällt. Mannes Tat ist das, o Nunzal, Tat, die meinen Namen ewig macht. Einen Mann durch Verrat fangen und ihn dann töten — was ist das für eine Tat?"

So sang und spielte Chotschbar. Indessen kamen die zwei kleinen Söhne des Chans herbei und setzten sich zu seinen Füßen. Chotschbar faßte sie mit jähem Ruck, jeden mit einer Hand, und sprang in die Flammen, der Held.

„Was schreien sie, Nunzals kleine Welpen, brenne ich nicht wie sie?"

„Was quieken sie, die kleinen Ferkel, liebte nicht auch ich das freie Licht des Tages?"

„Weh, mein stolzer Fuchs, wie oft hat er die Fersen fliehender Awaren zermalmt! Weh, meine spitze Lanze, wie oft hat sie Nunzals Söldlingen die Brust durchbohrt."

„Weine nicht, Mutter mein, nicht vergebens stirbt dein Liebling. Meine Schwestern sollen nicht weinen, denn ich sterbe in Ehren."

Da war Fiedelstreichen und Trommelschlag von Morgen bis Nacht. Chotschbar aus Ghedatl war gefangen. Da war Heulen und Klagen am Nachmittag. Die Prinzen der Awaren waren vom Feuer verzehrt. —

Die Berge waren gefühllose Zeugen von sagenhaftem Kampf, Mühseligkeit und Raub, Opfermut und Mordtat, Grausamkeit und Liebe, Trauer und Plage. Wir alle leben und sterben, kämpfen und leiden — einst und heute und in 100 Jahren. Die ewigen Berge sind ewig die gleichen und sehen herab auf die Menschen, ihre Pläne, ihre Träume.

*

Die beiden Präsidenten kamen zu meiner Überraschung auf den Gedanken, ich könnte ihnen vielleicht mit einigen guten Ratschlägen für die Ausbeutung der wirtschaftlichen Möglichkeiten Dagestans nützlich sein. In den letzten Tagen hatte ich ja einige wirtschaftliche Unternehmungen kennengelernt. Ich wandte ein, daß mir ja die Erfahrung in Wirtschaftsfragen fehlte, aber das half nichts. Konnten die vielen ungenutzten Schätze in Geld umgesetzt werden, am besten wohl durch die Vergebung von Konzessionen, so mußte das dem armen Land einen wesentlichen Aufschwung bringen. Der ganze Staatshaushalt Dagestans schloß damals mit zehn Millionen Rubel ab.

Am nächsten Tag, Freitag, den 11. Juli, war zur Erörterung dieser Frage eine große Versammlung des ganzen Volkskommissariats von Dagestan einberufen. Ich hatte auf unsern Ausflügen wiederholt festgestellt, daß hier große Mineralschätze, Petroleum und natürlicher Schwefel, vielleicht in den Bergen auch Metallerze ruhten. Der bei weitem größte Reichtum des Landes schien mir aber die weite ertragfähige Ebene selbst zu sein. Sie erstreckt sich 216 Kilometer weit nach Norden über das Deltaland des Terek bis zur Landesgrenze am Kuma und hat eine Fläche von mehr als 25 000 Quadratkilometern. Im Norden waren zwar viele Salzsteppen, aber ein großer Teil der Ebene mußte meinem Eindruck nach anbaufähig gemacht werden können. Wurden die hunderttausende Desjätinen fruchtbaren Landes, die hier mehr oder minder brachlagen, entwässert, berieselt und umgepflügt, so konnten daraus die herrlichsten Äcker und Gärten werden. Baumwolle und Obst, Seide und Tabak, Gemüse und Wein, vom Getreide nicht zu reden, konnten hier gedeihen. Die Arbeit mußte durchführbar sein. Das Wasser des Terek, der nördlich der Hauptstadt mündet, schien mir für Berieselung besonders geeignet, und auch im Süden kommen genug Flüsse von den Bergen herab, deren Wasser über die Ebene geleitet werden könnte. Das Flachland kann mit Motorpflügen bearbeitet werden, deren Betrieb in einem petroleumreichen Land billig ist.

Die Malaria ist ein gefährlicher Gegner. Das Volkskommissariat war sich darüber klar, daß gegen diese Seuche ein planmäßiger Kampf geführt werden muß. Aber die Bebauung des Landes, namentlich die Entwässerung der sumpfigen Landstriche wäre ja selbst schon eine der wesentlichsten Bekämpfungsmaßnahmen. Außerdem konnte man noch mit andern Mitteln vorgehen. Das Besprengen der Sümpfe und stehenden Gewässer mit Naphtha würde in Dagestan mit seinen reichen Naphthaquellen kaum mehr Kosten verursachen als eben die Ausgaben für die Arbeitskräfte.

In allen diesen Punkten war man sich im Volkskommissariat einig. Bis jetzt hatten die Kommissare die Mineralvorkommen für den größten Reichtum des Landes gehalten, wollten aber nun doch meinem Rat folgen und der Urbarmachung der Ebene besondere Aufmerksamkeit widmen. Nur über den Weg zum Ziel herrschten noch Zweifel. Zu einer großen Entwässerungs= und Berieselungsanlage waren Betriebsmittel notwendig, und das arme Land Dagestan verfügte nicht über so bedeutende Wirtschaftsquellen.

Zwei Wege waren denkbar. Entweder mußte Dagestan eine Anleihe für die Urbarmachung seines Brachlandes aufnehmen und die Zinsen und Tilgungsraten aus dem Ertrag des Bodens selbst bezahlen, oder die Regierung gab das Land an ausländische Kapitalisten in Konzession mit der Verpflichtung zur Urbarmachung. Mehrere Mitglieder der Kommission fürchteten, daß eine Anleihe für Dagestan nur schwer aufzubringen sein würde, denn die Republik ist finanziell nicht selbständig, sondern gilt als ein Teil der sozialistischen Sowjetrepublik mit dem Hauptsitz Moskau. Das Konzessionensystem schien also einfacher und leichter durchführbar. In früherer Zeit hatte auf der Ebene im Norden eine deutsche Ansiedlung bestanden. Die Siedler waren als tüchtige Arbeiter allgemein beliebt gewesen. Leider waren sie während des Krieges vertrieben worden. Aber die Kommissare hätten die Wiederentstehung solcher Ansiedlungen freudig begrüßt und wären für jede Unterstützung in dieser Richtung sehr dankbar gewesen. — Die Regierung brauchte außerdem Hilfe im Kampf gegen die Malaria und bei der Anschaffung von Traktoren. Wären erst einmal die Geldmittel zur Urbarmachung des Flachlandes vorhanden, so würde es nicht schwer sein, die nötige Bauernbevölkerung heranzuziehen. Das Gebirge ist voll von Menschen, die mit Freuden gute Felder im Tiefland gegen ihre armseligen Ackerfleckchen im Hochgebirge eintauschen würden. — Die Möglichkeiten waren ungemessen; wer guten Willen und die nötigen Mittel besaß, dem bot sich Gelegenheit, ein segensreiches Werk zu unterstützen. Ganz Westeuropa leidet unter Erwerbslosigkeit. Die Menschen quälen sich um das bißchen Brot für ihren Lebensunterhalt, und hier im nahen Osten wartet die jungfräuliche Erde auf frische Arbeitskräfte, bereit, sie mit reicher Ernte zu lohnen. Es bedarf nur tüchtiger Menschen, die frisch anpacken. Für tausende und aber tausende Erwerbslose oder ungenügend beschäftigte Menschen aus den alten Kulturländern ist hier Platz in Hülle und Fülle. Hier könnten sie zu nützlichen Gliedern eines blühenden Wirtschaftsorganismus werden. Raum für alle hätte unsere Erde, wäre nur die Bevölkerung richtig verteilt und der Boden vernünftig ausgenutzt.

Nach Schluß der Besprechungen fand ein gemeinsames Frühstück der Volkskommissare statt. Die Tafel war reich gedeckt. Alle diese Mohammedaner tranken Wein. Der Klang der Gläser bekräftigte die in vielen begeisterten Reden ausgesprochene Hoffnung, daß unsere gemeinsamen Bemühungen um Dagestans glückliche Zukunft reiche Früchte tragen möchten.

IX.
Über das Kaspische Meer nach Astrachan.

Quisling und ich wären gern noch recht lange in dem interessanten Lande und bei seinen liebenswürdigen Menschen geblieben. Aber unsere Zeit war abgelaufen. Der Dampfer, der uns über das Kaspische Meer an die Wolgamündung bringen sollte, verließ nachmittags den Hafen. Der Abschied wurde uns schwer. Unsere liebenswürdigen Freunde Samursky und Korkmasow und einige andere Mitglieder des Volkskommissariats brachten uns an Bord. Wir tauschten mit unsern Gastfreunden die letzten Grüße aus. Auf dem überfüllten Schiff war für unsere Bequemlichkeit aufs beste gesorgt. Vor der Abfahrt war noch eine Fülle von Geschenken für uns an Bord gebracht worden, würdig eines orientalischen Fürsten.

Das Schiff kam von Baku und war bis auf den letzten Platz mit Menschen besetzt, die nach Astrachan fahren wollten. Auch in Machatsch-Kalá kamen noch viele Reisende an Bord, die Landungsbrücke war schwarz von Menschen. An Deck türmten sich große Stapel von Heringstonnen. — Der Dampfer lief aus dem Hafen, unsere Freunde begleiteten uns noch im Schleppboot ein Stück weit und winkten uns das letzte Lebewohl zu. Machatsch-Kalá, die Ebene und die blaue Gebirgswand des Kaukasus, versanken hinter uns im Meer.

Der Dampfer war wieder eine neue Welt für uns. Die Reisenden waren wohl zum größten Teil Russen. Es fiel uns auch hier wieder, gegenüber dem kaukasischen Leben, die große Zahl der Frauen auf, und wir verglichen die freien Umgangsformen, das vollkommen kameradschaftliche Verhältnis zwischen Frauen und Männern mit der strengen Trennung der Geschlechter in den orientalisch beeinflußten Ländern. Alle Lebensalter waren unter den Reisenden vertreten.

Wir hatten auch einige verliebte junge Paare an Bord, vielleicht machten sie ihre Hochzeitsreise.

Das Kaspische Meer ist hier, in seinem nördlichen Teil, ganz seicht, mit Ausnahme weniger Stellen nicht einmal zehn Meter tief. — Am Sonntagmorgen, dem 12. Juli, kamen wir in das noch seichtere Wasser vor dem Deltagebiet der Wolga. Hier wurden wir vom Schraubendampfer auf einen Raddampfer umgebootet, denn der durch das Delta gestochene Kanal ist nur zwei Meter tief. Die Meeresoberfläche war hier ganz mit dem gelbbraunen, schlammigen Süßwasser bedeckt, das leichter als Salzwasser ist und daher weithin an der Oberfläche sichtbar bleibt, ehe es sich mit dem Seewasser vermengt. — Die Fahrtrinne ist durch viele kleine Feuerschiffe gekennzeichnet. Wir begegneten einer Menge großer Leichter, sie sahen aus wie Inseln, auf denen kleine Häuser stehen. Oft zog ein einziger Schleppdampfer eine ganze Kette von Leichtern. Einige Schleppkähne führten ein viereckiges Raasegel, um auf der Fahrt nach Norden schneller vorwärts zu kommen. Wir überholten auch einige Zweimaster. Sie fuhren bei gutem Wind den gleichen Weg wie wir. Einige von ihnen hatten getrocknete „Wobla" geladen, die in großen Haufen an Deck gestapelt war. Der Anblick erinnerte mich an die norrländischen Jachten, die vor vielen Jahren noch den Dörrfisch nach Bergen brachten. Auch sie hatten ihre Ladung an Deck bis hoch über die Reling geladen. Wobla oder Rotauge ist der hier am häufigsten gefangene Fisch. Die ganze Bauernbevölkerung lebt von nichts anderm. Er heißt mit seinem zoologischen Namen Rutilus rutilus caspicus und ist eine Abart des gewöhnlichen Frischwasser-Rotauges Leuciscus rutilus. Das kaspische Rotauge unterscheidet sich vom gewöhnlichen Rotauge dadurch, daß es im Salzwasser lebt und ein Wanderfisch ist. Es kommt im ganzen Kaspischen Meer, besonders aber in dessen nördlichem Teil, vor*. Der Fisch ist im geschlechtsreifen Alter 12 bis 36 Zentimeter lang und wiegt 70 bis 500 Gramm. Im Frühjahr, April oder Mai, ja schon während der Eisschmelze wandern die Rotaugen in ungeheueren Zügen zum Laichen

---

* Die hier und im folgenden mitgeteilten Angaben über die Fischerei sind dem ausgezeichneten Buch von Arvid Behning, „Das Leben der Wolga", entnommen. Das Werk erschien als Band V der von Thienemann herausgegebenen Reihe „Die Binnengewässer", Stuttgart 1928.

ins Wolgadelta hinauf. Sie sind die wichtigste Beute der Fischerei. Der größte Teil wird leicht eingesalzen und dann auf Trockenplätzen von ungeheuerer Ausdehnung an Holzgestellen gedörrt. Die Ausbeute beträgt jährlich 600 Millionen bis eine Milliarde Fische, im Gewicht von 82 000 bis 150 000 Tonnen. Die Wobla ist billig und in getrocknetem Zustand leicht zu verfrachten. Sie und der Hering gehören in Rußland zu den allerwichtigsten Volksnahrungsmitteln.

Die niedrigen, flachen Inseln und Auen des Deltas zu beiden Seiten der Fahrtrinne waren mit frischgrünem Schilf bewachsen. Weiter abseits von den Ufern standen auf dem ganz flachen Küstenland einzelne Baumgruppen und Kirchdörfer. Nirgends liegt das Uferland erheblich über der Wasserfläche. Weit und breit ist der Boden von kleineren Flußarmen durchkreuzt, die Gegend ist sehr feucht und eine Brutstätte der Malaria. Erst weiter nördlich liegt das Land etwas höher über der Wasserfläche des Flusses, namentlich auf der linken Seite. Aber auch hier beträgt der Höhenunterschied nur wenige Meter. Der Fluß führte noch ziemlich viel Wasser; er sinkt aber im Spätsommer. Bei Astrachan pflegt der höchste Wasserstand Mitte Juni einzutreten. Dann sinkt das Wasser gleichmäßig bis zum September. Um diese Zeit ist der Wasserstand am tiefsten.

Je weiter der Weg flußaufwärts geht, desto größer werden die Ortschaften zu beiden Seiten. Sie rücken auch näher ans Ufer heran, namentlich auf dem Westufer des äußersten westlichen Deltaarmes, den wir hinauffuhren, stehen die Dörfer oft dicht am Fluß. Die niedrigen Häuser liegen oft weit verstreut, aus ihrer Mitte ragt die Kirche auf.

Große schwarze Entenvögel zogen über die schilfbewachsenen Ufer. Ihr Fleisch ist nicht eßbar, doch gibt es viele andere Entenarten, und die Gegend bietet reiche Gelegenheit zur Jagd auf Enten und Wildgänse. Bei mittlerem Wasserstand kann man viele Kilometer weit durch das Schilf des Deltas waten, besonders östlich von unserm Fahrtweg. Das Wasser reicht dann nur bis unters Knie. Das Schilf beherbergt eine Menge Wildenten und Gänse.

Das Fahrwasser ist auf dem ganzen Weg flußaufwärts sehr seicht und deshalb schwer schiffbar. Bei jeder Kursänderung muß man sich vor Sandbänken in acht nehmen. Die Fahrtrinne ist daher genau abgesteckt. Der Verkehr auf dem Fluß war lebhaft und nahm immer noch zu, je mehr wir uns Astrachan näherten. Man merkte, daß man auf dem Wege zu einem großen Handelsmittelpunkt war. Es wimmelte von Fischerbooten, und die Leichter zogen in langen Reihen hinter ihren Schleppern her. Manchmal waren drei Leichter am Bug wie mit einem Schlüsselring zu einem Bündel zusammengekettet, so daß sich bei der Fahrt die Achterenden auseinanderspreizten und das Wasser wild aufschäumte. Der Höhenunterschied der Ufer trat immer deutlicher hervor; im Westen hatten wir Hochufer, im Osten war das Land flach und sumpfig.

Astrachan.

Gegen 1/2 9 Uhr abends kamen wir mit einer halben Stunde Verspätung in Astrachan an. Wir verpaßten den Anschluß an den Personendampfer, der von hier weiter wolgaaufwärts fährt. Herr Tarchow, der Vorstand des Vollzugsausschusses für die Provinz Astrachan, kam zu unserer Begrüßung an Bord. Der örtliche Leiter des Schiffsverkehrswesens begleitete ihn. Die beiden Herren teilten uns mit, wir müßten in Astrachan Aufenthalt nehmen und auf das Schnellboot warten, das am nächsten Abend abfahren sollte. Wir konnten zwar um 10 Uhr noch ein gemischtes Personen- und Frachtschiff erreichen, aber die Fahrt würde sehr viel länger dauern. Das Schnellboot lag schon nebenan, und wir konnten also unsere Sachen gleich für den nächsten Tag hinüberbringen lassen. Es war ein sehr gut ausgestatteter geräumiger Raddampfer; wir bekamen die schönsten und größten Kabinen, die ich jemals auf einem Schiff gesehen habe. Die Kajüte war so hoch wie ein Hotelzimmer. Die Fahrt versprach angenehm zu werden.

Wir besuchten mit Herrn Tarchow und seinem Freund ein Sommertheater in einem Park. Vor vollbesetztem Hause wurde eine Operette gespielt. Während der langen Zwischenakte lustwandelten die Menschen im Park. Die meisten sahen aus, als gehörten sie den besser gestellten Arbeiterschichten an, die Frauen waren gut gekleidet.

Am nächsten Morgen, Montag, den 13. Juli, wurde uns ein Automobil für eine Rundfahrt durch die Stadt zur Verfügung gestellt. Astrachan hat 175000 Einwohner und ist seit uralter Zeit einer der wichtigsten Handelsplätze weit und breit. Durch seine Lage an der Wolgamündung ist es der gegebene Durchgangshafen für allen Handel und Verkehr, der sich zwischen dem weitverzweigten Stromgebiet des ungeheueren Flusses und den Ländern am Kaspischen Meer abspielt. Das Verkehrsgebiet des Kaspischen Meeres selbst ist durch die transkaspische Eisenbahn, die es mit den reichen Ländern des Ostens verbindet, noch mehr erweitert. Astrachan ist zugleich der Mittelpunkt für die Fischerei im Wolgadelta und im nördlichen Teil des Kaspischen Meeres.

Die Chasaren hatten schon in den ersten Jahrhunderten n. Chr. die wichtige Handelsstadt Itil am rechten Ufer der Wolga, ungefähr zehn Kilometer oberhalb Astrachans, gegründet. Itil wurde Marktort und Treffpunkt der Kaufleute aus Byzanz und Bagdad, Armenien und Persien, von der Wolga, vom Don und vom nördlichen und westlichen Hinterland dieser Stromnetze. Nach dem Einfall der Araber in den Kaukasus im 7. Jahrhundert wurde Itil auch zur Hauptstadt des Chasarenreiches, weil Semender, das spätere Tarku, aufgegeben werden mußte. Itil war der Haupthandelsplatz für Wachs, Honig, Pelze und Leder. Diese Waren kamen die Wolga herab. Als die Juden aus Konstantinopel vertrieben wurden, wanderten sie nach Itil ab und entwickelten dort den chasarischen Handel. Sie verbreiteten in der Stadt auch ihre Religion im Wettbewerb mit der mohammedanischen und christlichen. Das chasarische Herrscherhaus selbst trat um das Jahr 740 zum Judentum über.

Die Chasaren waren die Vermittler zwischen Ost und West. Nach vielen wechselnden Geschicken wurde ihre Macht durch das warägisch-russische Reich mit dem Sitz in Kiew eine Schranke gezogen. Als Ibn Fadhlân um 922 n. Chr. Itil besuchte, fand er noch eine große Stadt mit Bädern, Marktplätzen und 30 Moscheen. Aber der Gewerbefleiß im Lande war schon zurückgegangen, das Reich lebte von den recht unsicheren Zwischenhandelsgewinnen. In den Jahren 965 bis 969 wurden Itil, Semender und andere Städte von Swiatoslaw, dem Fürsten von Kiew, erobert. Seit der Zerstörung durch die Russen im Jahre 969 hieß die Stadt nicht mehr Itil, sondern Balanjar. Ende des 14. Jahrhunderts wurde sie von Tamerlan dem Erdboden gleichgemacht. Bald danach wurde

Astrachan an der Stelle gegründet, wo es noch heute liegt. Die neue Stadt war Mittelpunkt eines tatarischen Chanats, bis sie im Jahre 1557 unter Iwan dem Schrecklichen von den Russen erobert wurde. Seit dieser Zeit ist Astrachan russisch. Im Jahre 1660 hielt die Stadt eine Belagerung durch die Tataren aus, 1670 wurde sie von Stenjka Rasin eingenommen. Peter der Große wählte Astrachan zum Hauptstützpunkt für seinen Feldzug gegen die Perser. Er ließ eine Schiffswerft anlegen und förderte den Aufstieg der Stadt nach Kräften. Bis auf den heutigen Tag laufen alljährlich viele tausend Schiffe den Hafen von Astrachan an, und die Stadt hat noch immer einen bedeutenden Ein- und Ausfuhrverkehr.

Der wichtigste Erwerbszweig der Stadt und ihrer weiteren Umgebung ist der Fischereibetrieb. Von ihm lebt mehr als die Hälfte der Bevölkerung. Der Kanal Kulum, eigentlich ein regulierter Seitenarm der Wolga, läuft mitten durch die Stadt. Er bietet mit der Unzahl von Booten an seinen Ufern ein märchenhaftes Bild. Auf dem Marktplatz herrschte ein reger Verkehr. Waren aller Art lagen in kleinen Buden, auf Tischen, ja sogar auf dem Erdboden zum Verkauf ausgebreitet. Die verschiedensten Völkertypen wimmelten hier durcheinander: Russen, Tataren, Kalmücken, Perser, Kirgisen. Im Gegensatz zum Verkehrsbild von Tiflis sahen wir hier Frauen als Händlerinnen und Käuferinnen.

Die höchste Bodenerhebung im Stadtbezirk trägt den Kremlin. Er ist von einer weißen Mauer mit Schießscharten und vielen Türmen umgeben. Innerhalb des Mauerringes steht die Kathedrale mit ihren fünf grünen Kuppeln. Die Straße, die vom Osten her zum Torturm des Kremlin führt, war in früheren Zeiten der große Basar. Jetzt liegt sie in Trümmern, ein Opfer der Revolutionskämpfe. Die Engländer bewarfen damals die Stadt aus fünf Flugzeugen mit Bomben und sollen schweren Schaden angerichtet haben. Auch an anderen Stellen der Stadt sahen wir zerstörte Häuser, ich glaube aber nicht, daß alle diese Verwüstung auf Rechnung der Engländer zu setzen ist.

Nach einem Besuch des tatarischen Basars, wo wir die Handwerker bei ihrer Arbeit beobachten konnten, fuhren wir zum Regierungsgebäude. Hier, wie in allen großen Verwaltungen der Sowjetrepublik, saßen in jedem Raum eine Menge Beamte, und es herrschte ein ununterbrochenes Hasten und Rennen. Ich habe mich oft gefragt, wie die Menschen in diesem Getriebe ordentliche Arbeit leisten können. Ich glaube, die Russen stellen gern mehr Leute in der Verwaltung an als wir, und der einzelne hat daher ein geringeres Arbeitsmaß zu bewältigen. Tarchow empfing uns, führte uns in die Staatsbank und ließ uns dort den Betrieb der Bank erklären. Die Staatsbank hat vor allem die Aufgabe, die Fischerei zu unterstützen. Den verschiedenen Fischereiunternehmungen mußten möglichst billige Darlehen beschafft werden. Die Behörden gehen davon aus, daß Wohlstand und Gedeihen des Gemeinwesens nur gefördert werden kann, wenn die private Unternehmungslust, namentlich auf dem Gebiet der Fischerei, unterstützt wird. Auf dem grünen Verwaltungstisch wurde uns ein Frühstück angeboten. Frischeren Kaviar als hier an seinem Ursprungsort wird man wohl nirgends bekommen können. Nachdem wir uns daran gütlich getan hatten, wanderten wir zu den Landungsbrücken an der Wolga und besichtigten die Fischkästen auf den Leichtern. Wir sahen lebende Fische aller Art in großen Mengen. Die schnalzenden Fische wurden mit Netzen aus dem Wasser geholt, und wenn der Käufer sein Stück ausgewählt hatte, warf der Händler die übrigen in den Kasten zurück. Der Stör war in verschiedenen Größen und in seinen beiden Arten Osetrina und Sevriuga vertreten. Ganz große Störe von der Art Beluga (Acipenser huso L.) sah ich nicht. Der Beluga wird bis zu fünf Meter lang und bis zu einer Tonne schwer. Früher fing man noch größere Störe bis zu zwei Tonnen Gewicht*. Der Hausen oder Beluga liefert viel vortrefflichen Kaviar. Auch das Fleisch ist in frischem oder geräuchertem Zustand hochgeschätzt. Aus der Schwimmblase wird der Hausenblasenleim gewonnen. Der Belugastör lebt im Kaspischen oder Schwarzen Meer und wandert im Herbst in die Flüsse hinauf, um im Frühjahr dort zu laichen.

Er wächst sehr langsam, auch laicht er nur jedes zweite oder dritte Jahr. Er vermehrt sich langsamer, als er abgefischt wird, obgleich das Weibchen bis zu zweieinhalb Millionen Eier legt. In der letzten Zeit ist der Störbestand zurückgegangen. In der Wolga fängt man die Störe mit grobmaschigen Netzen. Das wichtigste Störfischwasser ist aber der nördliche Teil des Kaspischen Meeres. Vor dem

---

* Über die hier erwähnten Fischarten vgl. A. Behning a. a. O., S. 74ff.

Kriege wurden jährlich etwa 76000 Störe im Gewicht von 44000 Tonnen gefangen. Diese Beute lieferte 1200 Tonnen Kaviar.

Der Osetrinastör (Acipenser güldenstädti) ist viel kleiner als der Hausen. Er wird nur selten mehr als zwei Meter lang und wiegt bis zu 100 Kilogramm. Die meisten sind nur eineinhalb Meter lang und 15 bis 25 Kilogramm schwer. Der Osetrinastör kommt im ganzen Kaspischen Meer vor, wandert im Herbst flußaufwärts und laicht im darauffolgenden Mai. Er bevorzugt namentlich die Wolga. Jedes Weibchen legt 80000 bis 100000 Eier. Durch künstliche Brütung werden jährlich etwa 200000 Fische gezüchtet. Die Jahresausbeute an Osetrinastören erreicht 300000 bis 400000 Stück oder 5000 Tonnen. Die Fischer holten für uns einen solchen Stör aus einem Kasten und nahmen ihn vor unsern Augen aus. Der Rogen lag in zwei langen, dicken Strähnen zu beiden Seiten der Bauchhöhlen. Dieser einzige Fisch mußte wohl zwei Kilogramm Kaviar ergeben. Der Kaviar wird in der Weise zubereitet, daß der Rogen so lange mit einem Stäbchen oder Löffel gerührt wird, bis alle Häutchen entfernt sind und jedes Rogenkorn freiliegt. In diesem Zustand ist der grüne Kaviar speisefertig. So erzielt er den höchsten Preis, namentlich der Belugakaviar, aber auch Osetrina- und Sevriugakaviar sind geschätzt. Der Osetrinakaviar wird gewöhnlich leicht gesalzen und gepreßt, weil er in diesem Zustand besser verfrachtet werden kann und sich ziemlich lange hält. Er ist im Handel als „Pajusnaja ikra" bekannt.

Der Sevriuga- oder Sternstör (Acipenser stellatus Pall.) ist bedeutend kleiner als der Osetrina; er erreicht nur selten die Länge von zwei Metern und das Zentnergewicht. Im allgemeinen wird er ein bis eineinhalb Meter lang und etwa zwölf Kilogramm schwer. Der Sternstör wandert zum Laichen größtenteils den Kura und den Uralfluß hinauf. Doch kommen auch viele Sternstöre in die Wolga. Die Laichzeit sind die Monate Mai und Juni. Ein Weibchen legt 35000 bis 360000 Eier. In letzter Zeit werden in der Wolga jährlich vier bis fünf Millionen künstlich ausgebrütete junge Fische ausgesetzt. Die Jahresausbeute in der Wolga und in den ihrem Delta unmittelbar vorgelagerten Gewässern des Kaspischen Meeres beträgt rund 600000 Fische oder 2500 bis 3300 Tonnen. Vom Sternstör kommt der beste gesalzene Kaviar („Pajusnaja").

Zum Schluß muß ich noch einen andern Störfisch erwähnen, den Sterlet (Acipenser ruthenus). Er lebt überall in der Wolga vom Delta bis zum Oberlauf und ist ein ausgesprochener Süßwasserfisch. Er steht an Größe hinter den andern Stören zurück, denn er wird nur ein Meter lang und 16 Kilogramm schwer. Der Durchschnitt der gefangenen Sterlete ist nur 35 bis 55 Zentimeter lang. Der Sterlet gilt als der bestschmeckende Wolgafisch. Aus ihm bereitet man die berühmte „Ucha"-Fischsuppe, er wird aber auch gekocht, gebraten, kalt und geräuchert gegessen. Die Gesamtausbeute aus der ganzen Wolga beträgt jährlich etwa 32 Millionen Sterlete. Der Sterletkaviar ist nicht so wertvoll wie der Kaviar der andern Störarten. Er wird nur an Ort und Stelle, und zwar meistens frisch, das heißt ungesalzen, verbraucht.

Nach diesem Besuch der Fischerei brachte uns Herr Schwedow, der Vizepräsident des Vollzugsausschusses, mit einem kleinen Dampfboot zum andern Wolgaufer. Der Fluß war von Dampfern und Segelschiffen, Fischerbooten, Leichtern und Schleppern belebt. Wir legten am rechten Ufer bei einigen großen, langen Fischereihallen, richtigen Kühlhäusern, an. Die Kühlhäuser haben Doppelwände, die Zwischenräume werden im Winter bis ans Dach hinauf mit Eis gepackt. Das Eis schmilzt im Laufe des Sommers allmählich und hält die weiten Hallen so kalt, daß manchem von uns, die wir aus der Tageshitze kamen, zu kühl wurde. Wir konnten es nicht lange aushalten. Der Hering lag in großen Behältern unter dem Fußboden in der Salzlake. Es war die Ernte des vergangenen Frühjahrs. Hier lagerten 100 000 Pud oder 1640 Tonnen Fische. Die Hallen konnten aber bis zu 150 000 Pud fassen. Der Hering war fertig zur Verpackung in Tonnen und zum Versand nach ganz Rußland. Von jedem Lagerschuppen führte ein langer Steg oder eine Landungsbrücke schräg ins Wasser hinaus, um den frischen Fisch von den Booten herein- und den gesalzenen zum Verladen hinauszubringen.

Wir fuhren wieder über die Wolga zurück und dann in einen Seitenarm, der etwas nördlich von der Stadt nach Osten abzweigt. Unser Weg führte an großen Holzlagerplätzen vorüber, am Ufer lagen viele Holzflöße in Reih und Glied. Sie alle kommen vom Oberlauf der Wolga hierher. In dieser baumlosen Gegend ist

Zimmerholz eine wertvolle Ware. Wir gingen unter der Eisenbahn hindurch und kamen zu zwei großen Eisfabriken und Gefrieranstalten. Die Wolga liefert im Winter genug Natureis für die Aufbewahrung des Herings. Dieses Natureis wird auf dem andern Flußufer verbraucht. Hier aber wird für die Aufbewahrung der wertvolleren frischen Fische künstliches Eis mit Maschinen erzeugt. Als Betriebsstoff verwendet man Mineralöl, woran das Land ja unendlich reich ist. Nur ein russisches Fischgefrierwerk wurde mit Dieselmotoren betrieben. Hier wurden jährlich 500 000 Pud oder 8200 Tonnen Frischfische verschiedener Art gefroren und aufbewahrt. Das Werk verarbeitet Beluga=, Osetrina= und Sevriugastör, Sterlete, verschiedene Frischwasserfische wie Barsche oder Sudak (Lucioperca lucioperca), Brachsen und viele andere. Früher gab es auch ein englisches Gefrierwerk, das mit ölgefeuerten Dampfmaschinen betrieben wurde und jährlich 250 000 Pud oder 4100 Tonnen Frischfische verarbeitete. Der Gefrierfisch wird während des ganzen Jahres in Kühlwagen auf der Eisenbahn über ganz Rußland verfrachtet.

Man riet uns, zum Besuch der großen Gefrierhallen Pelze anzuziehen, wir meinten aber, bei der drückenden Hitze könne eine kleine Abkühlung recht angenehm sein. Ich bereute sehr bald, daß ich dem Rat nicht gefolgt war, und verzichtete auf den Besuch der kühlsten Hallen. Quisling machte mit Todesverachtung alles mit, nachher gestand er mir aber, es sei doch entsetzlich kalt gewesen.

Die Gefrierwerke bekommen täglich frische Zufuhr von der Fluß= und Deltafischerei. Auf den Landungsbrücken herrschte reger Verkehr ungezählter Boote, die ihre Beute löschten. Sie brachten Barsche (Sudak), Osetrina= und Sevriugastör, Rotaugen, Heringe und Fische anderer Art.

Damit hatten wir die wichtigsten Wirtschaftszweige Astrachans kennengelernt und kehrten mit unserm kleinen Dampfboot, an den Kais entlang südwärts fahrend, zurück. Auf dem schattigen Deck unseres Schnelldampfers erwartete uns ein kühler Trunk, an dem wir uns von der erschöpfenden Tageshitze erholten.

X.

Die Wolga.

Die Wolgafischerei.

Wir hatten ein anschauliches Bild von der großen Bedeutung der Fischerei für die Volkswirtschaft des Wolgagebietes gewonnen. Die Menge und Mannigfaltigkeit der Fische, die hier im Laufe des Jahres aus dem Wasser gezogen werden, stehen auf der Welt einzig da. Die Hauptfischzeit sind Frühjahr und Sommer, die ergiebigsten Gewässer sind das Wolgadelta und die seichten, nur wenige Meter tiefen Teile des Kaspischen Meeres, die dem Delta unmittelbar vorgelagert sind.

Der größte und wichtigste Zweig neben der Woblafischerei ist die Heringsfischerei an der Wolgamündung. Die kaspischen Heringsarten oder Maifische bilden zusammen eine besondere Gattung Caspialosa. Sie ist mit der Gattung Alosa verwandt, zu der die größte Heringsart Alosa vulgaris, Cuv. gehört. Dieser Hering wird bis zu 60 Zentimeter lang, er lebt an den europäischen Küsten und geht zum Laichen in die Flüsse. Die kaspischen Heringsarten machen es ähnlich. Wenn sie nicht überhaupt ins fließende Süßwasser hinaufwandern, so ziehen sie zum Laichen mindestens in den Süßwasserbereich des Deltas und seiner nächsten Umgebung.

Die für die Fischerei wichtigste Art ist der Wolgahering (Caspialosa volgensis*). Er wandert in großen Zügen Anfang Mai ins Wolgadelta hinauf und laicht dort im Mai und Juni. Der Zug dauert fünf bis sieben Tage. In dieser kurzen Zeitspanne wird auch die größte Ausbeute gemacht. Viele Heringszüge steigen bis Stalingrad (Zarizyn), mancher sogar noch weiter flußaufwärts. Nur

---

* Vgl. über diese und die im folgenden genannten Fischarten A. Behning a. a. O., S. 78 ff.

Ein aufgeschnittener Osetrinastör.
„Der Rogen lag in zwei langen, dicken Strähnen zu beiden Seiten der Bauchhöhle." (S. 149.)

In der Heimat des Kaviars: Osetrina- und Sevriugastöre. (S. 148.)

Der Kanal Kutum in Astrachan. (S. 147.)

Fischerboote an den Landungsbrücken vor den Gefrierhallen. (S. 151.)

ein kleiner Teil dieser Heringe geht während der Wanderung und Laichzeit an Unterernährung zugrunde, die andern kehren ins Meer zurück und können noch einmal zum Laichen in den Fluß hinauf ziehen, doch scheint der Hering nicht öfter als zweimal zu laichen. Der Wolgahering ist im dritten Jahre geschlechtsreif und wird nur selten älter als sechs Jahre. Die jährliche Ausbeute an Wolgaheringen beträgt ungefähr 450 Millionen Stück oder 150 000 Tonnen.

Die größte kaspische Heringsart, der Schwarzrücken (Caspialosa kessleri), wird bis zu einem Meter lang und bis zu eineinhalb Kilogramm schwer. Im Vorfrühjahr wandert er die Wolga hinauf und erreicht Anfang oder Mitte Juni die Höhe von Samara. Er steigt bis in die Kama und Oka hinauf und kann sogar noch bis zu 1290 Kilometer weit kamaaufwärts wandern. Das Weibchen laicht ein einziges Mal im Alter von fünf bis sechs Jahren. Nach der Laichzeit gehen Männchen und Weibchen ausnahmslos infolge der weiten Wanderung an Erschöpfung zugrunde. In besonders heringsreichen Jahren soll der Fluß beim Zurückgehen des Hochwassers einen eigenartigen Anblick bieten, wenn die Heringsleichen zu Hunderttausenden in den Zweigen des bei niedrigem Wasserstand trockengelegten Weidengebüsches hängen. Der Hauptfang wird in den Deltaarmen gemacht, durch die der Fisch in die Wolga einzieht. In den Jahren 1911 bis 1915 wurden jährlich 20 Millionen Schwarzrücken erbeutet. In letzter Zeit geht der Fang zurück, weil der Hering nicht mehr in so großen Mengen in die Wolga kommt. 20 Millionen Schwarzrücken ergeben ungefähr 15 000 Tonnen gesalzenen Hering. Nur ein geringer Teil des Fanges wird geräuchert, man wählt dazu die größten Fische aus.

Der kaspische Hering (Caspialosa caspia) steigt nur teilweise zum Laichen ins Wolgadelta hinauf, die Mehrzahl laicht Ende Mai und Juni im Süßwasser vor dem Delta oder in den vielen Süßwasserbecken am Westrande des Deltas. Die Fischerei ergibt jährlich rund 130 Millionen kaspische Heringe im Gewicht von 17 500 Tonnen. Die übrigen Heringsarten des Kaspischen Meeres haben für die Fischerei geringere Bedeutung. Auch eine sprottenähnliche Fischart (Harengula delicatula) laicht Ende April und Anfang Mai in oder vor dem Wolgadelta. Bis jetzt wurde sie noch nicht im großen gefangen. Doch denkt man für die Zukunft an die Entwicklung auch dieses Fischereizweiges. Die erbeuteten Sprotten sollen in Konservenfabriken verarbeitet werden. Noch ein interessanter Fisch wird in der Wolga gefangen, das kaspische Neunauge oder Caspiomyzon wagneri. Es ist ein tiefstehender, dem Aal ähnlicher Fisch mit Saugmund, der sich meistens auf dem Grund und im Grundschlamm aufhält. Er steigt im September bis Dezember wolgaaufwärts und laicht nach einer Wanderung von 2000 bis 2400 Kilometern im April und Mai. Man fängt ihn in Reusen. In früherer Zeit wurde er nur zur Viehfütterung und zur Fettgewinnung verwendet, in letzter Zeit dient er auch gebraten oder mariniert als Nahrungsmittel. Die Jahresausbeute beträgt 20 bis 30 Millionen Stück oder 1140 bis 2130 Tonnen.

Die Bedeutung der eigentlichen Süßwasserfische darf nicht über diesen Wanderfischen vergessen werden. Es handelt sich vor allem um Karpfen, Welse, Hechte, Barsche, die in verschiedenen Arten in der ganzen Wolga und ihren Nebenflüssen vorkommen. Die Störe werden hier „krasnoje", das heißt „rot", genannt. Diese Süßwasserfische aber heißen wegen ihres weißen Fleisches „bjelj" (Weißfisch). Es gibt eine besondere biologische Gruppe dieser Fischarten, die nur im Wolgadelta, zeitweise auch in dem schwach salzhaltigen Wasser des Kaspischen Meeres unmittelbar vor dem Delta leben. Im Deltagebiet nennt man sie Grubenfische, weil sie in Gruben oder Vertiefungen von etwa vier bis fünf Metern in den Deltaarmen nahe der Mündung überwintern. Die Fische fressen sich den Sommer über dick und rund und sammeln sich dann in ungeheuren Mengen in diesen Gruben. Dort stehen die großen Welse (Siluris glanis) in der Mitte, wo die Grube am tiefsten ist. Die kleinen Rotaugen stehen am Rande, die Karpfen und Brachsen bilden einen Ring zwischen den Welsen und Rotaugen. Bei der tiefen Wintertemperatur von beinahe Null Grad hat der Fisch einen langsamen Stoffwechsel und befindet sich in einer Art Dämmerzustand. Die Fischwasser sind im Winter glücklicherweise gesetzlich geschützt, sonst würden die Fischer bei ihrer genauen Kenntnis der Gruben den ganzen Fischbestand ausrotten. Während der Revolution von 1917 war die Gefahr sehr groß. Damals wurde die ganze Gegend abgefischt, und es dauerte fünf oder sechs Jahre, bis der Fischbestand wieder einigermaßen aufgefrischt war. In den ersten Jahren schien er beinahe ganz ausgestorben. Im Vorfrühjahr wachen die Fische aus ihrem Dämmerzustand auf, gehen aus ihren Gruben, wandern ein kleines Stück im Delta aufwärts und laichen im Schilf des Überschwemmungsgebietes. Dort finden sie reiche Nahrung, füttern sich daran auf und wandern später, wenn das Süßwasser steigt, bis zu 100 Kilometer weit ins Meer hinaus. Erst im Herbst kommen sie in die Deltagegend zurück. Die Fischerei erbeutet alljährlich im Wolgadelta rund 13 000 Tonnen Karpfen, 19 000 Tonnen Brachsen, 4000 Tonnen Welse, 20 000 Tonnen Barsche (Sudak oder Lucioperca lucioperca), 8500 Tonnen Blikken (Blicca björkna), 1200 Tonnen Rapfen (Aspius aspius), insgesamt 65 700 Tonnen.

Zum Schluß sei noch die Weißlachsfischerei erwähnt. Der Weißlachs (Stenodus leucichthys) ist ein besonders feiner Fisch. Er unterscheidet sich nur wenig von dem hochgeschätzten Nelma (Stenodus leucichthys nelma) der nordrussischen und sibirischen Flüsse und des Eismeeres. Er hält sich meistens im nördlichen Teil des Kaspischen Meeres auf. Im Spätherbst und Winter gehen die ersten Züge in die Wolga hinauf, die Hauptwanderung beginnt aber erst im späten Winter oder zu Anfang der Eisschmelze. Der Weißlachs wandert weit in die Kama hinauf bis nach Wisjera und Ufa. Dort laicht er Ende September und im Oktober nach einer Wanderung von 2700 bis 2800 Kilometern. Die Fische kehren zum Teil nach der Laichzeit ins Meer zurück. Sie magern dabei sehr stark ab, weil sie während der ganzen Flußwanderung nur wenig fressen. Viele Weißlachse, besonders Weibchen, gehen auch an Unterernährung zugrunde. Dieser Fisch wird bis zu 110 Zentimeter lang und 16 Kilogramm schwer. Im Alter von fünf bis sechs Jahren wird er bei einer Größe von 70 bis 90 Zentimetern geschlechtsreif und tritt dann die Flußwanderung an. Ein Weibchen legt etwa 170 000 Eier. In letzter Zeit werden jährlich zwei bis zehn Millionen Junge künstlich ausgebrütet. Die Weißlachsfischerei ist ein recht ergiebiger Produktionszweig. Das Fleisch ist fett, wohlschmeckend und grätenfrei. Ein besonderer Vorteil besteht darin, daß der Hauptfang im Winter gemacht wird, wo der Fisch leicht aufzubewahren ist. Vor dem Kriege wurden in der unteren Wolga jährlich 35 000 bis 50 000 Stück oder 280 bis 410 Tonnen gefangen. Die Lachs- und Seeforellenfischerei an der ganzen langen norwegischen Küste und in den Flüssen ergibt jährlich 570 bis 1150 Tonnen.

Eine andere Lachsart ist Salmo trutta labrax. Sie kommt im Kaspischen und Schwarzen Meere vor und ist unserer nordischen Seeforelle nahe verwandt. Im Kaspischen Meere bevorzugt sie die südlichen Gewässer und steigt in die Flüsse, die an der West=küste zwischen dem Terek und dem persischen Sefid=Rud münden. Nur vereinzelt kommen sie mit dem Weißlachs zusammen auch in die Wolga hinauf. Sie werden 80 bis 100 Zentimeter lang und wiegen dann etwa 20 Kilogramm.

In den nördlichen Gewässern des Kaspischen Meeres, nördlich der Halbinsel Manghischlak, wird auch die kaspische Robbe gejagt. Die Ausbeute beträgt 40 000 Stück im Jahr. Das Gesamtbild der Ergebnisse der Wolgafischerei im Delta und der Fischerei im Delta=bereich des Kaspischen Meeres geht aus der hier folgenden Über=sicht hervor:

Wolgaheringe und andere Heringsarten insgesamt.......		183 000 Tonnen
Wobla..	82 000 bis	150 000 "
Süßwasserfische (Weißfische)		65 700 "
Hausen (Beluga)		44 000 "
Russischer Stör (Osetrina)		5 000 "
Sternstör (Sevriuga)	2 500 bis	3 300 "
Neunaugen	1 140 "	2 130 "
Weißlachse	280 "	410 "
Zusammen	383 620 bis	453 540 Tonnen

Die norwegische Fischerei ergibt an unserer langgestreckten Küste jährlich 438 000 Tonnen, im Durchschnitt der 17 Jahre von 1910 bis 1927 waren es 599 000 Tonnen. Davon kommen allein 300 000 bis 400 000 Tonnen jährlich auf den Hering. Die bedeutende schottische Heringsfischerei ergab in dem guten Jahr 1924 470 000 Tonnen. Im Vergleich mit diesen Zahlen erscheint die Ausbeute des Mündungsgebietes der Wolga außerordentlich groß, denn die Ge=wässer der norwegischen und schottischen Fischerei sind viel weiter ausgedehnt. Man denke, daß alle diese Fische in dem seichten, nördlichen Teil des Kaspischen Meeres und im Wolgadelta ihre Nahrung finden und aufwachsen. Die Wanderfische fressen ja in der Wolga selbst nur ganz wenig. Auf einem so engen Raum findet man selten so viele verschiedene Arten genießbarer Fische. Der Fischreichtum läßt auf einen einzigartigen Überfluß an Plankton und anderer Fischnahrung in diesen Gewässern schließen. Die gelbbraunen Wassermassen, die sich aus der Wolga ins Meer ergießen, enthalten wohl besonders reiche Mengen Nährstoffe, wahrscheinlich besonders viel Stickstoffverbindungen (Nitrate, Nitrite usw.). Diese Stoffe sind eine Voraussetzung für die Entwicklung von Pflanzenplankton und bedingen dadurch mittelbar auch die Entwicklung von Tierplankton.

Die Wolga ist 3689 Kilometer lang und durchströmt ein weites fruchtbares Flachland, das zum größten Teil aus besonders humusreicher, schwarzer Erde besteht. Das Stromgebiet der Wolga und ihrer Nebenflüsse ist rund 1459000 Quadratkilometer groß. Im Frühjahr und Frühsommer steigt das Wasser bis zu 15 Meter und höher. Dann überschwemmt es weithin das fruchtbare Flachland, und die Fluten führen große Mengen stickstoffhaltiger Nährstoffe aus dem mit Pflanzen bewachsenen Schwemmgebiet mit sich. Im fließenden Wasser können diese Stoffe nicht in Plankton verwandelt werden. Der größte Teil kommt also ungenutzt bis ins Kaspische Meer. Dort bleibt das in die See ergossene Flußwasser verhältmäßig lange beisammen, denn es gibt keine großen und starken Meeresströmungen und auch keine Gezeiten, die das Süßwasser schnell mit dem Salzwasser vermengen wie in den offenen Meeren. So bleibt das Süßwasser in dem seichten, nördlichen Teil des Kaspischen Meeres, besonders vor dem Delta selbst stehen.

Die Wolga führt in ihrem Unterlauf nach genauen Berechnungen zwischen 1200 bis 60000 Kubikmeter Wasser in der Sekunde. Im Sommer bei Hochwasser schickt sie also in der Stunde 200 Millionen Kubikmeter, im Tage 5000 Millionen Kubikmeter Süßwasser ins Kaspische Meer. Sie könnte also mit ihren Wassermassen täglich 2500 Quadratkilometer mit einer Wasserschicht von zwei Meter Höhe bedecken. Diese Süßwassermengen führen immer von neuem wertvolle Nährstoffe ins Meer und bilden daher in Verbindung mit der Wasserwärme (im Sommer 26 bis 28° C) die besten Bedingungen für die Entfaltung eines besonders reichen Planktonlebens. Unter solchen Verhältnissen müssen die Fische sich gut entwickeln und fortpflanzen.

Nur so ist es zu erklären, daß sich die Fische hier in größerer Menge und reicherer Mannigfaltigkeit der Arten entwickeln als irgendwo auf der Erde.

Die Wolga hinauf.

Vor unserer Abreise nach Astrachan am gleichen Abend hatte Herr Strelnikow, der Besitzer des Fischleichters, den wir vormittags besucht hatten, ohne unser Wissen zwei große Büchsen herrlichen Kaviar von dem vor uns geöffneten Osetrinastör an Bord gebracht. Der Kapitän war so freundlich gewesen, den Schatz im Kühlraum des Schiffes für uns aufzubewahren. Unsere Freunde vom Vollzugsausschuß hatten uns außerdem noch einen großen Vorrat gepreßten Kaviar geschickt. Einen Teil davon brachte ich bis nach Norwegen mit. Er hielt sich trotz der Sommerhitze ausgezeichnet.

Am 13. Juli, abends 8 Uhr, begann die Fahrt auf der Wolga nach Norden. Das große, bequem eingerichtete Schiff hatte ein herrliches Promenadendeck. Herr Schwedow und unsere anderen Freunde begleiteten uns ein Stück weit in einem Schleppdampfer.

Das war der Beginn einer denkwürdigen Reise auf dem größten europäischen Fluß, der gewaltigen Schlagader der russischen Ebene. Die Wolga durchzieht mit ihren Nebenflüssen den größten Teil der westuralischen Sowjetrepubliken, eine Fläche von 1 459 000 Quadratkilometern, also ein Gebiet, das größer ist als Deutschland, Frankreich und Großbritannien zusammengenommen. 50 Millionen Menschen wohnen im Stromnetz der Wolga. Dieses Land war vor dem Weltkrieg die Kornkammer Europas. Von hier und aus der Ukraine bekam auch unser kleines Norwegen den größten Teil seiner Getreideeinfuhr. Der Getreidebau ist heute noch nicht wieder auf seine alte Höhe gebracht, und die Ausfuhr ist noch immer nicht besonders groß.

Die Wolga ist die Quelle des Volkswohlstandes im ganzen südöstlichen Rußland. Auf ihr und ihren Nebenflüssen kann man zu Schiff bis an die Uralberge im Osten fahren, Kanäle ermöglichen die Schiffahrt bis zum Eismeer im Norden, zur Ostsee im Nordwesten, und wenn der Donkanal fertig sein wird, ist auch die Verbindung mit dem Schwarzen Meer und dem Mittelmeer nach Südwesten hergestellt. Regelmäßige Dampferlinien verkehren zwischen der Ostsee und dem Kaspischen Meer. 12 von den 130 Nebenflüssen der Wolga sind schiffbar. Die schiffbaren Strecken des ganzen Stromnetzes sind 29 770 Kilometer lang.

Die Wolga selbst entspringt auf den Waldaihöhen in der Provinz Twer. Sie ist 3694 Kilometer lang und hat bis zum Kaspischen Meer ein Gefälle von 262 Metern. Sie fließt zum größten Teil durch flaches Land, die Strömung ist also langsam, sie beträgt im allgemeinen 0,80 bis 1,20 Meter in der Sekunde oder 2,90 bis 4,30 Kilometer in der Stunde. Bei Hochwasser steigt die Stromgeschwindigkeit bis über das Doppelte, sinkt aber bei Niedrigwasser weit unter den Durchschnitt. Das Schmelzwasser braucht im Frühjahr nach genauen Berechnungen zur Zurücklegung der 2747 Kilometer langen Strecke von Rybinsk bis Astrachan 50 Tage. Das entspricht einer Stundengeschwindigkeit von 2,3 Kilometern und einer Sekundengeschwindigkeit von 0,64 Meter. Der Fluß ist an seinem Unterlauf, südlich von Samara und Ssaratow, bis zu 2 Kilometer breit, stellenweise sogar noch breiter. Die Spannweite des Mündungsdeltas am Kaspischen Meere beträgt 170 Kilometer.

Ungezählte Boote und Schiffe, Flöße und Leichter, Dampfer und Segler, mit Tausenden von Menschen und wertvollster Ladung an Erzeugnissen des reichen Landes, fahren unablässig stromauf- und -abwärts. An den Ufern liegen reiche und große Städte mit lebhaftem Verkehr und Getriebe. An dem langen Flußlauf und in den Ebenen entstanden und verfielen im Laufe der Jahrhunderte große und mächtige Reiche, das Bulgarenreich in Bulgar, das Chasarenreich im Süden, die Reiche der Mongolen, Tataren und anderer Völker. Endlich befestigten die Russen von Norden her auch hier ihre Herrschaft. Die Wolga wälzt ihre braungelben Wassermassen durch ihr breites, vielgewundenes Bett, durch die flache weite Ebene, wie sie es vor Jahrtausenden schon tat, lange bevor Menschen an ihren Ufern lebten. Eine einzige sichtbare Spur hat das Menschenwerk hinterlassen: die Wälder, die einst die Feuchtigkeit hielten, sind niedergehauen, dadurch sind die Überschwemmungen zur Zeit der Schneeschmelze häufiger, aber die Überschwemmungszeiten kürzer geworden.

Der lebhafteste Schiffsverkehr geht wolgaaufwärts zur Ostsee.

Der Wolga-Newa-Kanal hat Leningrad zum Haupthafen des Wolgaverkehrs gemacht. Der Warenverkehr von Leningrad ist 15mal so groß als der von Astrachan. Stromaufwärts werden vor allem Fische, Metall, Fabrikwaren, Häute, Getreide, Mehl, Flachs, Petroleum, Öle, Salz und Holz verfrachtet, flußabwärts namentlich Fabrikwaren, aber auch Holz für die waldarmen Provinzen Samara, Ssaratow und Astrachan. Viele Leichter werden auch schon nach der ersten Frachtfahrt flußabwärts am Unterlauf abgebrochen und als Balkenholz verwendet. Das Flußbett ist ständigen Veränderungen unterworfen und muß alljährlich ausgebaggert werden. Die Schiffe laufen oft auf Sandbänke. An den gefährlichsten Bänken stehen dauernd besondere Dampfschiffe zur Hilfeleistung bereit.

In früherer Zeit treidelten zehntausende Burlaki die Boote und Leichter am Ufer entlang flußaufwärts. Von ihnen stammen die bekannten Wolgalieder. In unserer Zeit werden Schleppdampfer verwendet, und die Burlaki findet man nur noch an einigen Nebenflüssen. In den Kanälen werden die Boote durch Pferde getreidelt. Die Schiffahrt und der lebhafte Flußverkehr dauern den Sommer und Herbst über. Das Wasser, das im Juli südlich von Ssaratow 25 bis 26° C, im Delta und bei Astrachan 28,5° C hat, wird dann kälter und nähert sich immermehr dem Gefrierpunkt. Im November bildet sich die erste Eiskruste, der Fluß friert allmählich zu, und die Schiffahrt ist stillgelegt. Sobald das Eis eine gewisse Dicke erreicht hat, bildet es für die Dauer von drei bis vier Monaten eine prächtige Straße für lebhaften Schlittenverkehr flußauf, flußab und von Ufer zu Ufer. Sogar die Eisenbahn fährt darüber. An Stellen, wo es keine Brücken gibt, werden im Winter Schienen von Ufer zu Ufer gelegt, und die Güterwagen werden über die Eisdecke hinweggeschoben. So spart man sich die teuere Arbeit der Eisbrecher. Die Eisdecke wird durchschnittlich 70 bis 90 Zentimeter dick, an der unteren Wolga erreicht sie manchmal die Stärke von eineinhalb Meter. Im Frühjahr setzt dann an der unteren Wolga um den 10. bis 20. April, bei Astrachan am 14. März die Eisschmelze ein. Der Eisgang wälzt sich in gewaltigen Massen den Fluß herab, die Schollen türmen sich an den Ufern zu ungeheuren Wällen, und wehe dem Fahrzeug, das um diese Zeit nicht sicher auf dem Trockenen liegt. 14 Tage später ist die Wolga wieder schiffbar.

Machatsch-Kalá. (S. 142.)

Schleppzug im Wolgadelta. (S. 143.)

Ein Dorf an dem rechten, hohen Wolgaufer. (S. 161 u. 169.)

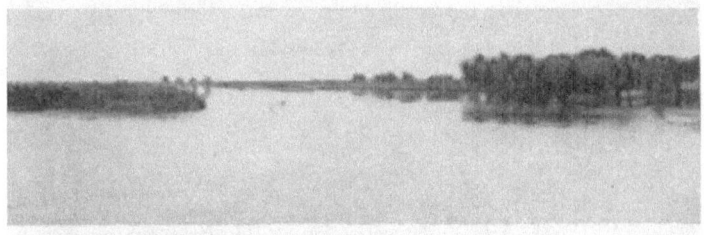

Das flache Land am linken Wolgaufer. (S. 161 u. 169.)

Fischgefrierhallen in Astrachan.

Landungsbrücke bei einem Dorf auf dem rechten, hohen Ufer der Wolga.

Landungsbrücke an dem niedrigen linken Ufer der Wolga.

Das hohe und steile rechte Ufer der Wolga.

Auch nördlich von Astrachan bleiben die Flußufer niedrig, besonders das östliche, dessen flaches Uferland viele Flußarme durchkreuzen. Der Strand ist weithin verschilft. Das Westufer ist ein wenig höher, trocken, schilflos und wird nur selten von einem Seitenarm eines Flusses unterbrochen. Die auffallende Verschiedenheit der beiden Ufer muß einen bestimmten Grund haben. — Auf dem Westufer kann man ungefähr 10 Kilometer nördlich von Astrachan noch die Reste der einst so mächtigen Hauptstadt des Chasarenreiches Itil finden. Itil war im ganzen ungefähr drei Jahrhunderte hindurch bis zum Jahre 969 der Mittelpunkt dieses ausgedehnten Reiches. Jetzt liegt in nächster Nähe der Hauptsitz der mongolisch-kalmückischen Buddhisten, Kalmytsk Bazar mit seinem Buddha-Tempel.

Die Dämmerung brach herein, die Nacht goß aus sternbesätem Himmel ihre dunkle Schale über die langsam gleitenden Fluten der Wolga aus. Die Linien der flachen Ufer zerflossen in der Dunkelheit. Aus weiter Ferne klangen die summenden Töne des Wolgaliedes zu uns herüber, des Liedes von Stenjka Rasin, dem Kosakenhäuptling, dem Freund der Armen und Unterdrückten, der aus Liebe zu einer schönen persischen Fürstin beinahe sich selbst, seine Schutzbefohlenen und seinen Kampf gegen die Unterdrücker vergessen hätte. Doch endlich gewann er wieder die Herrschaft über sich, opferte die Geliebte, senkte sie in die Wogen der Wolga und eroberte an der Spitze seiner Bauern im Jahre 1670 Astrachan.

Murren hört man die Gesellen:
„Uns vertauscht er um ein Weib;
eine Nacht mit ihr verbracht nur
und am Morgen selbst ein Weib."

Wolga, Wolga, teure Mutter,
Wolga, Rußlands breiter Fluß!

— — — — — — —

Sollen wir denn bösen Hader
unter freien Mannen pflegen?
Wolga, Wolga, teure Mutter,
nimm die holde Maid entgegen!

Weshalb schweigt ihr, Teufels Brüder?
Hörst du, Fillka? Tanz, Geselle!
Laßt uns singen brave Lieder...
Selig sei der Fürstin Seele.

(Deutsch von J. J. Mulmann.)

Der Name Wolga, „Mutter Wolga", der im Denken und Dichten des russischen Volkes eine so große Rolle spielt, ist nicht russisch, sondern stammt von dem finnisch-ugrischen Volk der Bulgaren, die schon in den ersten Jahrhunderten n. Chr. ein Reich an den Ufern dieses Flusses gegründet hatten*. Ihre Hauptstadt hieß Bulgar oder Bolgary. Das entspricht lautgesetzlich dem Namen Wolgar, nach dem dann auch der Fluß bezeichnet wurde. Früher hieß er bei den Tataren und Arabern Itil, nach der Hauptstadt der Chasaren, nahe an seiner Mündung. Ptolomaios und die Griechen nannten ihn Rha, bei den finnisch-ugrischen Stämmen hieß er Rau.

Bulgar lag an den Ufern der Wolga nahe dem heutigen Kasan. Man glaubt Ruinen der alten Hauptstadt bei dem Dorfe Uspenskoje oder Bolgar, in der Nähe von Spaßk, 25 Kilometer unterhalb der Kamamündung, entdeckt zu haben. Im frühen Mittelalter war der ganze östliche Teil des heutigen Rußland, vom Chasarenreich im südlichen Steppenland am Mittellauf der Wolga und weiter nördlich bis zum Bereich des finnisch-ugrischen Volkes der Bjarmer am Weißen Meer, von finnisch-ugrischen Völkern besiedelt. Erst im 16. Jahrhundert drangen die Slawen ostwärts und an der Wolga südwärts vor. Als dann die Chasaren im Süden niedergeworfen waren und Itil seine Bedeutung als Handelsstadt verloren hatte, wurde Bulgar der wichtigste Ort an der Wolga. Im 10. Jahrhundert, als die Bulgaren zum Islam übertraten, war Bulgar eine blühende Stadt und Treffpunkt der Kaufleute, die wolgaaufwärts von Arabien, Persien und Byzanz und wolgaabwärts bis von Skandinavien kamen. Im Jahre 922 n. Chr. besuchte Ibn Fadhlân als Sendbote des Kalifen Al-Muktadir Billâh von Bagdad die Stadt und verfaßte eine denkwürdige Schilderung seiner Reise.

Ibn Fadhlâns Darstellung ist besonders für uns Nordländer interessant, denn er erzählt von einer Begegnung mit einem Kaufmann aus dem Volke Rûs, einem Skandinavier, wahrscheinlich einem Schweden**. Die Schweden gründeten ja das russische Reich

---

* Ein Teil dieses Volks drang schon in früher Zeit nach Westen vor, setzte sich südlich der Donaumündung fest und wurde zu einer ernsten Gefahr für Byzanz. Später nahmen die Eindringlinge die slawische Sprache an.

** Rûs mag in der finnisch-ugrischen Sprache der Bulgaren „Schwede" bedeutet haben. Im Neufinnischen heißt Schweden „Ruotsi". (D. Übs.)

Gardarike mit der Hauptstadt Nowgarod*. So gibt uns Ibn Fadhlân eine der ersten Schilderungen unserer Vorväter. Sie ist freilich nicht besonders schmeichelhaft. „Die Rûsen kamen mit ihren Waren", zum größten Teil Pelzwaren und jungen Mädchen, „sie kamen aus ihrem Land mit ihren Schiffen zum Itil" (das heißt zur Wolga), „gingen dort vor Anker und bauten sich große Blockhäuser." Der Erzähler berichtet nicht, auf welchem Wege die Schiffe in die Wolga kamen, ob von Norden her flußabwärts oder aus dem Schwarzen Meer durch den Don. Im letzten Fall konnten die Rûsen ihre Schiffe von der chasarischen Stadt Sarkel bis zur Wolga, etwa in die Gegend der heutigen Stadt Stalingrad (Zarizyn), über Land geschleppt haben. „Nie sah ich so hochgewachsene Männer", schreibt der Erzähler, „sie sind hoch wie Palmen, fleischfarben und rothaarig. Sie tragen keine Unterjacken und keinen Kaftan. Die Männer bekleiden sich mit einem groben Mantel, der nur die eine Schulter bedeckt, der andere Arm bleibt frei. Jeder Mann trägt ein Beil, ein Messer und ein Schwert. Nie sieht man sie ohne diese Waffen. — Die Frauen tragen ein Medaillon aus Eisen, Kupfer, Silber oder Gold auf der Brust, daran ist ein Ring befestigt, und an dem Ring ein Messer. Um den Hals tragen sie Ketten von Gold und Silber." Die Zahl der Ketten richtet sich nach dem Vermögen des Mannes. „Der wertvollste Schmuck sind grüne Glasperlen." — „Sie sind die schmutzigsten Menschen, die Gott geschaffen hat. Sie waschen sich nicht nach den natürlichen Vorgängen, noch auch zur Nacht. — Sie leben wie die wilden Esel." Diese Unreinlichkeit war für einen Araber, dem so viele Waschungen durch seine Religion vorgeschrieben sind, der höchste Grad der Barbarei.

Ibn Fadhlân erzählt auch von den Götzenbildnissen unserer Vorväter und von den Opfern, durch die sie Glück im Handel zu erreichen hofften. Im Hause hatte jeder Mann eine breite Bank.

---

* Ein anderes skandinavisch-russisches Reich wurde bekanntlich von den Warangen (Waräger, auf russisch: Warjag) in Kiew begründet, vermutlich waren am warägischen Reich sowohl Norweger als Schweden beteiligt. Harald Hårdråde war der Häuptling der Waräger in Byzanz, jenes kriegerischen skandinavischen Wandervolks, das mit seinen überlegenen Führergaben die ackerbauenden Slawen zu kriegerischen Unternehmungen zusammenschloß. Die Waräger traten auf der Wolga in so großen Scharen auf, daß sie im 10. Jahrhundert mit ihren Schiffen Streifzüge bis ins Kaspische Meer ausführen konnten.

Auf dieser Bank lustierte er sich auch mit einem Mädchen, während ein guter Freund zusah, ja manchmal trieben es mehrere Paare gleichzeitig so. — Ibn Fadhlân erzählt auch die Totenfahrt eines Häuptlings, deren Augenzeuge er war. Der Tote war mit einem prachtvollen Gewand aus Goldstoff und mit goldenen Knöpfen bekleidet, die Kappe war aus Goldstoff und mit Zobel verbrämt. So wurde er auf sein Schiff gebracht, das man an Land gezogen hatte. Eine Bank auf dem Schiff war mit golddurchwirkten griechischen Decken und mit Kissen aus gleichem Stoff für ihn bedeckt. Die Waffen wurden neben ihn gelegt und dazu berauschende Getränke, Früchte, Brot und Fleisch. Seine Landsleute zerwirkten einen Hund, zwei Pferde, zwei Ochsen, einen Hahn und ein Huhn und warfen die Stücke ins Schiff. Sie tranken unmäßig und „mancher starb mit dem Becher in der Hand". Ein Mädchen, das sich bereit erklärt hatte, dem Toten ins Jenseits zu folgen, wurde nach reichlichem Genuß berauschender Getränke und nach wilden Ausschweifungen mit sechs Gefolgsmannen des Toten auf dem Schiff von dem Todesengel, dargestellt durch eine alte Frau, getötet. Zum Schluß gingen die nächsten Verwandten des Toten unbekleidet und rücklings an das Schiff heran und legten Feuer an die Reisigbündel, die unter dem Kiel aufgestapelt waren. Dann ging alles in Flammen auf, und der Häuptling trat die weite Reise in die andere Welt an.

Das Bulgarenreich an der Wolga wurde durch den Ansturm der Mongolen in seinen Grundfesten erschüttert. Es behielt nur dem Namen nach seine eigenen Fürsten, bis es Ende des 14. Jahrhunderts von Tamerlan vollständig vernichtet wurde. Bald danach wurde es von dem Tatarenreich mit der Hauptstadt Kasan abgelöst. Dieses neue Reich, im Jahre 1437 gegründet, wurde im Jahre 1552 von Iwan dem Schrecklichen erobert. Damit lag für die Russen der Weg wolgaabwärts frei, und schon wenige Jahre später eroberten sie alles Land bis nach Astrachan und dem Kaspischen Meer.

Dienstag, den 14. Juli. Wir setzen unsere Fahrt nach Norden auf der breiten Wasserstraße fort, die das endlose Flachland in weiten Windungen durchzieht. Kaum daß dann und wann ein Gehöft oder ein Dorf auf dem niedrigen Sumpfland im Osten sichtbar wird. Das westliche Ufer ist um so dichter besiedelt.

Die Sonne stach, und auch bei Nacht war es in den Kabinen drückend schwül. Am schlimmsten waren die Mücken, es gab hier sehr viele, und wir wußten, daß sie Malariaträger sind. Was soll man da machen? Bei geschlossenen Luken wird die Schwüle noch unerträglicher, und durch die offene Luke kommen die Mücken herein. Am besten wäre es, unter dem Mückennetz zu schlafen.

Wir leben wie die Tagediebe, und das ist herrlich. Nichts tut so wohl als eine solche Reise auf der Wolga, vor allem wenn man ein so ausgezeichnetes Schiff hat wie wir. Die Fahrt von Astrachan nach Nishnij-Nowgorod dauert sieben Tage, die umgekehrte Reise nur fünf. Das Schiff zieht auf dem breiten Band des Flusses seines Wegs, und das muntere Leben der Boote und Schiffe gleitet an uns vorbei, die Ufer an beiden Seiten, die weiten Ebenen dahinter, die Dörfer mit ihren großen, weißen Kirchen und Kuppeln, die Menschen bei der Feldarbeit. In langen Abständen legt das Schiff bei einem größeren Dorf oder einer Stadt an. Gewöhnlich bildet ein Leichter die Landungsbrücke. Da stehen dann die Bauern, ernst blickende Männer und Frauen, auch viel Jugend. Die Bevölkerung vertritt den bekannten südrussischen Typus, dunkler als die Nordrussen und mit starken Einschlägen tatarischen, finnischen und mongolischen Blutes. Im Hintergrund stehen an Land die Fahrzeuge von der Bauart der Telega. Das flache Steppenland, das sich östlich und westlich der unteren Wolga weit hindehnt, wird von den mongolischen Kalmücken, Kirgisen und Tataren bewohnt.

An Bord unseres Dampfers waren die verschiedensten Volkstypen vertreten. Da waren rechtgläubige Sowjetbeamte, revolutionsbegeistert und voll des Lobes über die neue Gesellschaftsform, die Rußland einer großen Zukunft entgegenführen soll. Nicht ganz dieser Meinung waren einige schwarzseherische oder zweifelsüchtige Kaufleute. Sie meinten, das sei ja alles schön und gut, wenn die Behörden sie nur nicht in ihren Geschäften hindern wollten. Manchen sah man an, daß sie am liebsten die ganze Schale ihres Hohnes über alle die Neuerungen ausgegossen hätten. Dann aber hatten wir als versöhnendes Element einige junge Ehepaare an Bord, denen Rot oder Weiß gleichgültig war, die sich über Revolution und Gegenrevolution keine Gedanken machten, sondern mit sich selbst beschäftigt waren. Wir alle aber, die Begeisterten, die Schwarzseher und die

Gleichgültigen, genossen das faule Leben an Bord, das muntere Treiben auf dem Wasser und den wolkenlosen friedlichen Himmel.

Ich machte trotz der Sprachschwierigkeiten die Bekanntschaft eines sehr ansprechenden jungen Ehepaares. Die beiden sprachen fast nur russisch, das ich leider nicht verstehe. Die junge Frau war lungenkrank und reiste deshalb wolgaaufwärts und dann auf der Kama über Ufa in die Republik der Baschkiren. Dort sollte sie sich längere Zeit aufhalten, um sich in der Wald= und Bergluft von der Krankheit zu erholen. Der Anblick des schönen, jungen Menschen= kindes tat mir weh. Wer weiß, ob sie je von ihrer Reise zurück= gekehrt ist.

Der Fluß gleitet dahin, das Leben läuft weiter, ohne Still= stand, ohne Mitleid.

> Durch der Wolga breites Bette
> Rollen Wogen um die Wette.

> Über Inseln, über Seen
> Weithin meine Augen spähen.

Mittags kamen wir an einer Stelle vorüber, wo viele tote Fische am Ufer herumlagen oder vom Wasser flußabwärts getrieben wur= den. Oft bildeten sie ganze geschlossene Flächen. Leider gelang es mir nicht, einige Fischleichen an Bord zu holen. Ich konnte auch den Grund dieses Massensterbens nicht erfahren. Der Kapitän sagte mir nur, man finde auf der Wolga oft solche Mengen eingegangener Fische. Es sah beinahe so aus, als seien große Leichter mit Fisch= ladung untergegangen. Professor Arvid Behning, der Leiter der biologischen Station in Ssaratow, teilte mir mit, daß zwei Er= klärungen möglich sind. Entweder handelte es sich um Wolgaheringe (Caspialosa volgensis), die bis gegen Ende Juni in der unteren Wolga bis nach Stalingrad (Zarizyn) zum Laichen kommen. Sie gehen dann nach dem Laichen in großer Zahl ein, und es wäre mög= lich, daß wir noch am 14. Juli toten Wolgaheringen begegneten, allerdings schwerlich in so großen Mengen an einer Stelle. Es ist aber noch eine andere Deutung möglich. Mitte Juni beginnt in den Buchten und Seitenarmen der Wolga die Süßwasserfischerei (Weiß= fisch). Es kommt dann vor, daß die Fischer wegen Absatzschwierig=

keiten oder wegen Salzmangels einen großen Teil ihres Fanges wieder in den Fluß werfen müssen. Wenn die Fischleichen, die wir gesehen haben, daher rührten, muß es sich um verschiedene Brachsenarten (Abramis brama, A. sapa, A. ballerus, um Blikken (Blicca björkna) und dergleichen gehandelt haben. Die Fische sahen auch von weitem so aus, als könnten sie zu diesen Arten gehören. Die zweite Erklärung ist also wahrscheinlich richtig.

Wir kamen zu der deutschen Ortschaft Sarepta, die Ende des vorigen Jahrhunderts einer herrnhutischen Brüdergemeinschaft gehörte. Dieses Sarepta verdankt zwar seinen Ruhm nicht dem unerschöpflichen Ölkrüglein einer Witwe, wohl aber seinen Senftöpfen. Von hier aus reihen sich bis weit nördlich von Ssaratow, ja bis Wolsk am Ostufer der Wolga, eine ganze Anzahl deutscher Ansiedlungen und Dörfer aneinander. Sie alle wurden Ende des 18. Jahrhunderts von Katharina II. gegründet. Die Ansiedler sind tüchtige Bauern und sprechen bis auf den heutigen Tag reines Deutsch.

60 Kilometer östlich von Sarepta, jenseits der vielen Seitenarme der Wolga, liegt das Dorf Zarew. Früher stand an dieser Stelle die Stadt Sarai, wo im 13. Jahrhundert Batu, der Enkel des Dschingis Chan, sein goldenes Zelt aufschlug. Sarai war der Hauptsitz des mächtigen Mongolenreiches.

Ungefähr 30 Kilometer nördlich von Sarepta liegt an einer starken Biegung der Wolga Stalingrad, das ehemalige Zarizyn. Hier nähert sich die Wolga dem Don bis auf 50 Kilometer. In alter Zeit führte von hier aus ein Schleppweg zu der stark befestigten Chasarenstadt Sarkel am Don. Von dort fuhren dann die Schiffe den Don hinab ins Schwarze Meer.

Wenn wir morgens auf das geräumige Promenadendeck hinaustraten, grüßte uns strahlende Sonne, das Wasser glitzerte, und wir erfrischten uns nach dem Aufenthalt in der schwülen Kabine. Während wir Kaffee tranken und frühstückten, ruhte der Blick auf dem Uferland, das zu beiden Seiten vorüberglitt. Die Küche an Bord war ausgezeichnet, wir konnten unsere Mahlzeiten bestellen, wann wir wollten, und nahmen sie unter dem Sonnensegel an Deck ein. Wir luden den freundlichen Kapitän ein, unsere Mahlzeiten mit uns zu teilen. Er war ein erprobter alter Seebär, der schon seit vielen Jahren mit großen Wolgaschiffen fuhr. Er konnte uns viel vom früheren und heutigen Leben auf der Wolga erzählen. Vor dem Weltkrieg herrschte ein bunter Reisebetrieb, Touristen kamen vom Orient oder fuhren dorthin, Kaukasusreisende und solche, die Südrußland besuchten, benutzten die Wolgaschiffe. Acht große Personendampfer fuhren täglich von Astrachan nach dem Norden ab, die Frachtdampfer nicht gerechnet. Jetzt gibt es nur noch einen Personendampfer täglich und außerdem ein gemischtes Personen= und Frachtschiff. Nach dem Mittagessen rauchten wir zum Kaffee eine gute Zigarre und blickten über die von der Sonne überglänzte Wasserfläche und über die weite Ebene hin. Ein herrliches Faulenzerleben! Bei Einbruch der Dunkelheit tönten aus dem großen Salon die Klänge russischer Musik über Fluß und Ebene hin, die unterm Sternenhimmel schlummerten.

„O—ho—hei, o—ho—hei
— — — — — — — — —
Wolga, du bist tief und groß,
Wolga, unser Mutterschoß.
Ai da=da, ai da, ai da=da, ai da
— — — — — — — — —
Wolga, du bist schwer und lang — —."

Schon bei der Einfahrt ins Wolgadelta aus dem Kaspischen Meer war uns der Höhenunterschied zwischen dem rechten und linken Ufer aufgefallen. Das westliche Ufer war höher und steiler, das östliche war ganz niedrig und verlor sich unmerklich im Wasser. Der äußerste westliche Arm des Deltas ist am breitesten und tiefsten. Bis Stalingrad (Zarizyn) fuhren wir in nordwestlicher Richtung. Dort macht der Fluß eine starke Biegung und kommt nun von Nordosten. Auf der ganzen 450 Kilometer langen Strecke vom Delta bis Stalingrad ist das Ostufer des Hauptarmes ganz flach, niedrig und sumpfig. Oberhalb Stalingrads sendet die Wolga einen Seitenarm, die Achtuba, aus. Sie fließt fast genau östlich neben dem Hauptbett. Der Abstand beträgt 12 bis 22 Kilometer. Der niedrige Landstreifen zwischen den beiden Flußarmen wird von einem verwickelten Netz ungezählter Seitenarme durchkreuzt. Bei Hochwasser liegt fast der ganze Streifen bis zu einer Breite von 30 Kilometern und mehr unter Wasser. Die Breite des Haupt=

armes schwankt zwischen 480 und 3500 Meter. Der Fluß ist hier stellenweise mehr als 25 Meter tief.

Auf der ganzen Strecke von Astrachan bis Sarepta ist das Westufer zwar höher als das Ostufer, aber auch im Westen ist das Land flach. Es besteht aus nachtertiären Ablagerungen. Erst weiter im Norden kommen Höhenzüge mit festeren Gesteinschichten aus der Kreide- und Tertiärzeit. Je weiter wir nach Norden kamen, desto auffälliger wurde der Höhenunterschied zwischen West- und Ostufer. Nördlich von Stalingrad ist das Westufer 30 bis 40 Meter hoch. Nördlich von Kamyschin erreicht es die Höhe von 50 bis 150 Metern. Dort besteht das Uferland aus Sandstein, Kalkstein und Kieselgur (aus der Kreide- und Tertiärzeit). Das Ostufer besteht aus ganz flachem, niedrigem Wiesenland. Die Wiesen sind nach Norden zu bis an die Kamamündung und noch weiter von vielen Seitenarmen durchzogen, ausgenommen ein kurzes Stück bei Samara, wo sich der Fluß zwischen den Schigulibergen hindurchzwängt. Die höchste Erhebung ist hier 353 Meter. Diese Gestaltung der Ufer bringt es mit sich, daß die meisten Städte und größeren Dörfer am Unterlauf der Wolga auf dem Westufer liegen. Das Westufer ist dicht bevölkert, das flache Ostufer mit seinen unfruchtbaren Salzsteppen ist nur dünn besiedelt.

Ich halte es für ganz sicher, daß diese eigentümliche Bodengestaltung durch die Erdumdrehung verursacht ist, die auf der nördlichen Halbkugel das eben dahinströmende Wasser aus seiner Stromrichtung nach rechts ablenkt. Infolge dieser Ablenkung wird die Strömung eines breiten Flusses auf der rechten Seite stärker, das Wasser hat also hier die größte Wühlkraft*. Die Kraft, mit der das Wasser Grus und Geröll abschwemmt, steigt in der 7. Potenz mit der Stromgeschwindigkeit. Wird also die Stromgeschwindigkeit verdoppelt, so kann das Wasser 64mal so große Gruskörner und Steine abschwemmen. Das Flußbett muß also am rechten Ufer am tiefsten werden, und der Fluß nagt dort stärker als am linken Ufer. Das Flußbett neigt also dazu, immer weiter nach rechts zu rücken. Auf flachem Land, besonders auf losem Untergrund, in den die Strömung sich leicht einwühlen kann, wird eine solche Verlagerung

---

* Vgl. Fridtjof Nansen, „Durch Sibirien", 1914, S. 128f.

des Strombettes verhältnismäßig schnell fortschreiten. Der Fluß hinterläßt dann links flache Tieflandstriche, während das rechte Ufer immer höher und steiler wird, je mehr der Fluß sich in höheres Land eingräbt. Dieses Weiterrücken des Flußbettes über ebenes Land mit lockerem Boden setzt sich so lange fort, bis Höhenrücken mit festeren Gesteinschichten dieser Bewegung ein Ziel setzen. Hier schreitet dann die Auswaschung des Gesteins nur noch sehr langsam vorwärts.

Schon im Jahre 1859 hat der Franzose Babinet und nach ihm 1860 der russische Forscher Baer die Wahrscheinlichkeit einer Ablenkung der Flüsse durch die Erdumdrehung behauptet. Viele Geographen und Geologen wandten dagegen ein, diese Ablenkung könne, verglichen mit der Wirkung anderer Kräfte, nicht so groß sein, daß sie an den Flußläufen sichtbar in Erscheinung trete. Ich kann darauf nur antworten, daß es mir unverständlich ist, wie jemand angesichts des Unterlaufes der Wolga an der Bedeutung des Einflusses der Erdumdrehung zweifeln kann. Die gleichen augenfälligen Erscheinungen, vor allem den Höhenunterschied zwischen den beiden Ufern, finden wir auch an vielen andern russischen und an den großen sibirischen Flüssen, aber nirgends so deutlich wie an der Wolga.

Ein großer Teil des Tieflandes, das die Wolga bei der Verschiebung ihres Bettes nach Westen östlich liegenließ, die große Salzsteppe, war vor mehreren tausend Jahren vom Kaspischen Meer bedeckt. Damals war ja der Wasserstand des Kaspischen Meeres lange Zeit hindurch viel höher, die Oberfläche dieses Binnenmeeres war um ein Vielfaches größer als heute. In früheren geologischen Zeitabschnitten war die Niederschlagsmenge im Verhältnis zur Wasserverdampfung wesentlich größer. Damals führte wohl auch die Wolga größere Wassermassen. Das Wasser, das sich in unserer Zeit auf diesen Ebenen niederschlägt, findet keinen Ablauf, sondern verdampft an Ort und Stelle. So wird die Erdoberfläche salzhaltig und unfruchtbar. Oft ist sie weithin mit einer Salzkruste überzogen.

Die scharfe, rechtwinklige Biegung der Wolga bei Stalingrad und Sarepta, wo der Fluß den Jergenihöhen (Wolgahöhen) auf dem Westufer ausweichen muß und über das flache Steppenland nach Südosten weiterfließt, ist wahrscheinlich dadurch zu erklären, daß während eines langen Zeitabschnittes die Küste des Kaspischen

Meeres hier verlief. Die Wolga fließt erst seit verhältnismäßig kurzer Zeit in ihrem jetzigen Bett über die Tiefebene bis zum Delta an die heutige Küste*.

Doch war der Zeitraum lang genug, daß sich auch hier am Unterlauf ein gewisser Höhenunterschied der beiden Ufer herausbilden konnte. Das Flußbett mag sich in der Zwischenzeit ungefähr um so viel verschoben haben, als das Sumpfland mit seinen vielen Nebenarmen auf dem linken Ufer des Hauptbettes breit ist.

In der Gegend nördlich von Stalingrad (Zarizyn) ist der Boden sehr fruchtbar. Die sogenannte schwarze Erde dehnt sich von hier aus weit nach Westen. Der Boden ist so reich, daß er bei gleichmäßigem und ausreichendem Niederschlag ungewöhnlich gute Ernten abwerfen könnte. Leider ist die Niederschlagsmenge oft ungenügend. Auch zur Zeit unserer Reise lag die Ebene im Westen teilweise braun und dürr da. Diese weiten Landstriche, Rußlands reichste Kornkammer, können in regenarmen Jahren zu Schauplätzen bitterer Not werden. So hatte die Trockenheit in den Jahren 1921/22 eine große Hungersnot im Gefolge. Am schlimmsten war es von hier bis Samara und Simbirsk im Norden. Statt Rußland mit Korn zu versorgen, mußte diese Gegend damals große Getreidemengen einführen. Amerika hat unter der Leitung Hoovers helfend eingegriffen. Es gelang, zum Schluß täglich 10 Millionen Menschen zu speisen. Auch wir Europäer haben unser Bestes getan, um Hilfe zu bringen.

Die Sonne brennt vom Himmel herab, die Dörfer liegen freundlich in ihrer sommerlichen Umgebung, weiß leuchten die Kirchen weit über die Ebene hin. Die Telegas der Bauern rollen schaukelnd den Weg entlang — ein Bild des Friedens, liegt die Landschaft vor uns. Und doch hängt die Erinnerung des Grauens jener Zeit noch gleich schwarzen Wolkenschatten über dem Land. Der Tod hat in diesen Dörfern gehaust. Von Haus zu Haus wütete der Hunger. Dürres Gras und Laub, gemahlene Knochen und Pferdehufe aßen die Menschen statt Brot. Es fehlte an Hausbrand, die klapperdürren Skelette froren am Boden fest, ehe noch das Leben ganz entwichen war. Es gab Häuser, in denen die Überlebenden der Familie auf

---

* Hierbei können auch Hebungen und Senkungen der Erdkruste in und nach den Eiszeiten von Bedeutung gewesen sein.

dem kalten Ofen lagen, sie waren so schwach, daß sie sich nicht mehr aufrichten konnten, zwischen ihnen lag ein neugeborenes Kind, auf dem Boden der Hütte wühlte eine Frau in wilden Fieberphantasien, im letzten Stadium des Hungertyphus, den Lehm auf. Sie war aus den Nachbarhäusern verjagt worden und hatte hier ihre letzte Freistätte gefunden, hier, wo den Bewohnern die Kraft fehlte, sie hinauszujagen. In einem Kinderheim starben in einer Nacht 42 Kinder, sie lagen noch an der Seite der Lebenden in den Betten. Die Überlebenden starrten mit großen Kinderaugen auf die vom Tod Gezeichneten und warteten selbst auf die Erlösung von ihren Leiden. Die Menschen gruben auf den Friedhöfen die Leichen aus und verzehrten sie. Eltern schlachteten im Hungerwahn ihre eigenen Kinder, um sich satt zu essen.

30 Millionen Menschen hungerten. Seuchen wüteten, am schlimmsten wohl der Flecktyphus. Die Hilfe kam spät und auch dann noch in ungenügendem Maße. Über drei Millionen Menschen mußten ihr Leben lassen. Tausende und aber Tausende abgezehrter Menschen flohen in Scharen planlos über diese Ebene. Sie wußten nicht wohin, nur eines war ihnen klar: fort von hier. So liefen sie durch den Winterfrost, während ihre letzten Kamele und Pferde auf den winterlichen Straßen verendeten.

Der Flußverkehr war durch das Eis lahmgelegt. Die Eisenbahnen waren nicht in Ordnung, die wenigen Züge, die befördert werden konnten, waren von Flüchtlingen überfüllt und blieben unterwegs stecken. In den Abteilen der Eisenbahnwagen starben die Menschen. Ein Grauen ohne Ende.

Und einst? Was wissen diese Steppen von Not und Grausamkeit, vom Wandel und der Härte des Schicksals zu erzählen. Völkerscharen über Völkerscharen wälzten sich verheerend über das Land, Tod und Elend zeichneten ihren Weg. Auf die Hunnen folgten die Araber, nach ihnen kamen die Petschenegen, Mongolen, Türken, Tataren. Dann brach der Bürgerkrieg aus und zuletzt die große Hungersnot. Aber die Menschen hier sind zäh und ausdauernd. Noch immer schlummern unverbrauchte Kräfte in diesem Schlag. Aus der wunderbaren Volksmusik klingt der Widerhall vergangener Zeiten mit ihren Leiden und die Schwermut der weiten Steppen, tönt aber auch die Hoffnung auf bessere Zukunft.

Unsere Reise ging zu Ende. Am 16. Juli erreichten wir Ssaratow. Wir setzten unsere Fahrt über Moskau nach Norwegen mit der Eisenbahn fort. Hier hieß es von der Wolga und dem bunten Leben auf ihrem breiten Silberbande Abschied nehmen. Im sommerlichen Glanz strömt sie durch die weite Ebene, der Winter deckt sie mit Eis. Wolga, du mächtiger Strom, in langen Wogen ziehst du durchs russische Land, ein Sinnbild der russischen Schwermut.

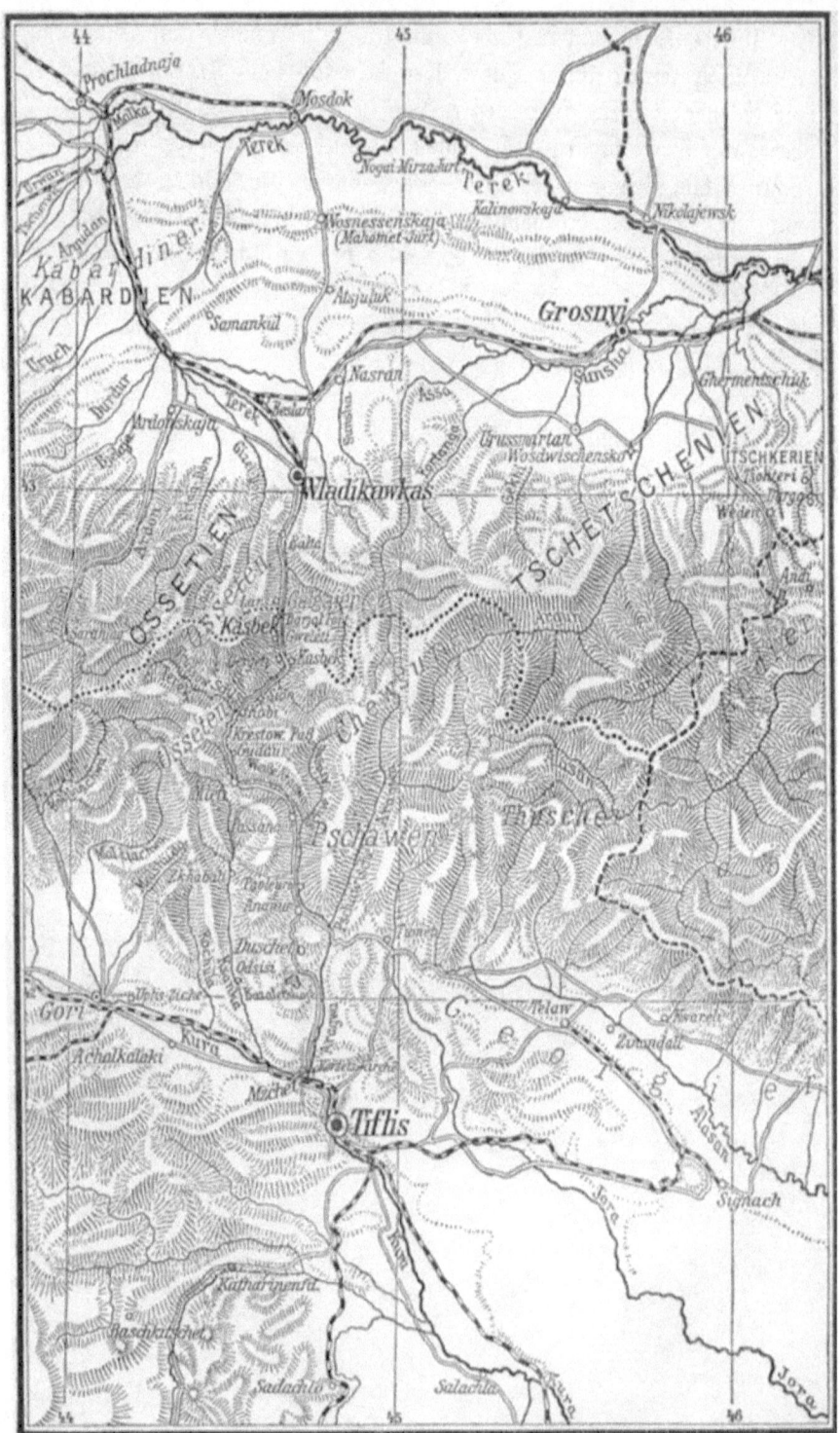

Kartograph. Anstalt von F. A. Brockhaus, Leipzig.

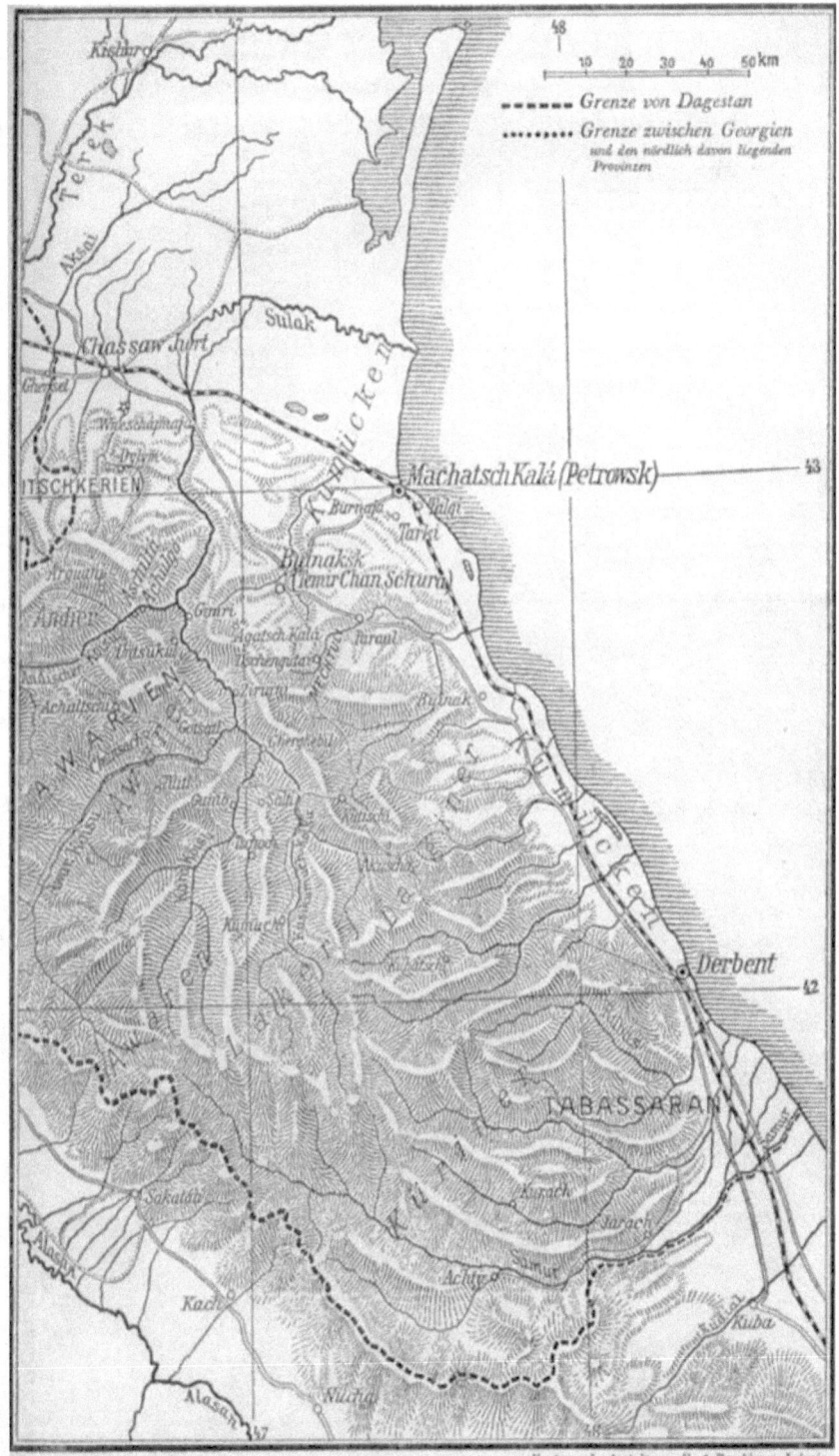

VÖLKERKARTE VON KAUKASIEN

nach Dr. A. Byhan in Buschans Völkerkunde.

MONGOLEN:
1 Kalmücken

TÜRKEN:
2 Turkmenen
3 Kirgisen
4 Nogaier
5 Kumücken
6 Tauluer
7 Karatschaier
8 Aserbeidschaner Tataren
9 Osmanen

KAUKASIER:
10 Tschetschenzen

LESGHIER:
11 Awaren
12 Darginer
13 Laker
14 Küriner
15 Andier
16 Dido

17 Tscherkessen
18 Abchasier

KARTELIER:
19 Chewsuren
20 Thuscher
21 Pschawer
22 Georgier
23 Imerier
24 Swaner
25 Mingrelier
26 Gurier
27 Lazen

INDOGERMANEN:

IRANIER:
28 Osseten (Osser)
29 Tat
30 Talysch
31 Kurden

32 Armenier
33 Griechen
34 Russen

SEMITEN:
35 Berg-Juden

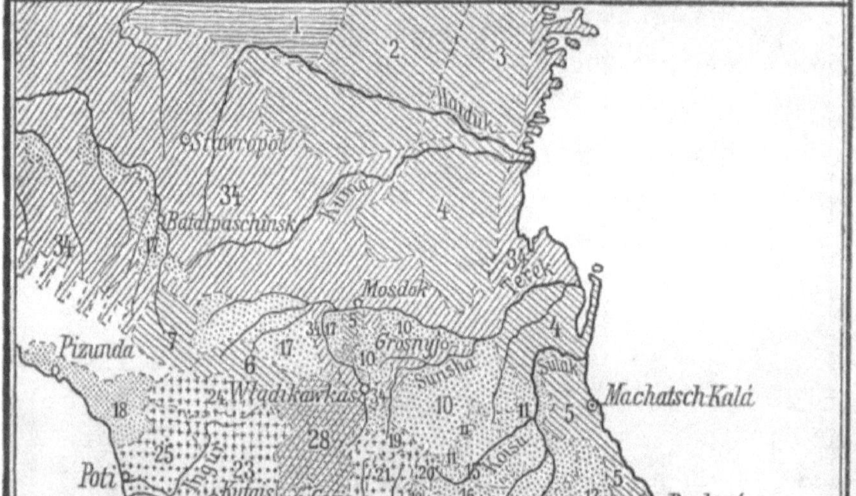

Kartograph. Anstalt von F. A. Brockhaus, Leipzig.

DIE WOLGA.

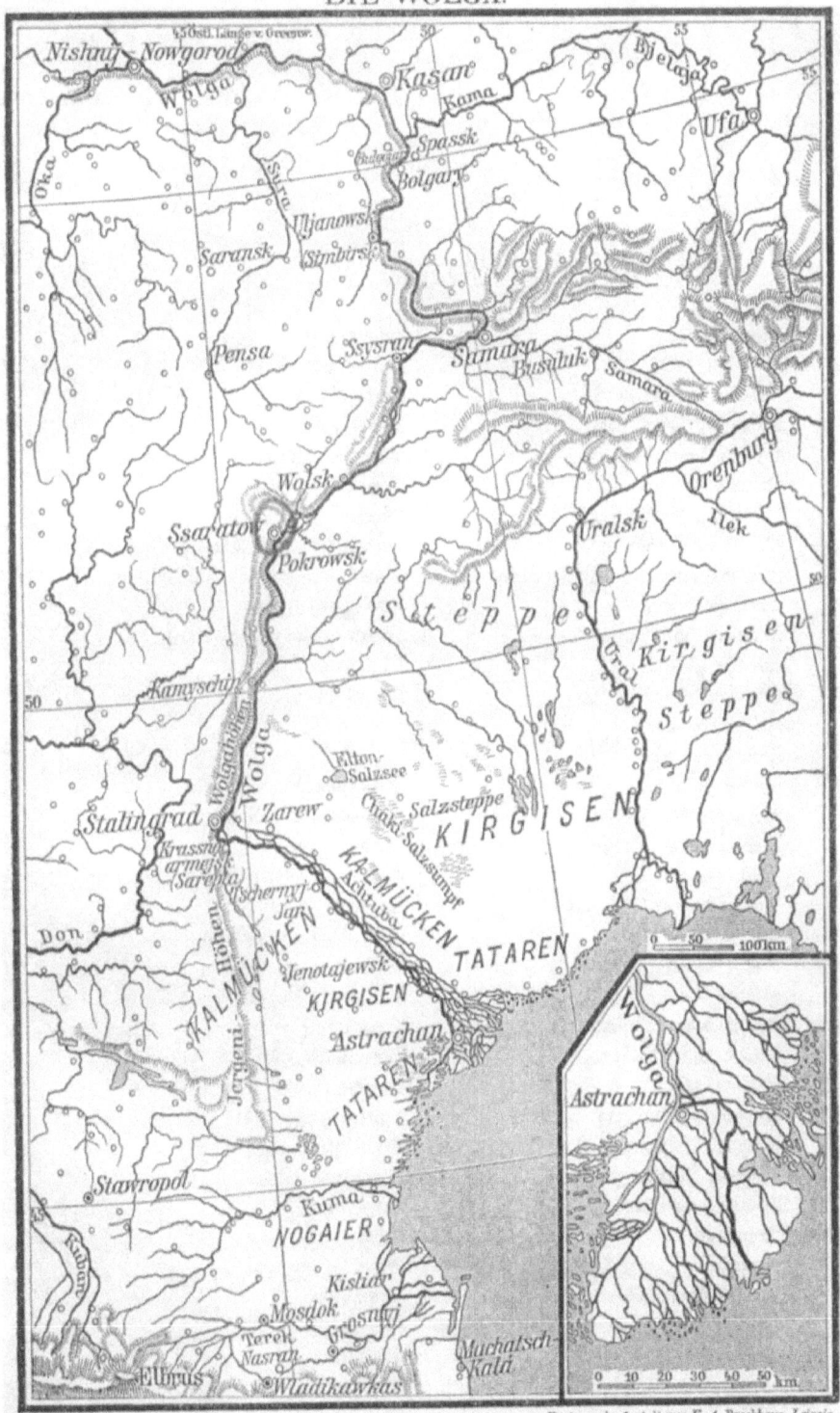

Register.

Abanokan 44.
Abchasien 118. 120.
Abchasier 29. 81. 116 f.
Abramis ballerus 167.
Abramis brama 167.
Abramis sapa 167.
Abramis s. Brachsen 167.
Abu-Nuntsal-Chan 90.
Achmed Chan von Mechtuli 94. 100. 111.
Achti, Fort 109.
Achtuba 168.
Achulgo 95—98.
Achwerdi Mahomá 79.
Adighenen 120.
Alanen 40. 56.
Alasán 26 f. 113.
Alexander II., Zar 116.
Alexander der Große (Iskander Bey) 25. 129.
Alosa vulgaris. Cuv. 152.
Ananur 32.
Andier 63. 119.
Anósow 102.
Anuschirwan, Sassanidenkönig 129.
Araber 146. 162. 172.
Arabien 162.
Aragwa 27. 29. 31 f. 49.
Aragwa, Schwarzer 48.
Aragwa, Weißer 32. 35. 48.
Ar-don („rasendes Wasser") 40.
Argun 29.
Armenien 13. 33. 63. 119. 146.
Armenienkommission 13.
Armenisch-Dinarische Rasse 65.
Aryon 40.

Aschiltá 94 f.
Aschitta 91.
Aserbeidschan 13. 27. 62. 119. 123.
Asgard 41.
Asowsches Meer 23. 26 f. 40. 42.
Asser 40.
Assyrien 55.
Astrachan 142. 144 ff. 159 ff. 164 f. 168 f.
Awaren 16. 29. 63. 68. 85. 90. 94. 101. 119. 138.
Awarien 84. 90. 92. 100 ff.
Awlita, Heilige 32.
Awturi 111.

Bab-Allan 56.
Bab-el-Abvad (Derbent) 129.
Babinet 170.
Baddeley, John F. 6. 78. 112. 137.
Bagdad 70. 146.
Bahr-el-Chazar („Chasarischer See") 70.
Baku 22 ff. 29. 72. 119. 122. 130. 142.
Balanjar (Jtil) 146.
Baer 170.
Barjatinski, Fürst 30. 113. 115.
Barsche (Sudak oder Lucioperca lucioperca) 151. 154 f.
Basalétskoje 32.
Baschkiren 166.
Batu 167.
Batum 11.
Behning, A. 152. 166.
Beslan 60.
Bitschjerachow 119.
Bjarmer 162.

„bjelj" (Weißfisch) 154.
Blicken (Blicca björkna) 155. 167.
Bodenstedt 6.
Bolgary 162.
Brachsen 151. 154f. 167.
Buddhisten 161.
Buinaksk 111.
Bulatsch-Chan 90f.
Bulgaren 159. 162. 164.
Bulgoiar 162.
Burlaki 160.
Burnaja 86. 132.
Byghan, Arthur 5.
Byzanz 70. 146. 162f.

Carle 11.
Caspialosa 152.
Chadschi Mehmet 117.
Chadschi Murat 76. 85. 90f. 94. 100f. 110ff.
Chadschi Soliman 117.
Chaldäer 55.
Chardin 30.
Charkow 116.
Chasaren 40. 70. 129. 146. 159. 162. 167.
Chasarenreich 128. 161.
Chewsuren 35—38. 42f. 45—48. 53. 65. 80. 116.
Chotschbar 137f.
Chunsach 84. 90f. 94f. 102. 137.
Cumania 56.

Dagestan 5. 22. 24. 29f. 37. 57f. 60 —63. 65. 67. 73. 76. 79. 81. 83. 89. 97. 100. 110. 116. 119. 121. 123.
Dagestan: Autonome sowjet-sozialistische Republik (ASSR.) 120.
Dagestanen 6.
Darghibezirk 109.
Darginer 63.
Dargo 100f. 103—106. 114.
Darjalpaß 128.
Darjalschlucht (Dar-i-Alan) 54. 57.
Denikin 119f. 125.

Derbent 22. 30. 56. 61. 64. 75. 86. 111. 122. 128f.
Derbent (Bab-el-Abvab) 129.
Derbent (Temir-kapu) 129.
Devouassoud, François, Bergführer 53.
Dewdoraktal 54.
Dido 68.
Dilim 101f.
Dinarische Rasse 65.
Don 40. 70. 119. 146. 167.
Donkanal 158.
Dschengutai 111.
Dschingis Chan 71. 167.
Dschin-Padischan (Elbrus) 23. 25.
Dupuis 11.
Duschet 32.

Eismeer 158.
Elbrus (Dschin-Padischan) 23. 25f. 29f. 53.
Elias, Heiliger 42.
Emanuel, General 86.
Erckert 5.
Eriwan 11ff.
Ersinkian, Ackerbaukommissar 14.

Féfé, General 95.
Freitag, General 102. 107. 109.
Freshfield 5. 53.

Galgaier 86.
Gardarike (Rußland) 42. 163.
Georgien 13. 31. 50. 62. 66. 80. 113. 120.
Georgier 31. 33.
Gergeti, Ortschaft 53.
Ghedatl 137f.
Gherghébil 94. 102. 109.
Ghermentschuk 77.
Ghersel 108.
Ghich 78f.
Gimri 84f. 88. 90. 92. 96. 99. 102. 132.
Goten 40.
Gotsatl 90f. 94.
Gotschinski 119f.

Grabbé, General 97f. 101.
Grosnyj 29. 107. 109.
Guda-ur 49.
Gud-Chevi, die Teufelsschlucht 49.
Gunib 77. 114.
Gurko, General 102.
Gweleti 53.

Hahn, C. 5.
Hamsad 77ff.
Hamsad-Bei 90f. 94.
Harald Hårdråde 163.
Harengula delicatula 153.
Harmastes 56.
Harriman 26.
Hasaf-Yrt 64.
Hausen (Beluga) s. Stör.
Hechte 154.
Heerstraße, Grusinische oder georgische 35.
Heraklius II., König 32.
Heringe: 151.
    Kaspischer Hering (Caspialosa caspia) 153.
    Kaspischer Hering, Schwarzrücken (Caspialosa kessleri) 126. 153.
    Wolgahering (Caspialosa volgensis) 152. 156. 166.
Herodot 40. 73. 129.
Hripsime, heilige 33.
Hunnen 40. 70. 172.

Jakut el Hamawi 55f. 129.
Jamalu'd-Din 98. 113.
Jarach 82.
Jaser 40.
Jason 27.
Jassy 40.
Ibn Fadhlân 146. 162ff.
Jergenihöhen 170.
Jermólow, General 81f.
Jewdokimow, General 114.
Ilga, Heiliger (Elias) 44.
Indien 80.
Ingutscher 29.

Jora 27.
Jossi 40.
Jotunheim 43.
Iranier 40.
Ironen 40.
Iskander Bey (Alexander der Große) 129.
Islam 19. 67. 75. 82. 162.
Itil (Balanjar) 70. 146. 161. 163.
Itil (Wolga) 162.
Itschkerien 29. 62.
Juden (Gebirgsjuden) 63.
Iwan der Schreckliche 147. 164.

Kabardien 81. 108f. 120.
Kabardiner 29. 41. 81. 87. 108f.
Kachetien 31.
Kagherman, Fürst 78.
Kaitago 69.
Kalif, Al-Muktadir Billâh von Bagdad 162.
Kalmücken 147. 165.
Kalmytsk Bazar 161.
Kaluga 116.
Kama 153. 155. 162. 166.
Kamyschin 169.
Karabulaken 29.
Kara-Koisu 62. 94. 114.
Karatschaier 30.
Karpfen 154f.
Kars 27.
Kartelien 31.
Kasan 162. 164.
Kasbek (M'kinvari) 23f. 27. 51—54.
Kasi-Kumuchen 69. 101.
Kasi-Mullah 84—90. 108. 132.
„Kaspische Pforte" 129.
Kaspisches Meer 22ff. 27. 29f. 56. 61. 64. 70f. 73. 123. 128. 131. 142f. 148. 154. 164. 168. 170.
Kaukasier, indoeuropäische 28.
Kaukasier, türkisch-tatarische 28.
Kaukasische Föderation 13.
„kaukasischer Paß" 56.
Kaukasus 16. 22—25. 27.

Kerenski 119.
Ribit Mahomá 101. 114.
Kiew 70. 146.
Kimmerier 55.
Kirgisen 147. 165.
Kisliar 64. 86. 101.
Kister 29.
Klüke von Klugenau, General 94. 96f.
Kobad, Sassanidenkönig 129.
Kobi, Station 51.
Koisu:
    Andischer Koisu 62. 92. 94. 96.
    Awarischer Koisu 62. 91f. 94. 137.
    Kara-Koisu 62. 94. 114.
    Kasikumuchischer Koisu 62. 94.
Kolchis 27.
Roma 61.
Konstantinopel 11.
Korkmasow, Präsident von Dagestan 5. 61. 73f. 76. 122. 125. 127. 130. 135. 142.
Krestowipaß 50.
Kuban 23. 26. 29. 41. 119.
Kubatsch 69.
Kulum, Kanal 147.
Kuma 139.
Kum-Tor-Kale 74.
Kumücken 29. 63f. 69. 71. 101.
Kura 13. 19. 24. 26f. 29ff. 50.
Kurden 16.
Küriner 63. 68.
Kutais 27.
Kutais, Kohlenbergwerke 26.
Kutais, Manganbrüche 26.
Kuteschi 109.
Kwirik, heiliger 32.

Lachs (Salmo trutta labrax) 156.
Laker (Kasi-Kumuchen) 63. 69.
Lange, Olaf 6.
Lapinski (Tefik Bey) 6.
Lars, Station 57.
Lehmann-Haupt, C. F. 57.
Leninakan 11—13. 25.

Leningrad 160.
Lesghier 16. 29. 63ff. 67ff. 81. 84. 116. 130.
Lo Savio 11.
Lukaschin 13f.

Machatsch Dachadajews 119.
Machatsch-Kalá (Petrowsk) 61. 70f. 73ff. 86. 121. 129. 142.
Maifische 152.
Manghischlak, Halbinsel 156.
Massageten 40. 128.
Mechtuli 111.
Meder 129.
Merzbacher 5.
Meschien 24.
Midgardswurm 43.
Militärstraße über den Kaukasus (Grusinische Heerstraße) 58.
Mirwan, König 56.
Mitschiko 29.
Mittelmeer 158.
M'kinvari s. Kasbek.
Mleti 49.
Mohammed 19.
Mongolen 41. 172.
Moore 53.
Muhámmed Emin 117f.
Mullah-Muhámmed, Kadi 82ff. 90f.
Mulmann, J. J. 161.
Muriden 75. 79f. 83ff. 89.
Mzchet (Mzchetha) 31. 56.

Naphthagebiet bei Baku 26.
Naphthagebiet von Georgien 26.
Naphthagebiet von Grosnnj 26.
Naphthagebiet von Petrowsk 26.
Naphthagebiet von Taman 26.
Nasran 87.
Near East Relief 12.
Neidhardt, General 105.
Nelma (Stenodus leucichthys nelma) 155.
Neunauge 156.

Neunauge, Kaspisches (Caspiomyzon wagneri) 154.
Nikolaus, Zar 96f.
Nino 33.
Nishnij-Nowgorod 163. 165.
Nizowoje 75.
Nogaier 30. 63f. 70.
Nordgermanen 47.
Norweger 163.
Nunzal 138.
Nuri Pascha 120.

Oka 153.
Orbeliâni, Fürstin 113.
Osetrinastör 158.
Osman-Murat 90f.
Osser s. Osseten.
Osseten 26. 29. 35. 40—45. 47. 51. 53. 65. 80. 116.
Ossetien 40.
Ossilier 40.
Ostsee 158f.

Pachu-Biché 84f.
Paraul 86.
Passanaur 32. 34. 48.
Perser 63. 75. 80. 86. 123. 147.
Persien 119. 128. 146. 162.
Peter der Große, Zar 129. 147.
Petroff 13f.
Petrowsk (Machatsch-Kalá) 24. 61. 64. 69. 75. 111. 119.
Petschenegen 172.
Pforte der Iberer 54.
Phasis 27. 28.
Plinius 56.
Prometheus 52.
Pschawer 35f. 43. 47. 80. 116.
Ptolemaios 40. 162.
Pullo, General 99.

Quisling, Bidkum 6. 11f. 19. 33. 61. 73. 122. 124f. 135. 142.

Rapfen (Aspius aspius) 155.
Rasin, Stenjka 147. 161.
Rau (Wolga) 162.
Reich, Warägisch-russisches 70. 146. 163.
Rha (Wolga) 162.
Rion 24. 27ff.
Robbe, kaspische 156.
Rotauge (Rutilus rutilus caspicus und Leuciscus rutilus) 143f. 151. 154. 156.
„Rote Berge" 49.
Roth, Oberst 109f.
Rubas 64.
Ruimon, Drache 42.
„Ruotsi" 162.
Rûs, Volk 162.
Rüsen 163.
Russalken 31.
Russischer Stör (Osetrina) s. Stör.
Rybinsk 159.

Sakern 128.
Saksland (Deutschland) 42.
Salmo trutta labrax (Lachs) 156.
Salti 109.
Samara 153. 159f. 171.
Samur 61. 109.
Samursky, Präsident 5. 22. 61f. 64. 67. 72ff. 125. 142.
Sarai 167.
Sarepta 167. 169f.
Sarkel 163. 167.
Sarmaten 40.
Schach Wali 111.
Schamyl 30. 68. 76. 84f. 88—92. 94—99. 101ff. 105. 117f. 132.
Schamylkrieg 62. 75.
Schilten 71. 75. 82f.
Schota Rusta-welis 15.
Schumkeschkent (Agatsch-Kalá) 86.
Schura 119.
Schwarzes Meer 23. 27. 29. 148. 158.
Schwarzrücken (Caspialosa kessleri) s. Kaspischer Hering.
Schweden 162.

Schwedow 150. 158.
Sefid-Rud 156.
Semender s. Tarku.
Semiten 65.
Sereteli, Akaki 50.
„Sieben Brüder" 49.
Simbirsk 171.
Simurg (Vogel) 25.
Sion (Ssioni) 52.
Siriáni 102.
Skandinavien 162.
Skythen 128f.
Slawen 162.
Sowjetrepubliken, westuralische 158.
Sowjetunion 13.
Spaßk 162.
Sprachen: 29.
    Abchasisch 29.
    Awarisch 64.
    Darginisch 64.
    Georgisch oder Kartelisch 29.
    Kumückisch 64.
    Lakisch (Kasi-Kumuchisch) 64.
    Lesghisch 29.
    Tscherkessisch 29.
    Tschetschenisch 29.
    Türkisch 64.
    Türkisch (Tatarisch) 64.
    Turski-Kumückisch 64. 74.
Ssaratow 159f. 166f.
Stalingrad (Zarizyn) 152. 163. 166—171.
Stämme, türkische 30.
Sternstör (Sewriuga) s. Stör.
Stör: 154.
    Beluga (Hausen) (Acipenser huso L.) 148f. 151. 156.
    Osetrinastör (Acipenser güldenstädti) 148f. 151. 156.
    Sewriugastör (Sternstör) (Acipenser stellatus Pall) 148f. 151. 156.
    Sterlet (Acipenser ruthenus) 150f.
Strabo 26. 55ff.
Strelnikow 158.
Sturlasson, Snorre 41.

Sudak (Barsch) (Lucioperca lucioperca) 151.
Sulak 62. 64.
Sultan 118.
Sundjaebene 87.
Sunniten 71. 75. 82f.
Sunsha 26.
Surnamrücken 24.
Süßwasserfische (Weißfische) 156.
Swaner 43. 80.
Swanetien 29f.
Swiatoslaw, Fürst von Kiew 146.

Tabassaran 69.
Talgi 122. 133.
Tamâra, Königin 33. 50. 56.
Tamerlan 71. 146. 164.
Tanakwisl, Fluß 41.
Tarchow 145. 148.
Tarki s. Tarku.
Tarku 70f. 75. 86. 111. 131. 133. 146.
Tataren 16. 29. 63. 147. 162. 164f. 172.
Tauluer 30.
Temir-Chan-Schura (jetzt Buinaksk) 64. 102. 111.
Temir-kapu (Derbent) 129.
Terek 23f. 26f. 29f. 41. 50f. 54. 70. 78. 81. 86. 101. 108. 121. 139. 156.
Terek, Provinz 58.
Terekkosaken 64.
Terektal 35. 53.
Ter Kasarian 15. 32f. 59.
Thor, Donnergott 42.
Tiflis 11ff. 16. 18. 30. 32. 55. 61. 85. 96. 130. 147.
Tilitl 95. 101. 114.
Todleben, General 55.
Tolstoi 76.
Trussoschlucht 44.
Trussokluft 51.
Tschawtschawadse, Fürstin 113.
Tscherkessen (Adighenen) 16. 29. 81. 116. 120.
Tscherkessien 118.

183

Tschetschenien (Itschkerien) 24. 29. 62. 83. 86. 97. 99—102. 106. 108. 110. 116. 120.
Tschetschenzen 6. 29. 53. 63 ff. 67 ff. 77. 79. 81. 84. 103. 116. 118.
Tucker 53.
Türken 63. 70. 75. 80. 86. 125. 172.
Türkisch-Armenien 13.
Türkisch-Kleinasien 29.
Tuscher 43. 80.

Ufa 155. 166.
Ugrische Völker 70.
Ukraine 124. 158.
Ukrainer 63.
Umma-Chan 90.
Ungarn 70.
Union der sowjet-sozialistischen Republiken 61.
Universität Charkow 124.
Untsukul 101 f.
Uralberge 158.
Uspenskoje 162.
Usun Chadschi 119 f.

Waräger 163.
Warägisch-russisches Reich 70. 146. 163.

Warjag 163.
Wedén 114.
Weißlachs (Stenodus leucichthys) 155 f.
Weliaminow, General 88. 132.
Welse (Siluris glanis) 154 f.
Wisjera 155.
Wladikawkas 22. 26 f. 29 f. 35. 57 f. 60. 81. 87. 108.
Wnesápnaja 86. 97. 102. 106.
„Wobla" s. Rotauge.
Wolga 70. 142 ff. 152. 162.
Wolgaheringe (Caspialosa volgensis) s. Heringe.
Wolgahöhen 170.
Wolga-Newa-Kanal 160.
Wolsk 167.
Woronzow-Daschkow 126.
Woronzow, Fürst 106 f. 109 f.
Wosdwischensko, Fort 109. 111.
Wurzel 12.

Ynglinga-Saga 41.

Zarew 167.
Zarizyn s. Stalingrad.
Zinondal, Schloß 113.
Zonteri 105.

www.ingramcontent.com/pod-product-compliance
Lightning Source LLC
Chambersburg PA
CBHW030826230426
43667CB00008B/1400